审是迁善

模范群伦

CHENGDU NO.7 MIDDLE SCHOOL

编委会名单

是·范十年

2008-2018

明七初担当
志十年校庆

李笑非◎主编

四川教育出版社

图书在版编目（CIP）数据

是·范 十年 / 李笑非主编. —成都：四川教育出版社，2018.11
（成都七中初中学校）
ISBN 978-7-5408-6994-6

Ⅰ.①是… Ⅱ.①李… Ⅲ.①成都市第七中学—纪念文集 Ⅳ.①G639.287.11-53

中国版本图书馆CIP数据核字（2018）第247815号

SHI FAN SHINIAN

是·范 十年

李笑非 主编

策　　划　余　兰
责任编辑　任　舸　胡晓媛
装帧设计　武　韵
责任印制　杨　军　陈　庆
出版发行　四川教育出版社
　　　　　地　　址　成都市槐树街2号
　　　　　邮政编码　610031
　　　　　网　　址　www.chuanjiaoshe.com
印　　刷　四川新财印务有限公司
制　　作　四川胜翔数码印务设计有限公司
版　　次　2018年11月第1版
印　　次　2018年11月第1次印刷
成品规格　190mm × 260mm
印　　张　23.25　　插　页　15
书　　号　ISBN 978-7-5408-6994-6
定　　价　127.00元

如发现印装质量问题，请与本社联系调换。电话：（028）86259359
营销电话：（028）86259605　邮购电话：（028）86259694　编辑部电话：（028）86259381

2018届2班 2019届3班 2018届8班

2019届7班 2020届1班 2020届10班

2017届9班 2012届1班 2021届8班

2019届5班

2019届9班 2016届1班 2012届4班

2020届5班 2012届7班

2016届8班 2014届4班 2012届9班

2021届4班 2013届2班 2015届5班 2015届10班

2018届7班 2020届3班 2016届5班

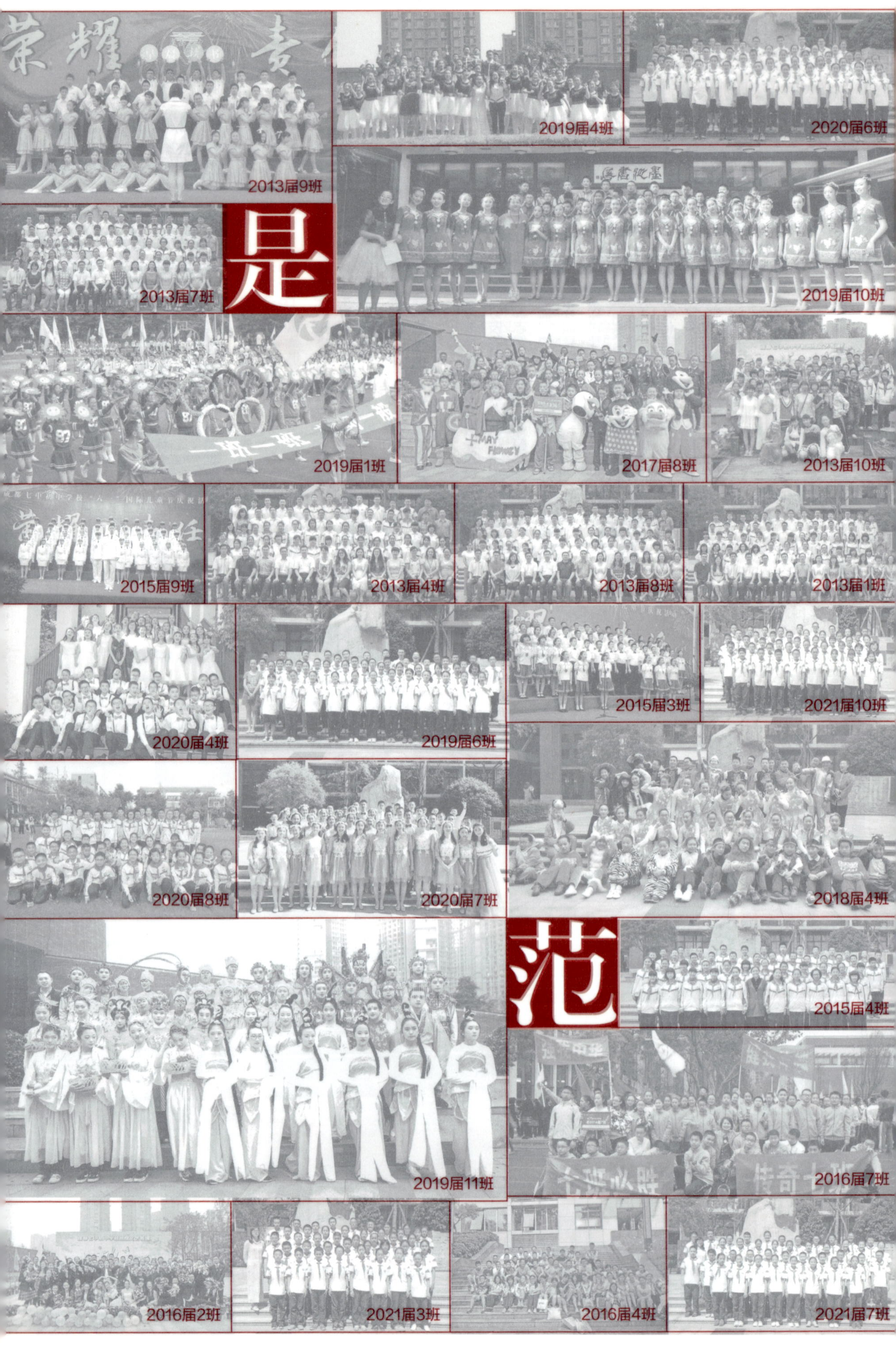
2019届4班
2020届6班
2013届9班
2013届7班
是
2019届10班
2019届1班
2017届8班
2013届10班
2015届9班
2013届4班
2013届8班
2013届1班
2020届4班
2019届6班
2015届3班
2021届10班
2020届8班
2020届7班
2018届4班
范
2015届4班
2019届11班
2016届7班
2016届2班
2021届3班
2016届4班
2021届7班

2016届3班
2015届11班
2014届7班
2015届1班
年
2018届5班
2011届5班
2012届10班
2011届1班
2017届5班
2021届5班
2017届2班
2018届9班
2012届6班
十
2012届8班
2017届6班
2013届6班
2011届10班
2020届9班
2018届10班
2018届1班
2011届6班
2017届7班
2018届3班
2015届2班
2011届2班
2021届1班
2017届3班

2011届4班
2014届8班
2012届3班
2013届11班
2012级5班 加油!
2012届5班
2012届2班
厚积薄发 超越梦想
2021届2班
2013届3班
2014届2班
2014届6班
成都七中初中学校班级文艺表演
2014届1班
2014届5班
2015届8班
2014届3班
2016届9班
相约春天
成都七中初中学校2015级6班
2015届6班
2018届6班
童心向党
2012年5月
2013届5班
2011届3班
2020届2班
2021届9班
2017届1班
2017届10班
2016届10班
2016届6班
2019届2班
2014届9班
运动青春 铸就辉煌
2021届6班
2015届7班
2019届8班
2017届4班

序一

教育的追寻

成都七中初中学校李笑非校长呈现给我的是一本图文并茂的校庆图书。透过书中的故事，成都七中初中学校的十年轮转一一呈现出来。读完书稿，人们对教育充满无限的期待。

2017年秋天，教育部中学校长培训中心迎来了第34期全国初中骨干校长高级研修班的学员。李笑非校长是这个班的班长，开班仪式上她代表全体学员做了发言。在发言中她将校长对于学校的价值定位为“精神坐标、思想高地、行动先锋”，并致力于“做一位厚积薄发的学者，做一位躬身实践的行者，做一位敢于挑战的智者”，努力成长为教育家型校长。大量的教育实践表明，校长是一所学校的灵魂。校长先进的教育思想、科学的办学理念和卓越的管理能力对一所学校的发展至关重要。成都七中初中学校之所以优秀，正是缘自站立高处的校长所做的精神引领。

书中出现了一个醒目的高频词语“七初”，这个标识似乎和每位师生的生命连在了一起。这不禁让人思索这是一所什么样的学校，能够让师生这般钟情。可能这就是“七初现象”吧。成都七中初中学校继承了成都七中的百年基因，以“创造最适宜学生的教育”作为学校的办学理念，将“审是迁善，模范群伦”作为学校的核心价值追求，致力于用教育为师生创造美好未来。轻捻纸页上用影像展现的红白相间的教学楼、落叶纷飞的银杏大道、四季分明的校园景色，还有行走在画面里的笑颜师生，都隐隐显出这所年轻学校的精神风貌。我们能够看出这是一所追求高标准的学校，这是一所思想灵动的学校，这是一所温暖包容的学校。成都七中初中学校经过十年的发展历程，在已有基础上不断实现自我超越。从关注教师课堂素养的提升到关注基于核心素养的学生学习能力培养，从“创生型”课堂的发展到“是范”课程的构建，从守正成都七中优良传统到未来学校建设等方面已经走在了全国前列。成都七中初中学校是成都初中教育的示范，在全国也颇具影响力。

这是一本专为十年校庆出的书，以“是·范 十年”题写书名，以志十年历程。“是范”出自于学校校训“审是迁善，模范群伦”，这是学校文化体系建构的纲领，从师生的文章中可以看出，这已经成为学校师生思维理念、言谈举止的标准，是一种追求卓越的境界、一种处事严谨的态度、一种严于律己的践行。学校文化体现了师生向真、向善、向美的价值认同、生活方式和集体人格。通过“是范课程”的构建与实施，努力让学生具备支撑终身发展和时代要求的必备品格与关键能力。“德范”“学范”“行范”三位一体的课程体系，给人耳目一新的感觉，体现了对生命的尊重。“德范”滋养生命德性，塑造高尚品格；“学范”奠基生命智性，提升学习能力；“行范”尊重生命个性，担当社会责任。学校课程担负着将学校价值追求渗透进教育教学的重任，学校课程里的精神高度、思想深度、智慧宽度、情感温度，都以各种方式把学校核心价值传递到学生生命的深处。

书中有很多感性的文章，它们讲述与七初的故事，抒发对七初的感情，还原了这所学校真实的教育生活。走进书里，你会遇见太多的美好、感动和温暖，这是一本关于爱的文集。七初人用最朴素的文字和最深情的笔触记录着他们最坚实的脚步。

以教育的理想办理想的教育，以教育的本真办本真的教育，以教育的变革实现教育的创新。这是成都七中初中学校走向未来的需要，也是七初人矢志不渝的追求。

教育追寻未来，我们选择美好。

是为序。

教育部中学校长培训中心主任

序二

回首，只为再出发

十年，不算短，但对于一所学校来说，绝不算长。十年前，当成都七中和成都高新区签下办学战略协议时，对于今天成都七中初中学校优秀的办学业绩，人们是不敢奢望的。

仅十年，成都七中初中学校不负众望，走过了一段坚实且令人欣喜的发展历程。老师们怀揣教育理想，播种于斯，耕耘于斯，奉献于斯，在一步步的实践探索中明确了办学的方向，理清了办学的思路，坚定了办学的目标，取得了骄人的办学业绩，赢得了极高的社会评价。锲而不舍，一路厚积，看到学校不断地发展、完善、壮大，每一个深爱着这所学校的人都无比欣慰。

百年七中，底蕴深厚，但这并不意味着只要冠以“七中“二字，就注定成功。现在还记得，开校典礼时二十多个老师和近三百个学生脸上写满自信，眼里饱含期待。他们的朗朗宣言，似乎现在还回荡在我的耳畔。全力以赴，矢志不渝，七初师生的身影是尚未完工的校园里最美的风景。“启迪有方、治学严谨、爱生育人”是师者的风范，“自信自为，追求卓越”是学生的姿态，“审是迁善，模范群伦”是他们始终追求的目标。“七初的老师很负责，七初的学生很优秀，七初是一所好学校。”社会的肯定是对七初人最好的嘉奖。学校做到了，可喜可贺。

要做，就必须竭尽全力；要做，就必须做到最好。为学之道，必本于思；管理之道，本于卓越，他们在用高格局和高标准要求自己。第一次开学典礼、第一届科技活动月、第一次离队入团仪式、第一届戏剧节、第一届毕业典礼……成都七中初中学校用无数不同凡响的“第一次”为自己的脚步丈量，为自己的明天定义。

一切支持和帮助都代替不了自身的努力。并非所有的努力都会成功，但是成功的背后一定有不懈的努力；并非所有的付出都会成就优秀，但是优秀的得来一定需要默默的付出。建校十年，学校成立了办学指导专家委员会，启动了清华大学四川（成都）校友会“杰出人才引领工程”，又请到了课程、课堂和技术应用等方面的专家引领学校发展。学校丰富优化了选修和社团课程，开设了大阅读课程，形成了“是范”课程框架：“德范”塑造品格，“学范”增强智性，“行范”担当责任。学校独立承担了两个教育部规划课题，从课例研究到“创生型课堂”建构，从“一对一”数字化学习试点班的建立到全面铺开的数字化学习环境下的未来课堂建设，将课堂变革引向深入。另外学校又建成了金融实验室、多媒体创意设计中心、3D打印教室等创客空间，进一步促进了学生个性成长。

筚路蓝缕，十年磨剑。而今，曾经的年轻面庞已经有了岁月的印迹，曾经拼搏的学子也已经收获繁花满树。但是，七初这个集体却持续迎来更多优秀的后来者，薪火相传，熠熠生辉。斗转星移，品质不断延续，优秀成为传统，学校的各方面在时间的历练中日益精进、日臻完善，锲而不舍和上下求索的精神成就了今天的七初。

回首，感慨无数。今天，在梳理七初十年时，我们又看到了老师们的字字铿锵，感受到了文字的沉沉分量。思维的火花化作黑白的句点，智慧的星点聚成满纸的精彩：它们有的是对瞬间的感动，有的是对过程的铭记，有的是对实践的总结，有的是对理想的追求，有的是对思想的提升，有的是对未来的期许……林林总总，不一而足。尽管这些文章并非鸿篇大作，但它们以独到的观点和真情的记述让我们真切地倾听岁月的脚步声，触摸教育的情怀，感悟抒怀中感动满盈，情真意切间温暖常驻，求真务实和锐意进取中体现着的七初人对教育教学工作的执着，对未来教育的展望。它们像一面镜子，讲述着过去，折射着未来。以之鉴往，令人充实；以之察今，使人振奋。

十年，太多的人和事，需要七初铭记和感谢，包括七初人自己。所以，有了我们面前这本书。这本书里所记录的每一个人、每一件事，都是真实的七初十年，都是感恩的七初十年。

回首，只为了更好地出发！如今，学校已经迈入优秀学校行列，学校的发展更加任重而道远。面对未来，七初人不会胆怯。因为，七初人本就是为一大事而来，为一崇高而来，为一精神而来。

潮起十载，长风当歌；放眼一路，春暖花开。

成都市教育学会会长、成都七中原校长 

社會猶如一條船
每個人都要有
掌舵的準備
易卜生句

十年
2008–2018
CHENGDU NO.7 MIDDLE SCHOOL

目录

CONTENTS

望远

慎思

笃行

目录

CONTENTS

情韵

放飞

2008

2009

2010

2011

2012

2013

2014

2015

2016

2017

2018

2008
2009
2010
2011
2012
2013
2014
2015
2016
2017
2018

十年
2008-2018

望远

师也者，教之以事而喻诸德也。在浓郁的“审是”文化熏染下，穿枝拂叶于学校课程变革的田垄之间，做一名有行动的思想者一直是七初人所追求和践行的。正是因为有对教育理解和教育思想的最高要求，所以七初一直行走在“创造最适宜学生的教育”的路上。

我们追寻的教育

□成都七中初中学校校长　李笑非

七初很小，小到站在音乐厅的阶梯上，就可以一眼看见围栏外喧嚣的马路；七初很大，大到一辈子也走不出她的情怀。

秋天，这七初的秋天，若留得住的话，我愿意把寿命的三分之二折去，换取一个三分之一的零头。

我用七初教会我的报之于社会，我用祖国给予我的报之于世界。

…………

每每读起这些文字，眼里总噙满感动的泪花。七初（成都七中初中学校）走过了十年，走过十年的七初已然走进了学生的生命中，成为他们不可或缺的一部分，并将一路激励指引着他们走向未来。回顾、审视十年办学历程，文化建设、课程创生、课堂改革、教师发展……一步步，我们走得稳健而踏实，走出了一条通往理想教育的宽广道路。目睹孩子们在身体、品格、心智等方面的成长样态，我们对所追寻的教育充满了信心。

我不禁追问：这条道路是一条什么样的教育之路？纵使现实中，存在非理性的教育评价、非有序的教育竞争，迫使教育者偶尔陷入焦虑和迷惘，但对于拓荒办学十年的我们，这个问题不难回答。因为早有一个永恒的坐标立在那里，立足这个坐标，我们时刻铭记“育人”这一教育的根本任务，它随时提醒我们：教育，从这里出发；早有一个大同的目标摆在那里，循着既定目标，以“发展人”的执念坚守、磨砺、追寻、创造促进生命成长的教育，它明确引导我们：教育，走向这里。

正是基于这一庄严的自我叩问，七初没有停止过寻根问道。

学生个体生命的生长与明朗，要有学校文化的引导和浸润，亦要有学校课程土壤的培育和滋养。利用学校课程的建设和改革来完成学校的教育理想，以达成滋养卓越气质，模范群伦精神的育人目标。

学校自2008年建校以来，课程建设已历时十年，在一路缤纷之后逐步走入了“深水区”。“深水区”的课程建设，需要在系统推进的结构性质量、核心素养涵育的创生性质量和学校文化的滋养性质量三个方面求得实质性的突破。系统推进的结构性质量，是指不断提高学校课程建设的结构化水平，在优化学校课程结构的过程中，提高课程设计与实施的规范性和互补性的质量；核心素养涵育的创生性质量，是指以发展学生的创生性学习能力为突破口，通过学习过程中的高质量创生，不断将知识与能力转化为核心素养的质量；学校文化的滋养性质量，是指学校课程承载、培育和生长学校文化，养成学校独特气质的质量。这三种质量各负其责，结构性质量促使学校的课程建设更加实在，形成实实在在发展的高品质；创生性质量是对核心素养发展的深度要求，重在引导课程建设走向核心素养的涵育深处；学校文化的滋养性质量，促使课程建设担负好学校文化的培育功能，既提高学校课程建设的文化含量，也让学校课程体现出较为浓郁的校本文化特质，是对学校课程建设高度提出的要求。因此，学校课程建设要走出“深水区”，需要在“实处”“深处”“高处”这“三处”着力。走向“实处”是指体系构建和规范实施，走向“深处”是指促进学生核心素养发展，走向“高处”是指课程文化和学校文化培育，只有“三处”同时并进，才能破解改革“深水区”的课程建设难题。

一、追寻“实处”，提高学校课程建设的结构性质量

追寻学校课程建设的“实处”，是从课程形式走向课程实质、从碎片化课程走向结构化课程、从临时生成课程走向具有学校战略意图的长期决策性课程的过程。其“实”集中体现在三个方面：把握课程的“育人”实质，提高规范设计和实施学校课程的能力，在育人品质上“做实”；把握课程的“育人”指向，让不同门类和层次的课程都朝着这一方向前进，在系统育人上“做实”；把握课程的“育人”特征，认识到“育人”是一件极具战略性的事情，需要有目的、有计划地进行课程规划并持之以恒地实践，在育人上“做实”。这三个方面的“做实”，就是围绕学校的整体发展战略，建构高质量的学校课程框架，并提高规范实施能力。

杜威就教育本质提出了“教育即生活”“学校即社会”的基本观点；陶行知先生将杜威的教育思想发展为包括“生活即教育”“教育即学校”和“教学做合一”三方面内容的生活教育思想；顾明远先生提出“教育的本质是生命教育”。成都七中初

中学校建构的课程，结合学生生活实际，是生命成长的坚实土壤。成都七中发端于纪念西汉大儒扬雄的墨池书院。成都七中初中学校的校训“审是迁善，模范群伦”取自扬雄的《扬子法言》，意为在明辨何为“最好”的过程中不断改正自己的缺点，达到“至善”境界，成为众生楷模。为了在课程建设中把育人追求“做实”，进一步凸显名校发展战略，成都七中初中学校着力建构了“是范课程”框架。“是”即“审是迁善”中的“是”，关涉事实与本质，指向正确的价值取向和积极向善的追求；“范”是“模范群伦”中的“范”，关涉行为与精神，指向卓越的行为表率与垂世的精神风范。以“是范”为核心建构的课程框架，称为“是范课程”。在这一课程框架中，我们以“让国家课程校本化，有基础；地方课程特色化，重文化；校本课程多样化，供选择”的基本思路，构建了“德范”“学范”“行范”三位一体课程体系。通过“是范课程”的构建与实施，努力让学生具备支撑终身发展和时代要求的必备品格、关键能力以及价值观念。

“德范课程” 滋养生命德性，塑造高尚品格。学校全面践行“立德树人”根本任务，集中体现了国家意志和社会主义核心价值观。为构建适合我校学生发展的德育课程体系，创造丰富多彩又独具特色的德育活动，让德育课程做到常态化、序列化、特色化，让教育活动更加聚焦人的核心素养提升，我们构建了符合初中学生特点和适合初中教育需要的德范课程体系，形成了在学习中思考、在活动中体验、在体验中收获的促进学生内涵成长的特色德育。学校在德范课程中注重对学生的品格培养和素质提升。例如，“荣耀三部曲”课程分别以“荣耀·成长”“荣耀·责任”“荣耀·奋进”为主题，以隆重的仪式表彰先进，鼓励成长，涵咏爱国热情；依托艺术与文学的表现形式，如合唱、戏剧表演、原创诗文诵读培养学生的综合能力；通过对主题的阐释让学生明晰自我价值，激发担当精神。又如生涯规划体验式学习课程引导学生从“明自我”到“明他人和社会”，再到学会面对、学会选择，促使学生了解自我的优势与不足，充分发现自己的特长和潜力；通过职业体验，在各行各业优秀人才榜样的示范和引领下，促进学生努力提升和完善自己，为自己的生命成长与发展奠基。德范课程强调让德育真正走进学生心灵，使其在学习中修身，在活动中展示才艺，发展综合能力，在实践中体验并提升人格品质，充分彰显“审是迁善，模范群伦”的核心价值，强调在学习、思考与践行中立德树人、成就学生。

“学范课程” 奠基生命智性，提升学习能力。学范课程是基础，不仅重知识学习，重能力培养，更重思考、判断、表达，更关注学生兴趣。我们的学范课程包括学科学习和研究性学习，采用必修为主、选修为辅、必修课与选修课相结合的方式。学科学习以不同的形式推进，它主要包括学科课堂学习和学科主题活动；研究性学习则在大文大理中选择主题，以校内课外综合实践活动的样态推进。必修课程作为学生成长、成才的基本课程，是学生整体和谐发展的基础、个体发展的前提，所以七初不但开设了国家课程中的必修课程，而且对地方课程及校本课程进行了研究，将有助于学生整体发展、个体提升的基础课程也化为必修课程。选修课程对学生实现主体作用更加积极，整体发展更为和谐，个体成长显现特长有着重要的促进作用。为此我校在长期的实践研究中不断完善和实施各类学科教学，将必修课和选修课相结合，引导学生养成良好的学习习惯，选用恰当的学习方法与学习行为，有效促进学生自我的持续改变。我校的学范课程采取的是分层分类同时推进，主题学习穿插进行，模块教学常态实施的方式。比如，我们在语言文学等学科中大力推进大阅读课程，不仅重视阅读教学中的输入，更重视学习的输出，还强调输出的多样性，比如以图、文、剧目表演等形式输出。在道德与法治课中开设财商课程，立足提升学生的财经素养，既让学生具备初步的投资理财意识和能力，更重视培养学生成为有正确财富观的现代公民。

“行范课程”尊重生命个性，强调社会责任。在行范课程里，我们打破学习的时空限制，提倡让学生在参与体验中去格物致知，增强自信并服务他人与社会。我们努力创造条件促进学生形成为公众事务、为人类进步事业有所贡献的价值追求，并培养他们的才智；在科技创新中鼓励学生探索真理，激发他们的创造力；在国际舞台上开拓学生视野，促使其既重视传播中华优秀传统文化，也注重借鉴和维护世界文明的多样性，成就未来思想。我们让课堂、自然与社会融为一体，引导学生多角度地思考与实践。比如，在模拟联合国课程中，学生以各国外交官身份共议全球气候、国际安全、经济金融等当今世界发展的热点问题，学生关注人类的生存与发展，有格局、有眼界，不仅提升了语言表达能力和思辨能力，更彰显家国情怀和世界担当。又比如在STEAM课程学习中，学生自主设计、动手制作，并合作探究、凝聚智慧，培养了勇于创新的科学精神和实践能力。在国际理解课程中，我们走出去、请进来，进行多元国际交流学习，努力培育出真正具有国际视野、民族灵魂，知晓国际规则，能够参与国际竞争的国际化人才。我们希望通过行范课程让学生具备今后行走世界、面向未来的力量。

经过不断地丰富和调整，目前我校形成了如下“是范课程”框架：

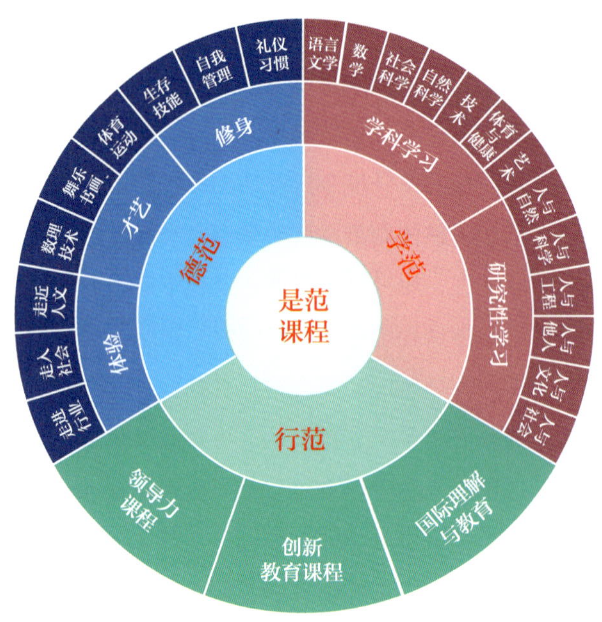

这一课程框架，把握住了“是范”育人的内核，为做实“育人品质”奠定了基础；根据这一框架设计和实施学校的每一门课程，避免了碎片化和临时生成等问题，提高了规范化水平，为我们追寻课程“实处”创造了更好的条件。

二、追寻课程“深处”，提高学校课程建设的创生性质量

课程“深处”即课程深度。在课程建设进入核心素养时代后，课程“深处”集中体现在核心素养培育的深度上；追寻课程“深处”，就是探索学校课程在核心素养培育上的最大作为和最好作为。众所周知，知识不是素养，纯粹的单项能力也不一定能够成为素养，只有经历了“转化”过程，知识和能力才会变为素养。这种转化的过程，就是学生在学习活动中的“创生”过程，只有在学习过程中不断创生，才能把书本知识转化为认识世界、理解世界和与世界相处的能力，才能把单项能力综合发展为解决现实问题的素养。

为了追寻课程“深处”，我们首先在细化“是范课程”框架时，强化了核心素养的培育功能。例如，为增强学生人文底蕴，我校开设了国学诵读必修课程，品读《诗经》、宋词风韵、红楼遗梦之金陵十二钗等选修课程；为引导学生健康生活，我校开设了生命·生态与安全必修课程、生涯规划体验式学习、心理健康必修课程、生命急

救必修课程，又开设了校园心理剧、中华武术、形体舞蹈、田径运动与成长等选修课程；为培养学生科学精神，我校除开设了数学、自然科学、技术等国家必修课程，还开设了数学建模、超级物理思维风暴、走近化学世界、创意植物园、玩转机器人等选修课程。

其次是在课程实施中注重培养学生的创生性学习能力。我校根据成都特有的地理位置和丰富的文化资源开设了博物馆课程和都江堰课程，学生走出书斋，感受自然景观和历史画廊，用脚步丈量时空，用智慧提出问题，用研究纵深思想。例如在都江堰安澜索桥3D模型制作及保护研究的项目学习中，学生了解安澜索桥的发展历史，测量安澜索桥相关数据，根据测量数据和结构特点建构3D模型，最后根据研究结论提出相关保护措施。本项目对于培养学生信息意识、空间几何素养、工程思维、合作能力和问题解决能力有重要意义。又如“爱心Market”的活动课程，该课程设立的初衷本是志愿者的献爱心活动，但如何以己之力创造价值以表爱心呢？这一挑战促使学生萌发了创意设计、开发产品的想法。学生又运用财商课程的知识成立了财务部、营销部、宣传部、后勤保障部等，整体安排、科学谋划，再加上形式多样的宣传广告，并以微信扫码付款辅助，那些琳琅满目的个性化产品，如学生摄影作品的冷热杯、明信片，学生自绘图案的手机壳等迅速被抢购一空。智慧创造加上积累的财经素养帮助学生实现了关爱社会、奉献他人的愿望。

第三是建设“创生型课堂”，在提高课堂深度的过程中追寻课程“深处”。创生型课堂是我校的基本课堂样态。它以学生的创生性学习能力为重点，以整合新知识、形成新经验、产生新观点、提升新能力等为主要任务，以鼓励学生积极思考、大胆表达、敢于质疑、乐于创生为重要追求。创生型课堂的表现形态为：教师创造性地教，学生创造性地学，师生在创造性地教与学的过程中产生新体验与新收获。创生型课堂的核心要素是“学、思、创、生”。“学”是指课堂上的自主学习、合作学习与探究学习等，是课堂创生的前提；“思”是指积极思考、乐于动脑，是课堂创生的保障；“创”是指在课堂中不断发现新问题、提出新观点、产生新方法、形成新成果，这是课堂创生的关键点；“生”是将外在的知识符号、师生的创生或班级成果逐步转化为自己的知识、经验、方法与能力等，使自己生成新的知识结构、方法结构与能力结构等，这是课堂创生的主要目的。只要抓住这四个核心要素，就能根据不同学科的不同特点建构创生型课堂的行动模型。

创生型课堂的实质，是在引导学生“创生”的过程中，促使他们把知识和能力转化为素养。如在物理八年级下册《力》这一章的学习中，从带着问题观察游戏的活动情境，到理解“力的大小和先后问题”，再到自主理解“力的作用效果”，最后自己概括提炼出“力”的概念，并根据对“力”的理解，解释生活情境中的力学问题。这一系列的学习过程，既是学生创生新知、发展新能力的过程，也是课堂不断突破和超越的过程。在这一过程中，学生很好地建构了物理概念，提升了实验探究的能力，有效培养了科学思维，树立了科学态度与责任，从而让物理学科核心素养真正落地。又如我们的道德与法治课堂一直坚持与时事热点紧密结合，“时政播报”应运而生。小组学生分工明确，或采集一周要闻，或主持播报，或拍摄剪辑。全班学生畅所欲言、侃侃而谈，品评天下事。每一次的“时政播报”都被上传到公共学习平台，不仅是对课堂学习的补充，更是曾经努力的美好记忆。学生在对热点时事的采集与播报中，不仅坚定了建设中国特色社会主义的理想信念，弘扬和践行了社会主义核心价值观，从而让政治认同这一核心素养真正落地，还将科学精神、法制意识、公众参与等道德与法治学科核心素养落实在活动与探究中。

创生型课堂从构建到发展，前进中多了几分从容，传承中多了一些超越，冷静中多了许多深思。课堂教学已从“知识本位时代”走向“核心素养时代”，由课堂教学目标的多向指向了核心素养提升的聚焦，由课堂教学形式的多样指向了思维引导的纵深，由课堂教学理念的多元指向了以人为中心的根本。讲究科学，力求有效，舍末而逐本，应该是我们课堂变革一直的追求。

为了追寻课程“深处”，我们的课堂更倾向于回归真实，以情感为线牵连师生生活的情境。教师有言之不尽的生活阅历，学生有言而有据的生活体验，课堂有言乎于情的生活真实。我们拒绝只重形式的“声光电”技术课堂，拒绝高高在上的“卫道士”说教课堂，拒绝脱离实际的“海市蜃楼”虚假课堂。我们所做的就是将课堂改革导向于回归生活本来的真实。

为了追寻课程“深处”，我们的课堂更倾向于提升能力。我们积极推进新技术支持下的“一对一”数字化学习，丰富和发展创生型课堂，充分尊重学生的个体差异，实现高效的个性化学习。我们系统建设数字化学习终端，精心建设数字化学习专属空间，着力创设并积累数字化学习资源。数字化学习环境使多向交流互动、泛在学习得以实现。我们为学生构建了一个以快乐学习、自主学习、选择性学习、创造性学习为特点的满足学生个性化学习需求的创生型课堂，提升了学生的学习能力。

为了追寻课程“深处”，我们的课堂更倾向于延长生活。学校通过课程建设深化课堂变革，将严谨的书本知识与生动的现实生活关联，以培养学生的创新精神和实践能力。我们将学生的课堂学习延伸到了生活圈，利用不同学科的知识整合，将未来职业的规划与选择、书本上的文史知识和科学方法与现实无缝衔接，让我们的课堂改革向现实生活无限延长。

为了追寻课程“深处”，我们的课堂更倾向于行走的思想。我们的课堂教学除了真实情感的流露之外，还有冷峻的哲学思考。注重把知识进行归纳、比较、整合、推理、应用，转化为能力，以之来解决生活问题。我们的课堂已经走向了“改变思维、启迪智慧、点化生命”的层级。强调学生思维能力的提升、思维品质的培养，在课堂上激发学生思维灵感碰撞，发散学生思维多元表征，将课堂上思维的螺旋式行进轨迹引导向学生思想的自由行走。

成都七中初中学校十年磨一剑，从“是范课程”体系构建到“创生型课堂”实践，追求见“木”见“林”的课程深度变革，提高了学校课程建设的创生性质量。

三、追寻课程“高处”，提高学校课程建设的文化滋养质量

追寻“高处”的目的是提升课程建设的高度。课程建设的高度主要表现在对学生和学校的文化涵养上。好的课程既是优秀文化的产物，也是滋养优秀文化的土壤。我们建构的“是范课程”，既是墨池书院的文化产物，是成都七中优秀办学文化的结晶，也是滋养七初文化的肥田沃土。

凭着对教育本质的追求和实践所沉淀的教育文化素养，传承成都七中百年文化基因，七初以“审是迁善，模范群伦”为师生的价值认同与精神追求。这一学校精神告诉我们：当观察日月就懂得天上的星辰渺小，当仰望真理就明白学问的局限。做学问、养道德，一定要审视真理，明辨是非，用真理修身，用执着求学，意气昂扬，自强不息，这是我校学子一定要经历的人生旅途。道德纯粹，学问渊博，做大众的表率，为民族与世界奉献，这是我校师生一定要达到的人生境界。“是范课程”是对学生公民品性人格的塑造，是对学生当下心智健康的发展，是对未来生活与社会适应能力培养整体而长远的观照。

学校以“创造最适宜学生的教育”为追求目标，身体力行，臻于至善。学生生命

的成长，需要有学校多元文化之光的朗照；育人生态、学校文化，是以对生命个性的包容和感召来促进心智发展，引领精神行走，助力灵魂铸造的。在“是范课程”的框架下，学校课程立体多维、丰富多彩，学生可以依据自身的需求和特长，选择适合自己的课程学习。“让每个孩子享有公平而有质量的教育”这一新时代的教育目标和方向更让我们坚持“创造最适宜学生的教育”的办学追求，为学生的成长和发展创造条件、搭建舞台。

学校文化滋养体现了师生向真、向善、向美的价值认同、生活方式和集体人格等“向心力”。教育的价值认同、生活方式与集体人格的背后，是育人主体的教育价值理解、生命情怀、责任担当。而学校课程正担负将文化要素渗透教育行为的重任，学校课程外显或流露出精神的高度、思想的深度、智慧的宽度、情感的温度，而这无一不对学生个体生命的成长产生影响力。文化的无声浸润、课程的有形助推，加之以教师“行为表仪，智如泉涌”的引导和帮助，从而唤起学生精神的自觉、思想的觉醒、智慧的开启；使学生成长为对未知满怀好奇的学习者，对真理保持质疑的思考者，对实践勇于创新的探索者，对未来充满希望的引领者，具有“好奇、独立、机智、关怀”特质的完整个体。学校课程担负着将学校文化要素渗透进教育教学的重任，学校课程里的精神高度、思想深度、智慧宽度、情感温度，都以各种方式把学校文化传递到学生生命的深处。同时，课程实施里各种师生故事也以自身独有的魅力，丰盈和滋养着学校文化的持续生长。

“高雅的意趣不是曲高和寡，而是心灵的纯善美好，能在平凡处发现不平凡，在无趣处看到有趣。我愿在文学的春秋中，以我微薄之力、不才之智去追寻本真世界，创造诗意人生，并把这样的追寻带给我的弟子们。”一位老师在一年一度的教育反思中如是写道。让“教师创造性地教，学生创造性地学”成为现实，让课堂充满不期而遇的精彩，让师生的学习洋溢着探索与思考的愉悦，是七初师生发展共生的美好愿景。

十年来，在学校多元立体课程培育之下，我们并肩前行，每一位老师都绘出了自己的绚丽人生，我们可以清晰地看到师生智慧的碰撞，成长的交汇。

成都七中初中学校追寻的教育，是面向学生生命的教育。我们的教育永远关注学生的终身发展，我们努力引导和帮助他们找到适合自己的生命方式，激励他们追求有意义、有质量、有价值的生活，让他们尊重自己的天赋和使命，服务于国家和社会，人类与世界！

亲历七初　一路芬芳

□成都七中初中学校副校长　王岚

凌晨5点，推开办公室的门，从4楼到1楼大厅，我和同事们轻快地走在廊桥上。从廊桥向外望去，远处的楼房闪着一两点灯光，宁静的校园还在沉睡，清冽的风带着花香向我们袭来，桂花香！每年一次的通宵加班，每年一次在完成任务时前往一楼大厅张贴分班名单，都可以闻到校园里飘来的桂花香。花香带着微凉，深深呼吸一口，摆脱一晚的疲惫。看着名单上几百个名字，看着操场上逐渐露出的曙光，看着几百个新同学带着纯真、稚气的笑脸向我们走来，我们不由地露出微笑：欢迎你，新同学！

2008年，怀着对成都七中的憧憬我来到成都七中初中学校。十年来，我先后担任了六届毕业班的物理教学工作，先后工作于学生工作部、教学管理部、国际交流合作部，一直到现在担任副校长分管教学。一路走来，有欢笑，有泪水，有艰辛，有收获。我亲历了七初十年的成长，我见证了七初十年的发展。我看见无数学子从懵懂孩童成长为翩翩少年，扬帆从七初起航。七初是优秀学生培养的摇篮，我把我最美好的十年奉献给了七初，七初给了我实现教育理想的最好舞台。

多彩活动促学生生命成长

2008年到2011年，学校安排我在教育处负责德育工作。教育处相当于德育处，曾有过的德育处主任经历让我以为可以轻车熟路，可很快我就发现不一样。

七中非常重视思想教育，非常注重对学生思想的引领，针对学生在不同时期的心理特征和发展需要，非常细致地设计各种德育活动，把教育寓于丰富的活动之中。七中非常重视学生综合素质的发展，为学生搭建了许多提高自己和展示自己的平台。七中有一句名言：你有多大能耐，七初给你多大舞台。七中的工作标准很高，七初当然也要在高位运行，每一项工作都需要精心设计，精心实施，把工作做到极致，力争促进学生最好的发展。

丰富的活动和高标准的要求曾让我有些手足无措，开学典礼和入学典礼的区别是什么？国庆表彰、二课堂表彰的区别是什么？标准是什么？连续4天停课的“立志成才集中教育”是怎么回事？还有艺术节、科技节、国学诵读、英语风采大赛、运动会……虽然李笑非校长给我们详细介绍过七中的活动，但毕竟没有参加过，这些活动如何体现它的教育价值？如何与初中生的实际情况联系起来？如何具体实施？我缺乏整体的把握和实际的经验。我在工作中学习，从每一个活动的方案做起，从每一个活动的实施做起，在杨斌校长和李笑非校长的指导和带领下，在全校所有班主任老师、科任老师共同努力下，一个个抽象的活动名称逐渐鲜活起来，变成了一次次学生们成长的经历、难忘的回忆。经过三年的传承、融合与创新，七初的德育工作逐步体现出以下特点：

特点一：传承七中文化，突出七初特色。

七初德育工作汲取成都七中的百年积淀，具有鲜明的七中特色，体现出“以爱国主义教育为核心，以立志成才为主线，以丰富多彩的教育活动为载体，把德育渗透在智育、体育、美育、心理健康教育和校园文化建设中”的七中德育工作特点，传承了七中高质量、高效益的工作标准。学生人人争当“审是迁善，模范群伦”的七初人。

特点二：德育活动丰富多彩，学生的道德体验感强。

七初以德育活动为载体，全方位对学生进行思想引领，开展了大量对学生有着深远影响的德育教育活动。针对七中传统经典教育活动，我们传承并创造性地进行“初中化”“仪式化”，如隆重而热烈的开学典礼、新生入学典礼、国庆表彰大会、二课堂表彰大会、立志成才集中教育活动、六一少先队退队仪式、团员入团仪式……针对七中初中学生发展需要，我们进行高品位、大视野的专家引领，如“我与院士面对面”活动，王昂生教授系列报告会，知名作家阿来、颜歌报告会，七中优秀学子报告会，聘请清华大学校友担任班级导师活动……针对初中学生特点，我们开展充分展现学生风采与个性的活动，给学生搭建展示自己的舞台，如校园艺术节、田径运动会、科技活动月、风筝节、新年音乐会、六一合唱比赛、班级才艺展示……这些活动的开展使学生的道德素养、创新精神和实践能力的培养得到全面加强，综合素质得到明显提高。

七初的活动不但丰富，而且标准高，专业化程度高。就如最常见的课间操，七初的课间操，每天30分钟，全校学生分班两列纵队跑进操场，各班呈方块整齐跑步，先跑800米，再完成做操等其他体育锻炼项目。曾记得自己当学生时最怕的就是跑800米，一学期测试一次提前一周就开始害怕，可七初的学生天天跑，每天至少800米。三年下来，强健的体魄为学生更好地成长打下了坚实的身体基础。又如七初每年的合唱比赛，每个班就是一个合唱团，指挥、钢琴伴奏、高声部、低声部、专业老师的训练，全班每个同学都认真参加训练。“六一”儿童节时学校为同学们布置最美的舞台，请来专业的评委，为每一个学生的成长喝彩。我深深地感到，七初给了学生们各方面最好的成长空间。我的孩子，将来一定要读这样的学校。

特点三：突出行为规范教育，学生习惯良好。

良好的学习习惯、生活习惯、思维习惯是一个人成功的根本保障。学校的德育常规教育从高处立意，从小处着手。每年8月份的入学教育中，李笑非校长都会召开新生大会、新生家长会，向学生和家长讲解七中的历史、七中的文化、七初的理念、七初的标准，让学生有归属感、自豪感、荣誉感。紧接着班主任老师们根据《成都七中初中学校成才指南》，对学生们在学校里一天学习生活的所有活动规范进行一一讲解，从早上家长送学生到校时如何停车，学生下车后如何遵守交通规则进校园，到午餐吃饭时如何列队取餐安静就餐；从学生早晨进教室如何早读、如何交作业到学生每天如何听课、如何改错，学校对学生的礼仪交往、行为规范、学习常规、班级德育常规等方面做出了明确规定和要求，让学生明确作为七初学子，应如何学习、如何规范自己的言行举止。思想的引领、制度的完善、管理的落实，保障了学校校风纯正、学风浓厚。

课堂研究促教师专业成功

每一个到七初工作的老师，都有着自己的教育梦想。他们都希望自己的专业素养得到更大的提升，为国家为民族培养出更多更优秀的人才。回顾过去十年走过的路，七初老师的成长和“研究”密不可分。

首先是研究课堂常规。高质量的课堂，是一个学校办学品质的关键。建校初始，在第一届教师的培训会上，李笑非校长就提出了七中初中学校课堂教学“三定四备四统一”的要求。三定是定时间、定内容、定中心发言人，四备是备学生实际、备课标和教材、备教法和学法、备资源，四统一是统一教学目标、统一教学内容、统一教学进度、统一教学资料，这就是后来常说的集体备课内容。来到成都七中初中学校的老师，有成都七中林荫校区的老师，也有从全省各地招聘的优秀老师。过去，老师们任教的环境各有不同，在不同的学校，老师们用不同的教育方法取得了各自的成功。现在，大家汇集在一起，作为成都七中初中学校的老师，必须将自己过去的经验与七初的要求结合起来。对于打团体战，集体备课、智慧共享，老师们欣然接受，但是对于授课进度、授课内容选择、甚至作业布置的高度统一，老师们的接受有一个渐进的过程，老师们实践、比较、思考，逐步将过去单兵作战的思维改为团队作战思维，在这个过程中，教研组团队建设得到加强，教研文化逐渐形成。独行速众行远，老师们通过实践感受到了团队力量的强大。

其次是研究课堂改革。朱永新教授说："现阶段或未来时期，教育的核心竞争力取决于你这个学校有没有具有核心竞争力的课堂……"2010年，我校成功申报了教育部十一五规划课题《创新型教师课堂素养提升研究》，创生型课堂的构建是这个课题研究的一个重要抓手和载体。全校各个学科全员参与，共分设17个子课题，对各个学科的创生型课堂进行研究。所谓"创生型课堂"是指"学生在课堂上灵活采用自主、合作、探究等多种学习方式，在教师、网络和其他教育资源等的服务与支持下，通过创造性的课堂学习活动，建构'学生在课堂上创造性地学，教师在课堂上创造性地教，师生在创造性活动中产生新体验、收获新知识'"的课堂。"学、思、创、生"是创生型课堂的核心要素（摘自李笑非校长《未来课堂 创生智慧》）。我们力图使七初的课堂成为学生主动学习的课堂，成为学生通过创造性的课堂学习活动，不断获取新知识、建构新经验、产生新体验的高效课堂。

全校13个学科以"创生"为核心，以培养"具有创新精神和创新能力的智慧学生"为目标，首先从备课开始创新和突破。老师们将教学设计变革为"学习卡"和"助学案"。传统的教学设计以老师完成教学任务为主线索，主要是明确老师怎么教，学习卡的设计以学生学习活动为主线，主要是明确学生怎么学，助学案的作用是明确老师在课堂中怎样帮助学生学。各学科在课堂教学实践中开展了大量的研究，逐步形成了各学科创生型课堂的教学模式，并通过自己研究的各学科课堂评价量表来对课堂进行评价和改进。一时间全校的教育教学改革轰轰烈烈。而在这一期间，课例研究将创生型课堂的研究推向了深入。

2011年11月，我们在上海教科院副院长王洁博士的带领下开展了第一次课例研究。我们一共研究了两节课——语文巫增金老师执教的《风筝》和数学徐丹老师执教的《制作一个尽可能大的无盖长方体盒子》，两天时间里，参加课例研究的老师们在坚持常规教学工作的情况下，完成了大量的研究任务。老师们每天工作12小时，2天开了6个研讨会，写了28篇研修日志，文字量近5万。2012年11月，我们在上海教科院杨玉东博士的带领下又开展了第二次课例研究，以一堂数学课和一堂物理课为例进行研究。连续三天，老师们每天工作18个小时，三天开了12个研讨会，三天的文字量近13万。现在回忆起来，李笑非校长那句"各位亲，12点前把研修日志发到我的邮箱哈"还记忆犹新，在李校长的带领下，老师们的研究热情空前高涨。在随之而来的全校各学科的课例研究当中，在聚焦问题的深度研究当中，老师们的思维激烈碰撞，伴随着一次次的争论与改进，全校各学科创生型课堂全方位构建，创生型课堂内涵深度挖掘，创生型课堂对新的教学模式，比如翻转课堂，不断吸纳，体现出强大的生命力和活力。《创新型教师课堂素养提升研究》课题顺利结题并被评为优秀。

如果说课例研究为创生型课堂提供了强劲的动力，那么新技术在课堂中的运用为创生型课堂提供了飞翔的翅膀。2012年9月学校开设了第一个云教育试点班。在云教育班级，老师们课上采用iTeach平台、iExam平台、各类学科APP、全景课堂、摄影上

传、拍照上传等方式增加师生交流互动，采用翻转式创生型课堂的模式“先学后教、以学定教”。课下通过无线网络，以邮件、论坛、云盘等方式进行学习资源分享和交互。借助云资源，通过网络平台，我们还开展了基于学生学习数据的分析，及时反馈，对学生进行针对性的、个性化的指导，与学生、家长在线交流。师生在开放、共享、交互、协作下实现教与学方式的变革，力图进一步为学生构建一个以快乐学习、自主学习、选择性学习、创造性学习为特点的满足学生个性化学习需求的“创生型课堂”。现在，七初已经实现全校所有班级“漫步云端”。

未来教育引领课程变革

教育，要放到当今社会经济发展的大背景下思考。身处当今社会，移动支付、探月工程、人工智能、量子通信等快速发展，物联网、云计算、人工智能等新一代信息技术与制造业加速融合，以机器人为代表的新技术、新应用、新模式不断涌现，已成为新一轮科技革命和产业变革的重要驱动力。“跨界创新”成为人才需求的新动向。我们也深深地思考，教育到底应该给孩子们带来什么，他才能够去面对不可预知的未来。

李笑非校长在《创造最适宜学生的“未来”教育》一文中写道：

> 更加适宜学生的“未来”教育，是关注和发展学生核心素养的教育，学生只有具备了自我发展的核心素养，才能在未来社会里找到发展的主心骨，在自己选定的领域里从容行走；更加适宜学生的“未来”教育，是关注和发展学生学习能力的教育。

2015年12月28日，我校十二五规划课题《基于核心素养的学生学习能力培养研究》成功立项，下设18个子课题，从各个学科、各个工作面，全方位开启对学生核心素养培养的研究。研究核心素养不是给学校教育贴一张新的标签，而是站在社会发展的高度，用“未来”引领学生的“现在”，切切实实地帮助学生发展最应该发展的能力，提高最应该提高的素养。

课堂是我们实现“创生”追求的立足点，课程则是促进师生创生的深化点与拓展点。课程设置直接彰显着学校的人才培养模式，学生核心素养是在对学校课程的学习过程中逐步培养发展的。

为了提高课程质量，我们要求每一个学科结合自身学科的学科素养，建设学科特色课程。我们在语文、英语教学中培育学生阅读素养，在数学教学中培育学生运用数学思想解决问题的能力，在物理、化学、生物教学培育学生实验探究的素养，在音乐、美术、信息技术等学科中推行模块化教学和选课走班，尊重学生的天赋差异，适宜学生的个性发展。

我们率先开设生涯规划必修课程，让学生认识自己，了解自己的特长、优势和不足，通过课程为学生打开一扇窗，让他们更好地认识世界、认识自己，在今后的学习生活中有效地管理自己、发展自己、提升自己，也为学生的未来职业生涯选择打下基础。同时学校还开设了跨学科的项目式研究性学习、都江堰博物馆课程、STEAM课程、财商课程、厨艺课、陶艺课、游泳课、生命急救课程等校本必修课程，以及全年共四轮、近百门校本选修课程和二十多个学生社团。

在课程实施效能方面，我们采用网络调查、过程考评、目标考核等方式进行评价，同时教师注重对学生课程学习过程进行考核，努力构建完备的课程体系。

学校立足未来学校建设，注重课程的创新特色和发展方向。一是课程框架的开放性，全校师生能根据学校的课程框架创生更具特色、更能引领学生发展的课程；二是学校课程促进学生有效成长的可能性，即课程内容与实施方式有利于促进学生更好地生长；三是学校课程对学校特色、品牌、文化建设的促进性，即学校课程的规划与实施有利于学校特色、品牌与文化的更好彰显与沉淀。我们从学生的兴趣爱好、特长培养和素质提升出发，让国家课程规范化，有基础；地方课程特色化，重文化；校本课程多样化，供选择。通过统整三级课程，初步建立了适合我校学生发展的、具有智慧创生、模范群伦价值取向的课程体系。丰富多样的多层级的课程尊重了学生的兴趣爱好，既注重了特长培养，也有利于学生发展核心素养与学习能力，提高应对“未来”的能力。

又是一年银杏纷飞的季节，成都又如2008年那个秋天一样绚丽多姿。回首在七初的岁岁年年，更多的是感动。午后的阳光透过窗棂，我抬起头，深深地凝望。在成都七中初中学校这片土地上，有着一群人为着教育的理想而孜孜不倦地奋斗！面对不断成长且渴望走向成功的学生，我们深知责任重大，使命崇高！让我们努力，帮助学生们在五彩的人生中涂上绚丽的一笔！

七初未来美好，伴我一路芬芳！

遵从内心　执着如斯

□成都七中初中学校副校长　石敏

我有一个理想，它和七初紧紧地联系在一起。

这个理想从我踏入七初校园的那一刻起，从我站上讲台的那一刻起，从我第一次和七初孩子亲切拥抱的那一刻起，愈发坚定——用我的毕生精力，为我的教育理想、为七初的教育点燃一束长明的火焰。

在成都七中初中学校建校的第一年，我便来到了这里。第一次与七初相见，是2008年6月。那时的七初还不能被称为学校，因为各类建筑材料堆陈，主体建筑尚未完工。我与几位优秀的同事——现任校长李笑非老师、副校长王岚老师、语文教研组长何玲老师、七中林荫街英语组的刘家永老师在工地前留下了与七初的第一次合影，和七初的感情也从那一刻开始生根发芽。

十年，我与七初见证了彼此的成长。十年中，我先后担任了2011届6班班主任、2011届年级组长，在教师发展部工作了五年，在学生工作部工作了三年，分管了两年学生工作部，十届年级中分管了六届，无论工作怎么变化，不变的是我待七初一如既往的那颗真心——“做一名有行动的思想者”“创造最适宜学生的教育”。

一、立德树人，以活动引领学生发展

2008年8月，开学在即，学校的各项基础建设还未完全到位。非常清晰地记得那一年的引进培训教师、招收学生都是在七中林荫街进行的，首任校长杨斌带领副校长李笑非、语文何玲老师与张家音老师组成了第一先遣队，为七初的成立与发展立下了头等大功。七初的首届学生共有6个班，引进招聘了来自不同学校的23名优秀老师，那一年我和我的同事们带着无限热忱与信心开启了我们的又一程教育之路。

2008年，我担任2011届6班的班主任，兼任2011届年级组组长。至今仍记得，第一次的入学典礼，操场简陋却气势恢宏，人丁虽少却豪情万丈。七初的老师，从建校之初就坚定要“创造最适宜学生的教育”；七初的学生从跨入学校大门的那一刻，就浸润于“审是迁善，模范群伦”的校园氛围。至今仍然感慨，在我的从教生涯中，还没有遇见过一所学校自建校之初，就轰轰烈烈，且如一坛老窖陈酒，随着时间的积淀，愈发酒香致远。我至今仍珍惜，七初第一届学生以及其后的每一届学生对待七初的真挚感情，他们对待七初的老师如父母、如兄长、如朋友。

也是从那一年开始，七初丰富多彩、启迪有方的育人活动接踵而至。还记得筹备第一次入学典礼，几乎所有老师都是在晚上12：00离校，两位校长凌晨4：00才回到家中。为了学生的座位排列、为了操场上的拱门字体、为了那些激励话语……不知往复了多少遍，只有身处其中，才能感受，只有共同经历，才知责任。也许就是从那一刻开始，我和我的同事们开始践行“模范群伦”。2008—2009学年，七初留下了太多的第一次，第一次筹备运动会、第一次组织元旦巡游、第一届艺术节、第一次带着孩子们上厨艺课、第一次参加六一表彰暨合唱比赛、第一次游泳课、第一次陶艺课……每一个第一次，都留下了太多七初人的欢歌笑语、汗流浃背。当时的我，是班主任，是年级组长，不是没有抱怨，也不是没有畏惧，但一次次的活动让我和班级的孩子们更加懂得珍惜。

2011年，为了给孩子们留下最美好的青春回忆，也为了引领孩子们走向更灿烂的未来，学校组织了首届毕业典礼。也是从那个时候开始，我被调整到学生工作部组织工作，更加深刻领会和理解学校设计系列德育活动的初衷。德育是学校教育的灵魂，是学生健康成长和学校工作的保障。德育活动不仅仅是树立一些规范，更是对人的价值和灵魂之引领，让孩子们从生动的活动中体会家国情怀、责任担当，甚至可以领悟人类灵魂之高贵，并在行为中体现这种优秀的品质。

为了引导学生具备适应终身发展和社会发展的必备品格和关键能力，学校依据各年级学生成长的不同梯度要求，逐渐完善、整合各类德育活动，逐渐形成了系列化的德育课程体系。

七年级的孩子，需要适应初中生的新身份。所以，学校在构建七年级德育课程时，以“荣耀·成长”为主题，精心设计新生入学教育、入学典礼、趣味运动会、六一表彰暨合唱比赛、国学诵读、生涯规划等课程，从规则意识、艺术素养、国学素养、职业体验等方面引领孩子们感受七初“审是迁善，模范群伦”的校园文化。八年级的孩子，逐渐步入了青春期，难以静心，需要稳步前进，并明确少年之责任。学校在构建八年级德育课程时，以“荣耀·责任”为主题，策划了立志成才集中教育、五四表彰暨离队入团仪式、戏剧节、英语风采剧比赛、班级才艺展示、生涯体验、趣味运动会等课程，从国情、法治、立志、文化交融、科学教育等方面引领孩子们明确中华少年之责任，逐渐学会自律。九年级的孩子，必然要面对中考压力。所以，在构建九年级德育课程时，以“荣耀·奋进”为主题，精心设计了开学第一课即徒步拉练、12·9原创诗文比赛、五四表彰、未来领袖讲坛、心理团辅、毕业典礼等德育课程，引导孩子们锤炼意志、积极立志，提升孩子们的生存力、领导力。

“立德树人”是七初人一直坚持的理念，“德”是七初立校之本，也是孩子立身之本，同样也是学校校训“审是迁善，模范群伦”在孩子们精神上最好的呈现。每一

次活动，都需要学生、教师、家长认真投入，尤其是学生全身心投入训练。艰苦的训练过程往往给孩子们留下难以磨灭的印象，他们在训练中相互协作、彼此沟通、逐渐融合，更加懂得付出和收获的关系。更可贵的是，不少孩子在活动中逐渐克服自卑和羞怯的心理，综合素养得到大大提升。

二、审是迁善，为教师成长搭建平台

有人说学校的发展，学生第一，而我却以为教师才是学校的第一，只有教师的优秀才能成就学生的优秀。教师是学校发展的重要基石。

2014年，我从学生工作部回到了教师发展部，承担教师引进及培养的工作。在选拔教师的工作中，我始终坚持以德为先。因为教师这个职业，承担着树人的重担。能否关爱学生，能否平等对待每一个学生，能否在学生犯错的时候包容学生并给予其有效指导，让错误变成学生人生中的又一个成长点，这些都是学校考评教师时着重考虑的因素。

教师发展部的另一个重要职责，就是承担着新教师培养和教师专业再发展的重任。过去，我们经常认为教师的智慧主要来自于自身实践经验，这些经验也是职前教育无法充分提供的，这就决定了许多新教师只能算是“半成品”，需要在职后的继续学习中进一步完善。基于此，学校每一年都会举行“师徒结对活动”与青年教师的专项培训，用以帮助年轻教师快速成长。新大学生汇报课，学科教师的研究课，每位教师的转转课，青年教师的赛课，骨干教师的示范课，每一个备课组、教研组的集体备课、磨课，让年轻老师成长快速，让成熟教师受益匪浅。

除了培养新教师，学校非常重视教师职业化的再发展。因为“任何行业的人都不敢奢望仅凭自己在大学里学到的东西就能够胜任目前的工作了”，教师职业更是如此。苏霍姆林斯基曾说：“教师的教育素养正是来自于读书”，所以学校成立了读书会，提倡“悦读”，坚持推荐优秀书籍，鼓励老师们共读一本书。还记得，教育科学出版社的刘灿老师两次来到我校，带着老师们一起畅游在书香校园的场景。

除了多读书，学校还鼓励老师们进行课例研究，坚持自我反思，进行自我对话；鼓励老师们走出校门，积极参与各类教研，向更多优秀的同行学习。无数次，为了帮助学校老师参加区、市、省级赛课取得自我突破，全校老师一起磨课，邀请专家评课。现在的七初，许多教师已经走出高新、闻名成都，成为有区域影响力的名师了。

但他们从未忘记，自己是七初战队的一员，七初的优秀不是因为个体，而是因为这个强大的团队。

牵着七初一届又一届新教师的手一起走到现在，个中滋味，现在想起来依然馨香满怀。同事们都说我就像一位老大姐一样带领着七初的老师们一起走向优秀，这其实过誉了。七初的今天是每一届七初人用爱和汗水所成就的，我更愿意当孩子们成长的陪伴者与倾听者，与七初的每一位老师一起为着共同的教育愿景而奉献。在这条道路上，我们必须坚韧、刚强，不向困难弯腰，才能为孩子们描绘更美好的教育世界。十年里，七初一步步往前，一点点完善，一天天壮大，我的心里充盈着喜悦与感动。

三、牢记担当，为七初未来插上翅膀

七初十年，一路走来，坚定而又沉稳。

我曾读到一本关于理想校长的书籍——《圣园之魂》。“圣园”是校园，这里的“魂”指的是校长的精神与思想。的确，学校就是一所圣园，引领着学校教育的就应该是校长的教育思想与精神。校长的使命与责任是重大的，它决定着整个学校的精气神，影响着一所学校的风貌与气质。

在七初未来无尽发展的长河中，我只是其中一支细流。我相信一所追求卓越的学校，它的每一位老师、每一位学生必定都是积极进取、胸怀理想的。所以，这一路走来，我时时刻刻都在提醒自己，要做一个有人文关怀与奉献精神的老师。这些年，我想我做到了，或者说，我正在努力做得更好。在未来我也将继续前行，因为我一直遵从内心，执着如斯——

朴素最美，关注人性，做最适宜学生的教育；

超越知识，走向智慧，创造自我教育的舞台！

面向每一个孩子

□成都七中初中学校副校长　李娟

新时代的学校管理者们在学校的课程体系、师生关系、教育教学方式等方面在不断进行研究改革，探索适合每一个学生的教育而不是“吃大锅饭”，在教育的过程中尊重个体，去努力发展每个孩子的潜能。我们在教育实践的过程中思考，在孩子的知识和能力的培养上我们必须要面向个体，尊重孩子的主体地位，创造适宜每一个孩子的生长方式。然而在信仰缺失的当今社会，孩子知识能力发展的前提应该是人格教育，人格即做人的品格，面向所有孩子的人格教育是学校教育永远的责任和使命。

经常听到有家长说，为什么孩子上了你们学校后有这么大的变化，比原来有礼貌了，比原来自律了，比原来自信了，比原来感恩了……原来是家长纠正孩子的坏习惯，现在是孩子纠正家长的不良行为，原来回家后都是家长喊着、守着才做作业，现在是回家主动做完作业再玩，原来孩子觉得上学很累，现在孩子觉得上学也很累但却很向往到学校学习，原来孩子读书很被动，现在孩子有了自己清晰的目标，即使理想不太明确也对近期、中期要做什么有详细的规划。家长们疑惑：每一个学生一旦进入你们学校后就会迅速地发生巨大的变化，每一个孩子身上都充满了积极向上的正能量，你们是怎样做到的呢？

我想正是因为我们的教育面向全体，面向每一个孩子进行价值观引导和教育。我们培养一个优秀学生的基础目标是他首先是一个合格的有着正确思想价值观的公民，一个能处理好人与己、人与人、人与社会、人与自然四种关系的合格公民。社会主义核心价值观教育的实施有利于我们塑造学生健全人格，使学生养成良好的道德品质。我们在学校教育中以社会主义核心价值观为引领，以学校校训为目标，树立正确的思想价值导向，培养我们的学生有责任感、使命感，有强烈的爱国情怀。如果我们只是把价值观贴在墙上，只是让孩子们背下来是毫无意义的，怎样把正确的价值观转化为学生自觉的行为才是我们实施教育的关键。李笑非校长在讲话中问孩子们“七中初中是什么”，她谈道：“七中初中是我们每个七初人的思维理念与言谈举止中坚守的标准。是我们追求卓越的境界，处事严谨的态度，严于律己的践行。”

我们以社会主义核心价值观为导向的一系列面向全体学生的思想理念、行为方式的教育实践，让每一个从成都七中初中学校走出的毕业生都能具备爱国、敬业、诚信、友善的优良品质，能够不断审视真理、明辨是非，能不断完善自我，能做大众表率的优秀青少年。

一、以《成才指南》为载体，入校即树立言行标准

《成才指南》是一本专门针对我校学生编制的行为规范手册，我们从“家庭”“学校”“社会”三大维度，对学生行为礼仪进行系统全面的教育，促进学生在家做好孩子，在学校做好学生，在社会做好公民，培养学生从自身的语言、行为、情感、态度等方面都具备良好的公民素养。

二、每周一国学诵读活动，以经典文化孕育高雅内涵

中华文化源远流长，国学经典中蕴藏着华夏五千年的智慧和精华。国学经典是中国优秀传统文化的载体，更是青少年成长不可缺少的精神力量。每周一个主题，精心选择有意义，适合校情、学情的国学经典故事，由一个班级同学解读并集体带领全校同学诵读。在诵读经典的同时，学生自觉地用圣人的言行濡染自己的言行，让传统的美德根植于心灵，在潜移默化中提高个人人文修养。

三、每天劳动班级服务，在劳动中培养严于律己和责任担当

每天一个值日班级，以小组为单位分区域对学校的公共环境进行维护，引导学生从小事做起、从我做起，理解劳动的价值，在拖地、打扫桌凳、清洁垃圾等义务劳动的过程中让学生亲身体会劳动的艰辛和光荣，在实践中让学生对劳动有更深入的认识，重视劳动，重视自己的劳动成果，加强劳动观念，培养关心公共事业的热情，树立强烈的责任意识。

四、“立志成才”教育活动，树立远大理想和追求卓越的境界

集中四天的立志成才教育，是针对初中学生的阶段性发展特点，开展的具有七中特色的传统教育活动。社会各行业精英人士、家长的成功代表以及优秀教师代表，从自身的故事、创业历程、实地考察、观摩研究实践等方面全方位、多维度地对学生进行精神引领。学生通过聆听精英话语，发起心灵对话，激发强烈的求知欲望，全面

认识自己、把握和调节自己，确立成才的志向，激发成才的动力，树立远大的人生理想。

五、以团队活动为主阵地大力弘扬爱国主义精神

初中阶段的孩子对少先队有着深厚的情感，对共青团有着强烈的追求，这个阶段是进行爱国主义教育的重要时机，是树立良好价值观的关键时期。以“荣耀·责任”为主题的“六一”少先队活动和“五四”共青团活动是对孩子们进行思想理念教育的主阵地。同时以主题鲜明的团日活动大力弘扬中华民族的优良传统和优秀的民族文化，培养学生的民族情感，造就“有理想、有道德、有文化、有纪律”的青少年。

但我也深知，在新形势下，变革人才培养方式、重构教育体系，是我们必将面对的难题。我们将继续不断开拓进取，不断探索全方位、多层次的育人工作渠道，将正确的价值观融入学校教育的全员、全程，牢牢把握时代教育的脉搏，培养未来经济社会发展所需的多样化、个性化、国际化、创新型人才。

在七初，我们不仅关心孩子的学业成绩，更关心孩子的身心成长，关心对孩子核心素养的培养。

在七初，孩子们学习是快乐的，因心灵与精神的自由而快乐，因情感与智慧的参与而快乐，因思维和想象的开阔而快乐。

在七初，我们懂得每一颗心都需要爱，需要温柔，需要宽容，需要理解；我们懂得每一个孩子本心都纯净无邪，永远都应该是人间万分疼惜的珍宝。

我们期望在这里有一片人性化的星空，照亮孩子们的生命；用每日细微的身心呵护，给孩子们最温暖的精神陪伴；让校园随处可见爱与包容，满溢着温情的芬芳！

这些年

——我与七初的故事

□成都七中初中学校副校长　邱兴华

七初给我的第一印象，是在十年前的开学典礼上。庄严的现场，庄重的礼序，笑非校长激情澎湃的主持，杨斌校长热情洋溢的演讲，数百名孩子及其家长脸上洋溢的幸福和憧憬，简约精致的孩子“移交”仪式，令人振奋的师生誓言——从此深深地烙进我的脑海，历久弥新。

一年后，我再次来到这里，身份不再是一个观众，而是一个真正的七初人。旧时的图书馆一楼，远不及今天气派。一个不大的会场里，会议桌被拼接成近乎完整的长方形，桌面上覆盖着厚厚的紫红色锦绸，每一个座位前都摆放着参会人员的姓名座牌。“主席台”背后，有一个十几平方米的喷绘，喷绘上“审是迁善，模范群伦”几个大字格外耀眼，而喷绘的底色，是我再熟悉不过的“七中蓝”。七初第一个暑假的假前会议暨教师培训在这里举行。我知道，从今往后，在“七初，每一个人都有自己的位置”的感动中，我的新一段教育旅程即将开启。

如今，已整整九年。不知不觉间，楼下的这颗小小的银杏树已然把头昂扬在四楼的窗外，毕竟，它陪伴七初已整整十年。十年，我们也不再年轻。

岁月流转，情怀依旧。缤纷的往昔，随着渐行渐远的时光，化作淡淡的思绪飘飞，凝作沉沉的记忆深锁。

2011年6月，成都七中初中学校2011届毕业典礼举行，我从未如此泪流满面。典礼是在体育馆举行的，所有的人都满怀期待，期待三年的共同回忆；所有的人都心存伤感，伤感此刻短暂的作别。在孩子们、家长们、老师们的一次次凝视、一次次拥抱、一声声祝福、一遍遍呼唤中，想好的、说好的、下定决心的一切坚强，瞬间溃决，不舍的、不弃的、幸福的、愧疚的泪水恣意流淌。在体育馆外的走道上偶遇，你紧紧地抱住我，痛哭失声。此去经年，我依然不记得你的名字，但你的模样，我依稀记得。

告别母校，你们早已远飞。孩子，你还好吗？孩子们，你们还好吗？

2016年春天，你，一个初二的孩子，说想和我聊聊。一周后，你来了，在我面前有些拘谨地坐下来。“我这辈子不想结婚。”这是你告诉我的第一句话，样子很坚定。我很震惊，也很茫然。几乎用完全部的预约时间，你给我谈了你的成长经历，我一直很茫然。孩子，看得出你尽管很委屈，但你很健谈，也很强大。还记得，在你起身离开的时候你给我的那张小纸条吗？上面写着独立成行的十二个词语。也许是怕我记不住你给我说的话吧，也许……临走时，你还特别认真甚至有点严肃地嘱咐我，希望以后在校园里遇见时，一定要装作不认识。我答应了。几天后，我把一封长信亲手交给了你，想必你也看了，至今我都不知道这封信对你有无帮助。但有一点我做到了，不认识，装着。后来我们见过一次，那是在你所在高中的运动会开幕式上，你是一个志愿者。当时我急忙着离开，听见有人叫我，一回头，是你，互相笑着打了个招呼。那一刻，我们认识，不是装的。如今，你已经是个高三的大孩子了，想必正向着自己的目标而全力拼搏，祝福你，孩子。你还好吗？

那一天，雨一直下着。你从班会课的试讲台上下来，不断地摇头。我知道，你是个很出色的老师。你的学生和学生家长都很赞赏你，你无时无刻不想着穷尽自己所有

的智慧和能力，帮助孩子们成长，所以你很拼，真的很拼。也正为了心中那个极高的七初标准，不，你的标准比七初的标准还要高，为了这个示范课，你累了，累得都快倒下了。看着让人心疼啊。我回到办公室，心情久久不能平复。于是，我打开电脑，写了一篇小文发给你，小文名为“此花不与群花比”。我知道，对你而言，所有的安慰都是多余，你还是会比的，而且会一直比下去，与自己。时隔多年，如今你正在追逐更大梦想的道路上，但我们会记得你为七初做出的贡献，七初有一大批像你一样奉献拼搏的老师正在茁壮成长。谢谢你，你还好吗？

这事值得我一辈子“耿耿于怀”。2012年的某日下午，学生正在做大扫除。当我在巡视途中走到你们班教室的时候，你正举着一把扫帚玩得很疯，我很生气，批评了你。可你不以为然。这可瞬间把我激怒了，我开始大声地训责你。你也愤怒了，直冲到我的面前，我们的鼻尖几乎碰在了一起，我分明看见你的眼中充满了怒火，即将燃烧的怒火。很快，你大哭着冲出了教室，沿着一号教学楼四楼五楼间的楼道奔跑，边跑边哭，还声嘶力竭地嚎叫，过了好一阵你才安静下来。那一刻，我无比惊愕。后来，从班主任那里我了解到你特殊的成长经历，我痛悔万分。尽管我当面向你表达了诚挚的歉意，但我至今都没有原谅我自己。可以欣慰的是，自此以后，我对所有的孩子有了更多的理解，更多的耐心。孩子，原谅老师当时的不好，好吗？

本就知道你是个执着的孩子，但未曾想你会如此倔强。那也该是2012年吧，我在教学楼一楼大厅遇见你们几个孩子，刚刚参加完成都市一个中学生知识竞赛回到学校。远远地看见你愁眉苦脸的样子，待走近，你一下就哭了。问了才得知，因为你没有得到第一名。当时没当回事，很随意安慰了几句，也就离开了。回到办公室一想，不对，你是班上的班长，也是学生会的主要干部，成绩好，工作能力强，体育成绩也很棒，还是学校健美操队主力队员，在全校老师同学面前展现才华的机会很多，平时收获的大都是鲜花和掌声。好不容易遇到一个挫折就受不了，那今后到了一个更大更高更好的平台去竞争，那你还受得了？于是我自以为是地把我的想法写下来，以书面的方式交到你手上，满以为这下可以帮助你渐渐走向成熟。可是孩子，你还记得你给我的回信吗？我一直保存到你毕业离校。你还记得你在信中是怎样反驳我的观点的吗？你在信中斩钉截铁地否定了我的观点，你说，你不会接受自己的失败，哪怕是第二名，现在不接受，将来也不会接受，这是你从小坚持的原则。当时，我很吃惊。既欣慰于年少如斯的你有如此高的自我要求，前程不可限量，又忧虑来路漫长的你将来如何面对生命中的诸多不如意。很遗憾，我们没有就此话题继续探讨，面对内心如此强大的你，即使想说，我又能说些什么呢？今天，你该是个大四的学生了，你还好吗？

我突然想起小童了。你是初二时转学到七初的。今天，你已身处大学的圣殿，望向来路，尽情畅享。说实话，在校时你的学业成绩并不突出，但你喜欢看书，喜欢写作，你送我的书我看了，你写的诗歌散文我也看到了。记得你眼中的“江楼千年江流万年”，感悟你心中的“月影万年月井千年”，保存着你的《陇头月》《踏莎行》，聆听着你推荐的《回家的路》——七初在，模范群伦就在；家在，回家的路就在。好之乐之，乐之为之，此生足以慰藉。在你身上，我清楚地看到了每一个七初孩子身上所散发的勤学笃志、博学明辨的光辉，母校为你喝彩！你还好吗？

风起十载，弦歌不辍。保尔·柯察金用最纯朴的语言告诉我们，生命存在的意义在于为崇高的理想而生活！也许，我一辈子都无法做到洞明世事、领悟人生，但我清楚，爱在，情会永恒。

过去，这里有太多的人和事，需要我去铭记；

未来，同样有很多的人和事，值得我去感激。

十年
2008–2018

慎思

砥砺奋进，遍采他山之石；学问思辨，且教且思且钻研。努力构建学、思、创、生为核心的“创生型课堂”基本样态，引导学生在“创生”的过程中，促进知识与能力的转化，追求品质卓著的课程深度变革，用踏实的教学研究与丰富的教学实践为莘莘学子铺就阳光大道。

变成喜欢的模样——至爱七初

□美术组　曾畅畅

相　遇

我与七初相遇，是在2008年6月李笑非校长给我的一通电话里。李校长当时在成都七中任校长助理、教育处主任，她告诉我七中和高新区要办一所新学校，她和杨斌校长要过去领办。由于新学校筹备的事情很多，在家休产假的我，偶尔去帮帮忙。9月1日，成都七中初中学校举行了隆重的开校典礼，参加典礼的同事给我带回来一个古雅的乌木镇纸，上面有著名书法家何应辉先生题写的“审是迁善，模范群伦”，我对镇纸的材质和书法赞不绝口，并揣摩这八个字的含义，没想到的是，就是这八个字，在之后的十年里，成了我和几千名七初人最熟悉、最自豪的校训，也成为我们大家为人行事的标准。

学校创办的第一年，没有找到合适的美术老师，李校长让我来客串了一年，每周三，我都会到七初来上三个班的美术课。做了十二年的高中老师，面对七年级的小朋友，我竟然有点无所适从。是孩子们期盼的眼神和笑脸鼓励了我和他们在课堂上一起遨游艺海。渐渐地，我开始盼望星期三的到来，不仅因为有可爱的孩子，还因为有相亲相爱的七初老师，人不多，但真诚且同心。

重　启

好巧，又是6月，2009年的6月8日的下午，还是那个熟悉的电话号码，李校长又打来一通电话，告诉我：“畅畅，七中已经同意了，下学期你就正式来七初了。”“啊！”我的惊讶里其实有一大半是期待之后尘埃落定的欣喜。7月初，我就高高兴兴地带着已经是半个七初人的小得意参加了学校的第一个学年总结会，开启了我在七初工作生活的历程。

新的一学年，我承担了两个年级的美术课，此外，也如在七中一样，在学生工作部，担任学生组织的指导工作。刚开始，还觉得一切都顺风顺水，课时不少，德育的事情也很多，但还应付得了。后来渐渐觉得有时结果并不如我预设的那样如意。正在我困惑的时候，是李校长悄悄教我："畅妹，这不是高中，对学生干部也要手把手地教他们做每一件事的标准和方法，不能太放手。"李校长还偶尔来听我的课，课后也会告诉我，初中生和高中生认知水平的不同，备课首先要"备学生"，还鼓励我一定会做得越来越好。几番下来，我开始反思：我之所以会自觉"应付"得来，是因为以前在七中十二年的积累和自以为顶着的七中光环。然而在七初经常的大会小会中领会领导和同事们的教育教学理念，在各种活动中感受或庄严或多彩的氛围，听不同学科不同老师风格迥异的课，一个词渐渐清晰起来，这就是"标准"，七初的标准。每一次的入学典礼，老师们都会大声地进行宣誓，这是七初教师特有的誓言，里面有一个词出现两次——"竭尽所能"。看着领导们带领着团队同心同力地开拓向前，看着老师们对学生毫无保留地关爱和鼓励，我明白，这就是竭尽所能；对于每个人来说，尽你所能做到最好，这就是标准。每一次竭尽所能后，你会发现，标准还在前方，还可以做得更好，还要向前！这也是七初人的精神：追求卓越，永争第一！

只有抛下以前不适宜的经验和成绩，才能开始新航程。在高中，带出的七中学生会曾在全国中学学生会中排名第七；在高中，参加市省国家级的赛课都有骄人成绩；在高中，因为就一个年级、一本教材，几年如一日的教学内容不更新也没问题……但那只是以前在高中啊！在作为高中老师工作十二年后，我以为到初中会很轻松容易，但短短一两个月，却发现没能达到七初的标准。作为七中人，我相信别人能做到的，自己一定能做好，我决定——重启！

历　练

重启之后，我开始了九年的历练。历练之后是蜕变，我尝试了各种新的可能，经历了几个学校部门，美术课程也不断推陈出新，在每一次的竭尽所能中看到了一个新的自己，开始树立起属于我的“七初标准”。每一个活动之后，我的标准在领导和同事们的建议中得到提高；每一节课后，在孩子们的学习过程和学习效果中，对下一节课的标准就提高一次；每一次的校园文化建设后，在所有七初人和参观者的品评中，标准又一次提高……正是我，还有和我一样以“审是迁善，模范群伦”为价值追求的七初师生的竭尽所能中，七初的标准又一次提高！

在学生工作部的时候，杨斌校长喜欢半开玩笑地给我们组织的活动打分，指出不足，提出改进的意见。像学生一样，我也希望得高分。为了追求完美，元旦迎新晚会的前夜，我曾在半夜三点站在操场上等着舞台的搭建完成，也曾反复修改策划方案，不断推翻重来，只要活动没开始就可以往更好的方向调整，活动结束马上备注下次需要改进的地方。第一次的退队入团仪式，由于我之前对活动的重要性认识不够，很多环节都出了问题。后来，几乎是全体教职工都在帮助我和学生工作部这个团队完成这项工作，因为我们要以“七初标准”来给孩子准备一次终生难忘的仪式，相信每一个从七初走出的孩子都终生难忘摘下红领巾的那一刻。就是这样的标准，成就了成都七中初中学校的德育系列活动，承载了孩子们浓墨重彩的青春，润物无声地把七初精神浸润到师生的骨子里。

2014年，根据学校工作安排，我到了行政后勤部，参与校园文化的建设。九年来，我亲历了校园建设的种种变化，按照“七初标准”去选每一棵树，确定每一种材料的颜色材质……2012年，学校外观要进行改造，为了心目中的“七初红”，李笑非校长带着我跑了十多个地方，去看别人的建筑的颜色和用材。2012年，开始筹划建设金融实验室和多媒体创意设计中心，但方案迟迟不能确定，因为几经易稿，还不是我们想象的模样。为了能了解最新的建设讯息，学校派我们去上海、北京的知名中学，成都的专业大学里去观摩学习，直到2015年，我们才在和设计师的反复沟通中定下了方案。如今，坐落在一楼的创客空间，成了孩子喜爱的学习空间和外来参观的热点。2014年，校园绿化升级，我们又到市郊的各个苗圃和山野，至今，走在校园，还清晰地记得每一棵树的来处。有时与其他人聊起，他们会惊讶地问：“你们还要自己去选啊？”我也很惊讶地反问：“啊！你们不选啊？”每一个七初人已经适应了“七初标准”，也在践行“七初标准”，并共同提高“七初标准”。

作为一名从高中来的美术老师，我不得不在短时间内调整自己的教学思路和方法，重新解读课标，研究教材，了解学生。慢慢地，课讲得倒是越来越像初中课了，但总觉得还是缺点什么。直到2010年暑假，学校组织老师去上海教育科学研究院学习，有一次坐在车上，李校长和我聊起美术课，给我描绘了她想象中的七初美术课，应该是丰富的、多样的、可选择的，应该有美术学科特点，真正能培养学生终身受益的艺术素养。这一番谈话，激发了我对美术课程的思考，突然发现自己以前关注的都是课堂，课堂其实仅仅是教育的一个点，要想由“一节课”激发“终身爱好”、培育核心素养，那就必须要建构适宜学生的美术课程。接下来，开始了七初美术课程的成长之路。我先利用现有的场地，设计了半个学期的陶艺课程，让每一个七初的孩子都从玩泥巴中玩出乐趣，体会到艺术创造的快乐，熏陶几千年传承的中国陶瓷文化。2011年借助参与的成都市课题，开设了剪纸特色课，在每个学期都安排一个单元的剪纸课程，七初的孩子又多了一样美术技能。课上得越多，孩子们的手越巧，我把这些课进行反思和提炼，形成了第一本美术的校本教材，2016年又提升为双语版成都七中初中学校剪纸教材。在学校的支持下，2014年，我参与的剪纸课题《民间剪纸课程体系》获得国家级教学成果二等奖。剪纸课也成为七初对外交流的主打课程，曾越过重洋，去到英国的友好学校和美国的马里兰州进行对外教学交流，也让每一个来学校交流的师生都体会到了剪纸的乐趣和中国优秀传统文化的魅力。2013年，又推出了版画特色课程，从认识刻刀开始到创作自己的藏书票，丰富的艺术体验让孩子们对美术越来越有兴趣。2015年，美术组的老师增加到了三个人，我们终于在前面七年积累的基础上，从按教材上课到开设特色课，推出了美术模块化课程，成为七初第一个开始选课走班的课程。模块化整合的目的是构建学校美术课程，我们开发课程资源，拓宽课程时空，以大美术观来建构课程框架，将国家课程校本化。基于课程标准和核心素养，根据美术学习的内容和形式及教学目标，将课程分为必修和选修两大方向，导师制和工作室制两种学习形式，具体分为四类：基础型课程、专长型课程、特长型课程、综合实践型课程。其中在国家标准课时中设置必修和选修共十个学习模块。其中两个必修模块：基础型课程和综合实践型课程。专长型课程为选修，提供八个选修模块：剪纸、摄影、油画、版画、手绘、陶艺、电脑美术、书法。七、八年级一共四个学期可选四个模块，每个模块的课时8—10节。在学校选修课课时中设置特长型课程，提供五个选修类型：摄影、油画、电脑美术、动漫艺术、手绘艺术。在综合实践活动中，设置“行走的课堂（都江堰课程和博物馆课程）”和校园艺术活动模块。七初的美术模块化课程的特点是多样化、可选择、分层级、互融合，通过三个层级、四种课型、十五个模块的丰富课程，完成课程标准的四个学习领域，培育美术的五大核心素养。

七初使美术课程不断完善，学校会引领我们学习最新的理念，邀请各路大咖到学校做讲座，让我们接受最好的培训，听说哪里有好的美术展览和领先的艺术教学建设，都让我们出去学习。模块化课程特殊的课时安排使得学校排课先排美术课，一个个专门工作室建立，艺术中心的硬件不断地更新，很多其他美术老师都羡慕我们说：“在七初，艺体都成主科了，哪还像个‘豆芽科’哦。”现在，我们三位美术老师最期待上课的时候，看着孩子带着不同的工具到各自的工作室：往“小巨蛋”去的，是选修多媒体创意设计的，他们设计出来的海报宣传学校的活动；拧着油画箱的，是去西画工作室的，他们临摹或写生的作品将成为家庭最亮的装饰；到工艺工作室的，剪出的窗花和生肖图案，是最具中国特色的节日礼物；卷着宣纸涵着墨香的，是在“迁善斋”研习传统书法艺术的；端着相机满校园按快门的，是摄影课的孩子们，他们用最新学到的构图法，定格校园的精彩瞬间……

祈 望

十年来，是七初带给我更多的可能。

无论过去将来，“审是迁善”都是我们的追求，只有坚守“七初标准”，我们才能“模范群伦”。在七初，我变成了喜欢的模样，相信你也一样。

回望在七初的十年，斗转星移，初心不变，祈望新的十年，还有更多的十年，越来越好的七初，成就越来越好的我们。

所有的坚持，都因为热爱

□地理组　欧阳唯能

也许是偶然，我离开了原来工作的学校。也许是缘分，我走进了七初的校园。也许正如东野圭吾所说的那样："生命中的全部偶然，其实都是命中注定。"从第一次走进七初尚未完工的校门，看到正在建设中的校园，到今天在鸟语花香的校园中静静地撰写文字，时光已流淌了十年。

我们看见，走过十年，曾经陪伴着成长的少年已成栋梁青年，一所成长了十年的学校，看上去刚刚步入意气风发的少年时代。而只有我们知道，这十年对于一所学校的成长意味着什么。

课程是学校提供给学生的主要产品，是学校服务学生，促进学生学习、成长与发展的根本途径。在这十年里，我除了一直担任地理教学工作外，绝大多数时间都在和同事们一起从事学校课程建设的工作。七初的课程建设理念源于七中的"三体教育思想"，即着眼学生整体发展，立足学生个体成才，充分发挥学生主体作用。在此基础上传承了成都七中三十多年形成的"以必修课为主，必修课与选修课相结合；以学科教学为主，学科课堂教学与活动课程相结合，分层分类推进的教学体制；形成了以学科实践教学、社会实践教学、校内与课外活动实践为主的课程体系"建设经验。知易行难，如何结合初中学生实际，形成适合七初学生实际的课程体系，却实属不易。从2009年到2014年，我担任学校的活动课总辅导员，主要负责学校选修课的管理，记得有很多次和其他学校的老师交流时，他们总是很疑惑：为什么七初的选修课会那么丰富？为什么老师们会倾注那么多精力去开发和实施课程？面对疑问，我总是笑着回答：从"审是迁善，模范群伦"的校训中可以看出，七初老师都会竭尽所能地完成学校相关选修课开发的要求，所以从校长开始，每一位老师都会努力开设出一门精品课程。但从心底，我却知道：制度的规定只能达到形式上的完备，高质量的课程实施，来源于老师们发自内心的热爱。为了这份热爱，张雪桃老师会通过种种渠道努力联系各NGO组织，开发课程资源，除了利用选修课时间，还经常牺牲周末休息，探访校外课程基地，为学生在广阔天地间实践学习创造条件；为了这份热爱，胡霞老师会利用课余时间一次次分析品读《红楼梦》，寻访并请教专家，带领孩子们从文字、图像中品味经典的魅力，追寻十二钗的悲欢离合；为了这份热爱，化学组的老师们会在紧张备战中考的初三下学期，仍然为孩子们精心开设高质量的“走近化学世界”……从每年活动课总结会上优秀指导教师的经验分享中，我们就能细细品味出看似平凡背后的默默付出。

从2014年3月开始，根据学校工作安排，我到教学管理部工作，更多地参与到了学校课程开发的工作中。当时正值学校入选成都市教育局首批未来学校以及中国教科院首批未来学校示范校。面临社会转型，科技迅猛发展，社会对优质教育资源、个性化教育需求与日俱增的发展趋势，李笑非校长提出了通过建设相关课程来培养适应未来社会所需的创新型人才，这也成为学校课程建设需要着重解决的问题。正如克里希那

穆提所言："无知的人并不是没有学问的人，而是不明了自己的人。当一个有学问的人依赖书本、知识和权威，借着它们以获得了解，那么他便是愚蠢的。了解是由自我认识而来的，而自我认识是一个人明白他自己的整个心理过程。教育的真正意义是自我了解，因为整个生活是汇集于我们每个人的身心。"开设了解自我、认知社会、规划未来的"生涯规划体验式学习课程"正当其时。生涯教育课程在西方开展较早，20世纪初欧美的发达国家即启动了课程建设相关工作，并在二战后进行了大面积推广。但在国内，直到21世纪初才开始引入到大学阶段进行职业生涯教育。就生涯教育的总体情况来看，整个大陆地区在中小学生涯教育领域特别是在初中学段实施生涯教育，还处于初级探索阶段。在李校长的带领下，学校教学管理部及承担课程实施的政治教研组和学校心理关怀中心对国内开展生涯教育的学校课程进行了认真的了解和学习，研究该课程的实施现状。通过研究学习，我们发现当时国内中学开设生涯教育多以校本选修课程为主，并且主要集中在高中学段。"学校的优质课程必须面向全体学生，所有的七初学子都应该学会自我规划！"李校长掷地有声的话语让七初成为在初中学段勇开生涯教育先河的探路者。由于国内缺乏可资借鉴的案例，相关领域的专家也觉得系统建构初中学段课程非常棘手，在初中学段开创性地建设生涯教育课程只能摸着石头过河，一边实践一边探索。为了更好地推动课程开展，在高新区教育主管部门的大力支持下，学校充分整合社会和家长资源共同开发课程，并从2017届开始进行课程实施。通过四年多的不断总结与改进，我校逐渐完善了符合初中学生实际的生涯规划体验式学习课程，一批批七初学子通过报告讲座、团队分享、项目实施、到全球500强企业进行职业体验等方式，逐渐经历选择适应、表现自我、团队合作、职业能力发展等生涯规划阶段，积极完成生涯规划课程学习，从而更好地通过个人奋斗去实现人生理想，用更加清晰的认识去合理规划自己的人生。

博尔赫斯说，我们有两种看待时间大河的方式：一种是从过去，时间不知不觉地穿过此刻的我们，流向未来；还有一种比较猛烈，它迎面而来，从未来，你眼睁睁看着它穿过我们，消失于过去。在教育的变革与实践中，其实每天都在这两条大河里穿梭，既要从历史穿越到未来，又要从未来穿越回历史，而终极的感受其实是一致的，那就是凶猛的潮头常常将我们无声地吞噬。为了能更好地促进学生的发展，为了能更好地屹立在汹涌的激流之上，我们学校从未放弃课程的变革与探索。针对初中学生发展特点，为了切实提升七初学生的核心素养，我们从2016年开展了具有本校特色的综合实践活动必修课程——“都江堰课程”和“博物馆课程”。李笑非校长将这项工作交给了我所在的教学管理部，希望我们能带领全校老师，充分利用“都江堰—青城山”这一位于成都本土的世界文化遗产，以及成都市及其周边丰富的博物馆课程资源，打破学习的时空局限，打破学科边界，把知识学习与参观考察、社会实践、研学旅行结合起来，为学生综合运用学科知识解决生活实际问题提供广阔空间，搭建现实平台。为了让这两门课程从设想变成现实，我们和各学科组长们一起实地考察、探访，寻找各研究小组的研学地点，设计并确定研究主题，联系校外专家资源，整合学生的研究课题，制订每个小组的研究与指导方案，制订与优化外出方案，制订并完善安全措施的预案……正是专注于每个细节的完善，以及老师们在努力完成国家课程教学任务之余，不断更新理念、认真学习、勇于实践，才让这两门课程从无到有，逐步完善，并成为七初学生开展研学旅行，实现综合素质提升的优秀校本必修课程。在七初，类似的学校课程还不少，各种教育活动也从理念到细节都臻于至善。也正是广大七初教师夙兴夜寐，孜孜以求，坚持教育教学工作的高标准，从而让七初的教育品质得以不断提升。

为了更好地开发和实施学校课程，在今年的学校部门工作调整中，学校“教学管理部”更名为“课程教学中心”，简单的名称变化透露出的却是学校将会更加重视课程的建构，紧紧围绕课程开发、课程实施与课程评价开展学校教育教学工作，努力创造出“最适宜学生的教育”。

至善至美，是七初教师的工作标准；辛苦，是七初人共同的工作体会；坚持，是七初人藏在心底的信念。常常，我们不辞辛劳苦苦追寻的东西，就在我们视野之内，伸手可及。常常，我们认为扛起生活的重担是勇气，其实追求自己理想的生活才更需要勇气。常常，引人入胜的是过程，是奋斗，是提升，而非结果。因为，世界上所有的坚持，都是热爱。

所有记忆 沉淀于斯

——我与七初一起成长

□英语组 王翔宇

七初十年

七月火红艳阳天，初心一片情未迁。

十载坚守著风雨，年岁轮回谱新篇。

一个人的一生，只有短短几十年光阴，但肯定会经历许多的人和事。如果有人问我，对我的人生影响最大的是什么，我的回答一定是“七初的标准”。当翻看一张张有些久远的照片时，那些定格的画面和故事，就像电影胶片一样，突然生动起来、亲切起来，对我而言，有关七初的所有记忆，沉淀于斯……

初相见 已爱恋

时隔十年，我依然清晰地记得自己是如何一步一步走进七初，成为其中一员的每一个细节。在2008年的那个夏天，一个偶然的机会，我听说成都七中要在高新区领办创立一所初级中学。听到这个消息，我激动不已。因为，成都七中的魅力，就像一块巨大的吸铁石一样吸引着我。在成都乃至四川，全国的教育界和老百姓的心里，七中就是一座屹立不倒的教育丰碑，令所有人敬仰和向往。作为教育工作者，此生如能有机会在成都七中或者它领办的学校工作，那是一种至高无上的荣耀，同时也能让自己的专业素养和个人能力得到极大的提升。我想七初和七中应该是一脉相承的吧，怀揣着这样的信念，带着教育追求和向往，我给还在“襁褓”中的七初递交了自己的求职愿望。面试我的就是李校，之后再经过考核，我顺利地进入了还在筹建阶段的七初，开启了全新的、当一名“七初人”的打卡模式。心情仿佛瞬间从茫然不知所措一下子过渡到精神抖擞，心中的教育激情和梦想被再次点燃了。

首批教师培训会

还记得，首批教师培训会在七中林荫校区的图书馆举行。王志坚老校长告诉我们“七中的三体教育指导思想”——着眼整体发展、立足个体成才、充分发挥学生主体作用，杨斌校长解读了七初的教育追求“创造最适宜学生的教育”，李笑非校长提出了七初人应该传承七中人的教育理想，那就是“选择了七中就是选择了一条艰苦奋斗的成功之路；七中没有超人只有超人的意志；你有多大能耐，七初给你多大舞台”。

虽然，刚刚诞生的七初，校门简陋、道路泥泞、设施不全、条件艰苦。老师们的第一顿饭还是食堂师傅用自带的饭锅和铁锅做的，但那顿蒜苗回锅肉的香味至今留存在记忆里，历久弥香。

我的第一堂七初公开课

2008年9月，我的第一次七初公开课在七初新修的教室如期而至，李校长除了自己听课指导外，还专门邀请了七中本部英语教研组长杨惠老师来听课指导。其他老师的公开课也一样，都有七中林荫校区的专家指导，虽然很烧脑，但获益匪浅。因为我们心中谨记李校的提醒“选择了七初就是选择了一条艰苦奋斗的成功之路”。七初的价值引领、是范培养，让我们拥有了无论是在讲台、比赛场，还是在国际国内各种场合都能侃侃而谈、自信表达的勇气和能力。在带着成都市首届教师英语讲演比赛和说课比赛一等奖回到学校时，岚姐给我献上鲜花的一幕至今难忘。正是同事们之间的友爱和自身对七初的热爱，使得即使卧在病榻的我，也始终挂念着它的一切……

但曾相见便相知　不见何如相见时

在七初，我们一起工作、生活和成长，七初就是我们温暖的大家庭。从一名普通的英语老师，到兼任学校工会副主席，再到做班主任、年级组长，再到做国际交流中心副主任，在七初，我经历了它从诞生到成长到壮大的过程。回想起来，记忆犹新、永生难忘。

至今依然记得第一届教育年会，即使在小小的、设备欠佳的多媒体教室，我们也有灵动的思维、精彩的创生，这就是七初标准——追求卓越！我们团结协作，共筑学范课堂；我们努力拼搏，创生是范课程。我们是无敌战队，亲如一家，只为那纯真的七初情谊！我们愉快工作、体面生活、成功发展，我们是七彩七初人，相爱相生。我们相濡以沫，我们举案齐眉！我们热爱生活、活出精彩，我们追求完美、美美与共。我们立足七初、胸怀祖国、走向世界！即使身在万里之遥的澳大利亚的我，除了想念家人，也会想起七初，于是就写下了这首自由体的《恋七初》。

恋七初

七日朝暮见识长，鸢尾香，桃花凉。
万里澳洲，一种相思两鬓霜，共情长。
两袖清风心向往，身他乡，首回望。
秋虫低唱，他国月美七初香，不曾忘。

教育梦想的再次唤醒

我们对教育总是充满信心的，但是，当你面对错误满篇的学生作业时，当你面对上课不专心听讲、课后作业乱做一通的学生时，当你面对发式不合格，连续剪三天头发才达到学校礼仪标准的同学时，当你面对因为爸爸的一句批评就离家出走三天三夜的学生时……你还能坚守自己的教育梦想吗？我想，有些老师可能会放弃或者减少对这样的学生的关爱和耐心。但是，作为成都七中初中学校教育工作者的我们，一定会竭尽所能，怀揣着永不放弃的信念，竭尽所能，创造最适宜学生的教育。经过我们三年的引领、培养和帮助，孩子们一定能做到力所能及的最好，他们也确实给了我们更多的惊喜和感动！2016年中秋，佳节已至，举国欢庆，七初师生，手足情深。此情此景，触人心绪，故作此诗，略表情谊，温暖心田。

蝶恋花·七初中秋

金甲纷纷满校园，善石微寒，学人兴尽晚。
十里香廊皓月满，审是坊前湿青衫。
七初中秋诗意酣，锦江有情，南去亦可还？
万家灯火各明暗，千门团聚万户暖。

与君他日相逢时　玉树临风一少年

在七初“德范课程”的引领下，我们育七初学子、成国家栋梁！我在七初做了三届班主任，不妨回顾一下我和孩子们一起经历的七初教育活动和成长吧！

入学教育让学生把七初标准铭记于心；少年军校锻造七初学子，磨炼钢铁意志；“立志成才”教育帮助七初少年立下鸿鹄之志；首届戏剧节上，《巴山秀才》惊艳全场，一举夺冠；六一庆祝活动上，《Country Roads Take Me Home》一举拿下一等奖，并开启了合唱比赛演唱外文歌曲的先河；首届艺术节上，我们见识了才艺双全的“七初娃”；运动会上，我们见证了阳光拼搏的“七初娃”；游泳课、陶艺课、厨艺课，让孩子们掌握生存技能、陶冶艺术情操，成为拥有“生存力、领导力、创造力”，样样精通的七初娃；教师节庆祝活动上，孩子们亲手制作的贺卡等小礼物让我们感动不已，因为是我们自己培养了善良、感恩的七初娃；在综合实践活动中，我们培育了“关注社会，勇于担当”的七初娃；班级才艺展示的场所，从老旧不堪的水池舞台，到“高大上”的下沉式音乐厅，孩子们已经成长为才华横溢的“七初娃”；备战中考，我们同舟共济，强大的七初团队作战，培养了既能直面挑战、又能收获成功的“七初娃”！无论是国内一流名校，还是世界一流名校，都有我们“七初娃”的身影。因为我们已经成就了“植根中国，连接世界，创想未来”的，拥抱世界的“七初娃”！

七初国际　引领未来

在做了学校国际交流中心的副主任之后，我才更加深入地了解和参与学校的国际理解教育课程建构和教育国际化发展推进工作。经过全校师生的共同努力，历经三年的持续推进建设，在市教育局组织的第三方专家评估验收之后，我校被授予“成都市首批教育国际化窗口示范学校”。荣誉的背后，有着巨大的努力付出和艰苦卓绝的工作。2010年，学校成立了“外事办公室”，主要负责学校外籍教师的聘请和管理工作，2011年，外事办公室更名为“对外国际交流部”，努力开发国内外教育资源，尽可能多地增加对外交往的国家和人次；积极争取上级主管部门的支持，力争与国外学校建立长期友好的合作与交流关系。2012年，更名为“国际交流合作部”，招收在蓉工作的外籍人士的子女和准备出国留学的学生，提供在蓉的国际教育环境，与国际教育接轨。2018年9月，更名为“国际交流中心”，全面负责落实学校的教育国际化建设工作。

我们的教育国际化理念就是坚持开设具有成都七中初中学校特色的校本国际理解课程、组织国际文化交流活动、开展校园国际文化宣传，使国际合作与交流工作取得了显著成绩。充分吸收世界文明、国际文化，注入人类普适价值，锻造世界精神，为推进我校教育国际化进程，为更高一级学校乃至社会和国家输送和培养具有道路自信、理论自信、制度自信和文化自信，具有国际视野和国际理解能力，具有“中国根、民族魂、世界眼”并具有七初精神的世界公民，做好基础教育阶段的国际理解教育工作。

我至今仍然记得，为了以最高标准迎接成都市首批教育国际化窗口示范学校专家评估之前的那个不眠之夜，李笑非校长、李娟副校长、杨老师和我，我们再一次检查每一页材料、每一张照片，直到第二天天亮，确保此项工作万无一失、一切顺利。最终，顺利通过考核评估。七初的任何一项成绩和荣誉都源自自始至终都坚守的“七初标准”，我的理解就是“尽最大努力做好每一件事”。

因为热爱，所以执着，因为执着，所以坚守，在七初，我将“用一朵莲花来商量我们的来世，然后用一生的时间奔向对方”。只为初心，无问西东，爱你，在七初。

文学梦　太阳船

□语文组　杨珊

我喜欢夜深人静的时候独自漫步在七初悠长的林荫小道，寂寂的校园倾泻着空明的月光，听虫鸣啾啾和着那如水往事，校园清溪无声地长流着，似在诉说这里的每一段曲、每一首歌、每一抹笑意。此时，我的心恰若这校园香径，愿意绵长地抒写虔诚的信念，追忆那些在此萌芽的执念。

穿越岁月的沙漏，溯洄2016年10月16日——

今天的微师培部编教材教学研讨真充实！我们都很有兴致！大有提升！

大家早晨9点开始商榷讨论，下午5点天空依然浓云低沉，而我们越发意趣盎然，神采奕奕。

例如这首诗："白昼有一条神秘的航线，划来只镀金的巨船……沿途它穿越紧密的光波……当它卸下批闪烁的白银，又驶向另一个港湾。但在它驶近黑暗的时候，船上却焚起了大火，使它沉没于灰色的浪涛，却溅起了银星千颗。"我们爱上了想象，也惊叹比喻这奇妙的形式。面对日出与日落，我们不禁对光明与幸福更充满渴望。语文教师之所以选择教语文，除了因一份教育的情怀，更因有一份执着的文学梦，它缤纷而奇幻，就像这首《太阳船》。

夜深人静，弥漫温润的空气。我在校园的七里香长廊，聆听静播频道里一篇犀利的文章《我们的语文教育很虚伪》，作者是莫言。我喜欢莫言，因他在贫寒岁月里仍珍爱尊严，拥有饱含人性与纯善人情的丰满人生，在写作的大道上上演喜怒悲欢。阅读莫言的作品，你会情不自禁地爱上。今晚他的作品依然又突然，也不尽然。

依然乡土气息浓郁。为那段没有念中学的时光，深藏自卑。依然洞察世事，甚至认为"教材仅仅是教育目的的产物，有什么样的教育目的，就有什么样的教材"。这样的见地有些老道，很像是业内人士。而且，依然对岁月的不美好记下浓重的一笔，即便已是女儿成长的新时代，不满意依然说出来。

“依然”是性格使然，亦是必然。

我也很突然。一个大作家对语文教育的呼吁这样犀利，很像曹文轩，站在教育浪潮前沿一样，赤诚呼唤语文教育最终是要学生能够用独具特色的语言来抒发自己的思想与感情。我也很认同他的观点：“好的老师，能通过自己的言传身教，让学生学到许多课本上没有的东西。”可我们做老师，如果没有之后的执着学习，只靠大学那点资本，可能早就远离最初的梦想，初心已失了。活到老，学到老，这份生命的动力源，恒藏我心。

莫言说：“我们的孩子们的作文，也就必然地成为鹦鹉学舌，千篇一律，抒发着同样的‘感情’，编造着同样的故事。”这可能真实地上演于20世纪90年代。那个时候，我正在读高中。作文里是满满的热情、昂扬的斗志、燃烧的青春，“四有新人”常驻文心。

然而，当我们这群90年代的学子长大，走上三尺讲台，老师这个职业就不再和我们曾经的一些老师一样了，至少七初的老师就不是这样。

我们登山望月，咏春爱秋，我们春看繁花，夏品幽凉，秋梦含笑，冬舞飞雪。我们的学生会在青春少年时光中捕获语言的灵感，写出漂亮的文字，自抒性灵；他们会在微风拂来时，花瓣纷飞处“人面桃花相映红”。

七初，一直鼓励着学生自由地表达自己的思想，撇去身外的杂音，聆听内心真实的呼唤。横陈在我们面前的荆丛，萦绕于身畔的夜雾，甚至由自我衍生的孤独，都有着命运的安排。当我们剥落虚无，触摸心壁上的纹脉，点亮梦想，哪怕灯火阑珊，也必定能照亮一寸欣喜的脚印。

沧海桑田，语文教育的小花正在摇曳，莫辜负这不一样的春天，就像是魔季营造了一串晶莹而透明的梦，这一季，天生就不一样！不要抱怨曾经的伤心，那些我们吃过的苦，熬过的夜，走过的崎岖泥泞，都会铺成一条宽阔的路，带你走到你想去的地方。

——2016年10月16日夜

这段日记，只是无数个在七初教学日夜的缩影。我喜欢——

漫步七初，听花儿浅吟低唱，读你，我悟：每一首回忆的歌，都是生涯中的一花一木，一山一水，一喜一悲，当以温存的心，细细体味。

漫步七初，看花信次第丰盈，读你，我悟：教学路上，保持旺盛的生命动感，活出一份张力！畅想美，并坚持追寻精神的美域，在七初的日子里，因相遇而绽放精彩！

今夜，渔火睁着不眠的眼，看着江畔的层峦叠嶂随月光一点一点融进我的胸膛。天空支棱起耳朵，听见江水倾流进我心灵的河床。所有的记忆，此时汇聚到一个地方，这个地方，是从前；这个地方，是现在；这个地方，是七初……

厨艺课记

□语文组　胡霞

成都七中，百年名校也。成都高新欲兴教育事业，故携手七中打造精品七初。七初秉承百年名校之宗旨，汲取传统文化之精髓，于五湖四海广纳贤才。十年之内，群英荟萃，龙腾虎跃，八仙过海，各秀教坛创奇招。

审是迁善，模范群伦，七初之校训也；培养素质，全面提升，七初之宗旨也；特色课程，开启思维，七初之创意也。

若夫游泳课、陶艺课、厨艺课，异彩纷呈，特色之课程也。泳池逐波，陶坯再塑，厨房挥铲，课程内容不同，而乐亦无穷也。至于厨艺课者，最得师生、家长之欢迎也。

会厨艺大课，家长精心辅助，学生欣然前往，一日之内，半晌之间，各就各位也。

切肉丝、擀面皮、摘青菜，炒前之准备也。既而，锅碗瓢盆，交响声起，噼里啪啦，香气四溢。未几，炸鸡腿，拌凉面，烧肚条，炖浓汤，中餐西餐，井然而前陈者，学生大展身手也。学生八仙过海，各显神通，施展浑身解数，不同于课堂，有别于家庭，其乐融融也。

聚餐之乐，辅之以管弦，众宾团坐，雅俗共赏。啖者欢，饮者乐，杯盏交错，起坐而喧哗者，师生欢也。笑容满面，穿梭于其间者，班主任也。

已而夕阳下山，杯盘皆空，菜足饭饱而众人去也。然而学生知厨艺课之乐，而不知班主任之乐。班主任何乐？其乐在七初也。

三　年

□语文组　王梦璐

有时，我们钢筋混凝土般的生活过得太久，会忘记花开满枝的平凡世界。

行色匆匆的岁月里，匀不出一丝丝空隙，去亲叩旧人的音讯；零零碎碎的时光中，找不到一点点亮色，来温暖自己的内心。我们总是抱怨时光握不住，我们总是哀叹人生太忙碌。

第一届学生毕业，把掏心掏肺的三年封在罐子里，给自己放了一个假。十天，西行万里，从闷热得揭不开盖子的蓉城到干热无比的河西走廊。一个人，一条路，沿着河西走廊进行着我的“西游”。

背着包在黄河中山桥喝茶发呆，恍然看到一个相似的身影，我在心里叫出他的名字；在兰州大学看人去楼空的寝室楼，想到了曾经无比熟悉的校园现在也应该如此吧；在张掖看艳阳下色彩斑斓的丹霞，在嘉峪关听风，在鸣沙山看日出……出来就是想忘掉这五味杂陈的三年，但一疏忽，过去的三年就冒了出来。

西北的天空下，过往的点点滴滴，都闪烁在记忆的深处。

2011年6月，我大学毕业，离开重庆，离开我的母校西南师范大学（今西南大学）。最热的8月，带着两个行李箱，爸爸送我到成都安营扎寨。突然之间，由一个每月从家里拿生活费的大学生变成了拿薪水养自己的小教师，蓉城刺眼的阳光下，我突然有一些不知所措。

初中语文的第一篇课文是《在山的那边》，第一次备课花了太多的时间，站上讲台紧张依然；第一次上公开课是在2011年10月20日，文章是莫怀戚的散文《散步》，看着后边听课的老师，小心脏再一次加速；第一次参加高新区的比赛讲的是国学课《成都记忆》，没有招式，只想不要给学校丢脸；第一次给学生布置的作文是《成都的秋》，还记得写评语时的小心翼翼，字斟句酌；我把他们送到最后，2014年6月25

日的毕业典礼，我以为我不会哭，看着他们的时候，我笑了，一转头，泪水却情不自禁地流下来……那些年矮矮小小的男孩女孩，经过三年时光的打磨，长高了、长漂亮了、长帅气了，更睿智了、更有书卷气了……

刚到成都工作，没有房子，没有亲戚，除了那群“闹喳嘛”的学生和抱回寝室的那一大摞书本，剩下的全是具体无比的无力感。每晚都在寝室里精疲力竭地备着那些读书时代就熟悉的课文，每天都在教室里声嘶力竭地吼着那些难以招架的小屁孩。改不完的作业，批评不完的学生，如最锋利的匕首，切割着自己曾经坚定无比的内心。偶有家人来成都，尽量不对其提及工作中的不快和劳累，不想让他们担心。又开始学着和同事相处，和学生相处，和家长相处。第二年，全家咬着牙，让我终于有了自己的房子，在成都有了一个小小的家。为了节约钱还房贷，我住在学校分配的宿舍里。第三年，我对工作渐渐上手，有时会外出参加比赛，学生们总以我为荣，而我也一直以他们的优秀成绩为至高无上的光荣。我的心态也比以前缓和了很多，从心底提醒自己：要对他们少一些苛责和批评，多一些指导和关怀。毕业的那一年，教学任务更重了，我也开始一边摸索着怎么装修、怎么买材料、怎么省钱，一边反复斟酌怎么在几百道试题里面精选内容，反复思考如何才能更高效地带学生们复习。

学生们有时候也会说，他们喜欢我，喜欢语文。说实话，我至今不知道他们是否真的热爱语文，因为我刚上班的时候，他们常常当我是傻瓜，几次将我戏耍得差点恼羞成怒。不过若他们真有一点点热爱，我也会非常高兴。但我希望他们，不仅要有好的成绩，还应有一颗丰富的心，加上读书行路的补给，一生都不会枯萎。若遇赞誉，十分听三分；若遇批评，十分听八分；若遇诋毁，如陶潜纵浪大化中，不嗔不惧；若遇爱情，当哭则哭，当笑则笑，至善至诚真性情，无论是否可臻最终的美满；若遇挫折，坚强面对，纵然生活不如意，也要用阳光的心，把人生的路走宽。

旅行了多天，终于回到老家。年少时，我的心总不安于此，如今却沉醉于故乡浓浓的味道。也许这就是三年的工作经历给我的收获吧。三年里，特别是在那些委屈的日子，我曾对生活无比憎恨，但三年过去之后，我竟然又发现它无比珍贵。暑假将过，现又准备回成都，准备开学，准备迎接我的新一届学生。之前有同学发信息说我不更微博了，这是我迟到的祝福：祝福我的孩子们毕业快乐！

十年漫漫，你我同伴

□数学组 吴智伟

当一个人选择了一个团队，拼搏是伴，毅力也是伴，七初十年，你我同伴。2010年我来到七初，成为优秀的数学组的一员，2012年我开始担任数学备课组长，与全组的老师一起努力拼搏、奉献智慧，为学校的发展交出了一份又一份令人满意的答卷。我选择最近五年的备课组团队故事，与大家交流分享。

一、团队组成

我们团队保留了2016届数学备课组的班底，有状元班主任晓维姐，两届高考状元老师、优秀竞赛班教练员虎哥，成都市优秀青年教师何明，成都市教坛新秀、成都市赛课一等奖获得者王婷，成都市优质课竞赛一等奖获得者晓晓，名师工作室优秀成员老胡、小梁，还有为大家服务的资阳市优秀教师、高新区优秀青年教师、优秀共产党员智哥。这是颜值和实力并存的优秀团体。

二、我们的工作

1. 集体备课：总体思路是大事商量，小事听我的。一般组上的事都是大事，只有像聚餐、印资料这些是小事。多年来，我们一直坚持大范围的集体备课一周两次，小范围的共同研究一天多次，集体的所有事情都会在集体备课时达成共识。相互听课是常态，没有上级的要求，只有发自内心的欣赏与学习。

2. 常规工作：

（1）坚持使用学习卡、周末练习，落实每周的周考（所有资料都是由备课组老师分工完成），一人命题，一人审题，坚持在试卷上写上命题人和审题人的名字，接受学生的监督和检验（虽然学生有时候会拿笔去“恶搞”试卷上命题人的名字，但我们从来没有放弃这一传统）。我们组四年来使用的资料和布置的作业100%统一。学生路过办公室问家庭作业，可以问任何一个老师，因为得到的回答都是一样的。

（2）常规备课主要准备三样东西：学习卡、PPT、练习题。我们所有老师会全部做完练习册，发现有问题的试题或当天作业偏多，在大家的统一商量下，对个别偏难、偏怪的题进行删除，保证了给学生做的试题的科学性和有效性，同时避免了出现错题和题量过多现象。

（3）坚持综合测试当天出成绩。但凡重要的考试，我们一定会采用流水阅卷，而且不管上午还是下午考试，坚持当天出成绩，包括期末考试的二次阅卷。区里统一的考试，我们组的老师会被安排在不同的题号里阅卷，因为他们都是我们区的骨干教师。我做大组长的时候，他们一般都会担任关键题的小组长，对评分标准准确研究并精确执行，有效防止阅卷的随意性。

（4）期末复习有计划。一般在距离期末还有40天左右，我会制订出详细、周密的复习计划和复习期间的资料准备分工计划，备课组会严格按照计划执行。准备的资料包括每章的前置复习作业、复习学习卡、复习后的练习题、重点知识的定时过关单、A卷专练（5套）、综合模拟练习（4套左右）。所有这些资料都由教师自己命制，同样需要写上命题人和审题人的名字。大家商量后达成共识，往年的期末考试题，不作为期末模拟考试题使用。对于这些资料的使用方式和时间，我们会在考试前30天左右理出清单，后期按照复习计划一一落实。值得一提的是，数学组在距期末考试两个星期时便几乎不会布置家庭作业，给学生足够的时间进行自主的、个性化的复习。

（5）重视课程多元和课题研究。本期的都江堰课程，我们准备充分、执行得力，因而学生收获满满。从开题、研究过程到最后结题，每一个阶段我们都走得坚实而有力。

（6）对学生的指导有效。实行培优集中，辅差落实，教学中关注学生的学习常规，强调其知识的过关、过手及每天的改错。力争将期末考试中班级不及格人数控制在5人以内，有效地防止班级成绩的分化。

三、个人成长

在这个集体里，我们成长得很快，发展得很好。出道五年的任晓斩获成都市优质课竞赛一等奖、七中教育发展联盟献课一等奖；何明频繁为成都师院的大学生做报告；王婷获成都市赛课一等奖；胡蓉萍参加区级展示课；我多次受区教育发展联盟邀请参加区级视导，受大源、新源、玉林组成的基地学校邀请做初三复习专题报告，受教研室邀请为新华学校教师打磨赛课，2017年受教育部信息中心邀请参加西藏信息与教学深度融合的专题说课；何明担任主研、我和胡蓉萍参与的省科技厅的课题，获得10万元的研究经费；我们还客串成都师范学院卓越教师班的指导嘉宾。

在我们备课组工作是很辛苦的，但在我们备课组工作也是很幸福的，来的人都不想走。

四、我们的凝聚力

工作中我们互相帮助，合理分工。每逢期初期末，班主任工作繁忙的时候，我和小梁会主动承担教学工作，准备假期学习资料等。

生活上我们互相关心和爱护。我们一起去过东来桃源赏桃花，到过贾家大山吃土鲢；一同采购简阳羊肉汤，吃过简阳正宗海底捞。我们也有很多共同的爱好：一同在篮球场上竞技，一同跑步锻炼身体，一起看球赛，等等。

在这个集体里，我们的故事太多太多，不管时光怎样无情，都无法抹去这段相识、相知的岁月，祝愿我们的团队明天更好！

与子偕行　凯风徐徐

□物理组　袁绥洪

一幕如梦昏黄的斜阳午后，一个经久褪色闲置多年的物件，一段漫不经心却又似曾相识的对话，让多情与恋旧的我与曾经相遇，遇见八年前青涩的自己。那是2010年，那时办学两年的七初融汇七中精神，又带着初生牛犊的胆魄已自成一格，小有声誉。而我初入职场，如此青涩………

棘心夭夭　母氏劬劳

凯风自南，吹彼棘心。七初是风，是寒冷冬日的柔情暖风，是酷热夏日的清冽凉风，她吹拂在每个七初人的耳畔，她告诉我生命应充满激情与努力。有着七初的陪伴，我不敢懈怠。每日，在朝晨清露中踏进七初大门；在三尺讲台上手执黄卷和孩子们共感知识之乐；在日暮的灯火阑珊中依然孜孜不倦、认真备课。从最初稚嫩的“新教师汇报课”，到逐渐进步的“高新区青年教师赛课”，再到初步成熟的各类区、市级献课，以及绵阳、新都的优秀教师“送教下乡”。就这样，我和七初一起走过八年。我不是从最开始就陪在七初身边的人，但我愿意陪她走过剩下的岁月。如此的努力，只为能配上七初的优秀……

母氏圣善　我无令人

“正午是长调的风和蜻蜓，黄昏是小调的喷烟”，我终于从七初的讲台走上了全国的舞台。全国的舞台虽也是一张讲台、一块黑板、一个显示屏，但看似普通的背后却有着许多别样的故事和别样的人。

自制教具只为全国赛课课堂更鲜活，为此，我在七初的精工实验室里捣鼓了三四天。原本一颗钉子都不会钉的我在全组同事的帮助下竟然成为既能当木匠又能当电工

的“女汉子”。功夫不负有心人，我终于做出了两个电路板和一个交通灯，在近半个月的艰苦磨课中不断坚定地向前迈进。回想那段日子，虽苦，但在精工实验室和同事们一起做教具，进行思想交流、思维碰撞的经历却很快乐。

当然，实验的夺目能为课堂锦上添花，而真正能决定课堂生命的一定是教学过程的设计。初入教学时，我在教学设计中特别看重一节课的连贯性、知识的完整性以及语言的优美性。但在七初的多年历练之后，我终于悟出“教学不是传递知识，而是要让学生生成方法”的道理。作为师长，我们要培养学生优秀的思维品质，任重道远。

七初人总在默默温情间给予我启迪，七初人总在事事精致、默默付出中给予我力量与勇气。我带着教具里融汇的信任，带着自己的努力以及与同事协作的快乐，带着历练后的经验终于站在了全国赛课一等奖的领奖台。是七初成就了我，使我终能配上了她的优秀……

入夜饮马　黎明磨刀

如今七初建校已有十载，十载辉煌无限，我已无法一一细说。我只是感恩于这些辉煌中也曾有过我的点滴付出，感恩于七初带给我无形而贴心的磨砺。未来的日子里，我将和她携手慢慢变得更好，愿我永远和她砥砺前行……

天生我“财”必有用

□政治组　肖丽萍

我是在2010年夏天加盟七初的，火热的夏天里，开启了一段火热的入职培训。先是被前两年入职的教师情真意切的故事感动得一塌糊涂，后又被学校领导的讲话激励得热血沸腾。听着校长讲“我们汇集了一批优秀的学生，亟待优秀的教师来引领”，瞬间感到这所年轻学校的教育情怀，立即有一种愿与战友们并肩战斗的强烈冲动，同时又有一点忐忑，怕自己做不好，不能胜任。

2010年9月，正赶上七初建校第三个年头。开学后，各项工作就忙碌地运作起来。最让我感叹的是周五的选修课。两个非毕业年级的上千名学生，在下午的最后两节课时间来了一个大迁徙，背着书包来到各自的选修课教室。后来才理解到，这是学校课程建设的一部分，属于学校顶层设计的内容。在制度保障下，老师们热情澎湃，发挥特长，开了好几十门选修课。我记得自己最初开的课是“社交礼仪”，第二学期改成了“金融小天地”。

开设“金融小天地”这门选修课的最初构想，源于学校“金融实验室”的建设。我特意找到当年的金融实验室建设方案（见右图）。

成都七中初中学校金融实验室建设方案初步构想 2012-3

一、金融实验室建设理念及特色

金融实验室结合国际实验室建设理念和中国教育需求，集合实训软件与实训课程、教学工具与研究资源、实验室管理与信息共享、学术交流与成果转化等功能于一体，达到培养具备复合专业技能的实用性人才的目的。

在中学建金融实验室目前国内尚屈指可数，可进一步提升我校知名度，凸显高新区特色。同时对扩展学生知识视野、培养学生创新思维、加强学生实践能力有重要意义。一方面，从初中起普及金融相关知识，将提前对接大学教育，促进学生专长发展。另一方面，对学生而言，掌握基本的金融理财知识，也是现代人的基本素质。

可以看到，当初的构想和今天的实际还是有差别的，但正是因为当时播下了这粒种子，才在今天的七中初中学校形成了财经素养教育的燎原之势。2016年5月，金融实验室落成。同年6月，成都市未来学校主题研讨会在我们学校举行，我和芳芳老师共同执教，完成了一节投资与理财选修课的展示。不少媒体做了报道。不知是为了吸引眼球还是确实那节课的内容给人留下了深刻印象，一家媒体报道的标题竟然是“炒股课进了初中课堂”。我们的课程哪里是教孩子炒股呢？培养正确的财富观和人生观，学会智慧地生活，拥有人文情怀才是我们的初衷啊。何况，证券投资只是投资理财的一种渠道而已，在金融实验室的教学平台上，老师还推送了储蓄、保险、基金等其他投资方式的相关知识，孩子们完全可以根据自己的兴趣爱好进行自主学习。

无论如何，金融实验室算是在众人面前亮相了。2016年9月，新学期伊始，“投资与理财”选修课正式取代“金融小天地”，跻身浩浩荡荡的七初选修课大军，以每轮5讲的方式在八年级学生中开课。依托金融实验室的虚拟交易平台，我们还举办了轰轰烈烈的“七初华尔街争霸赛”。金融实验室成了学校一张亮眼的名片。2016年12月，国家教育部朱之文副部长来到金融实验室考察工作，详细询问了我们学校开展财经素养教育的情况，连连夸赞学校的理念好。短短半年时间，金融实验室的工作能在各方关注中稳步推进，我们也认为已经很好，很不错了。

直到有一天，李校长向我提出这样一个问题：费了那么大劲建成了金融实验室，如果每学期就只有二十来个娃娃在里面上课，是不是面太窄了？有没有办法可以让更多的孩子受益呢？我愣住了，这个问题还真没想过。如此“高大上”的金融实验室，我们的确该思考如何让它更大限度地发挥效用。经过组上反复讨论，并多次与教学管理部沟通协调，我们终于定下一个方案，准备在2019届的七年级下学期试推行财商必修课程。这可真是一个大胆的尝试啊！上5课时的选修课还行，可现在要面对全年级的学生，而且是整个学期，这个挑战够大！备课组杰波、余儿和我在反复研究金融实验室的学习平台之后，制订了教学计划，决定边学边教。

机缘巧合，学校在2017年2月加入了中国财经素养教育协同创新中心，成为实验基地校。这是一个中国教育科学研究院牵头的平台，里面汇集了好多协同单位，有财经类高校、企业，还有银监会、证监会等一些职能部门，都在为财经素养教育的推广尽力。我们顿时感觉很温暖，我们不是独自在战斗。之后，我们申请了校级财商工作室，开始利用工作之余的固定时间，前往西南财大旁听货币金融学这门课程。工作室的顾问张桥云老师说，这门课会对我们的财商课有帮助。他还很贴心地为我们推荐了一位很棒的老师——西南财大金融学院的解川波老师。川波老师专业素养很高，也很敬业，他的课深入浅出，即便是我们这样的“旁听生”听起来也基本无压力。他还常常在课堂上当众表扬和鼓励我们，当我们不管是在微信上还是当面向他请教问题时，他总是耐心解答。桥云老师也总是在百忙中抽出时间听我们讲对今后工作的构想，还提出很多建设性的意见。

正是因为有这么多人的无私帮助，我们才能在财经素养教育这条路上磕磕绊绊地摸索前行，才能有每周四下午从学校前往西南财大温江校区听课的坚持。每次听课时间3小时，在路上往返花费时间至少2小时。有一学期为了把周四下午的时间空出来听课，我们上午需要连续上4节课。财大是下午1点开始上课，我们有时候为了赶上听课连饭也吃不了。组内每个老师都有巨大的工作量，有的还担任了跨年级教学和班主任工作。即便如此，我们还是竭尽所能地坚持听课。我们连续听了两轮货币金融学，基本上算是听明白了。

教师团队的专业素养是推广财经素养教育的一个瓶颈，在大家的不懈努力下，这个瓶颈得到了有效突破。此后七初的财经素养教育得以不断在探索中前行，截至目前已经形成的财经素养教育课程形态如下：

课程形态	课程对象	课程地点	课程时段	授课教师
财经素养教育必修课	七年级学生	教室、金融实验室	七年级下学期	七年级备课组
财经素养教育选修课	八年级学生	金融实验室	八年级上学期	肖丽萍、冯玉林
财经素养教育校内实践活动——爱心Market	七、八年级学生	教室、操场	每年4月份	七、八年级备课组
财经素养教育校外实践活动（走进财大体验日）	七年级学生	西南财大等	七年级下学期	西南财大教师 我校政治组教师
财经素养教育系列讲座	七年级学生	成都七中 初中学校	七年级下学期	银行、保险、证券、投资公司等专业人士

2018年5月，我将学校开展财经素养教育的活动情况整理成文，汇报至中国财经素养教育协同创新中心，获评优秀案例，我也受邀在广州“中国财经素养教育标准框架”专题培训会上做专题发言。次月，中国教育科学研究院高教所所长、中国财经素养协同创新中心张男星主任带队，专程来到我校开展中小学实施财经素养教育的认知调查。

调研之后，张男星主任站在中国财经素养教育协同创新中心的角度，评价我校的财经素养教育就是她“心目中的财经素养教育”。专家团队在学生座谈和家长座谈结束后评价我们的孩子“特别有自信”。座谈中家长和学生对学校的评价很高，也很支

持学校的财经素养教育活动。站立在学校工作的平台上，我个人也有幸入选中国财经素养教育协同创新中心财经素养教育实践专家团队，参与编撰《中国财经素养教育实践（2018）》。至此，在中国财经素养教育领域初中学段，七初虽地处西南，却已在全国立下响当当的名号了。

回望与七初结缘，到财经素养教育工作的步步开花，我不由深深认同“你有多大能耐，七初给你多大舞台”这句话。七初的财经素养教育，得益于学校领导层对于课程的顶层设计与战略眼光，得益于教师团队不辞辛劳、开拓创新。作为七初的学生是幸福的，丰富多彩的课程与校园活动为他们的成长提供了无限可能；作为七初的教师也是幸福的，能够与孩子们，与学校共同成长。七初十年，有很多故事，我们既是故事中的人，也是书写故事的人，幸甚，幸甚！

光环背后的团队精神

□化学组　高山

在七中初中学校这个大家庭中有一个袖珍的小家，这就是初三化学备课组。2010年9月建组时，我们的备课组只有两个人，2012年有了三个人，到现在有了四个人。家虽小，但这个家洒满了阳光，充满了温暖，共同的理想追求把我们紧紧联系在一起。张小金，教龄十三年，教学风格活泼、语言幽默，对学生亲切而不失霸气。陈月科，教龄八年，踏实好学，教学风格严谨、细致，爱学生亲如弟妹。韦德彬，组上唯一的帅哥，教龄十八年，为来七初，三次参加高新区公招，执着坚韧，不达目的，誓不罢休！我，有着二十八年的教龄，教学经验还算丰富，在这个家一样的集体中，当好大姐，倾尽所有，搭好人梯。这是我的责任，我心甘情愿，无怨无悔。实际上，这个家还有两个最亲的人：一个就是教化学出身的李校长。她虽不经常上课，但扛着大旗，一马当先，永远会引导我们迎难而上，走出迷茫，找到前进的方向，是我们组真正意义上的“老大”。另外就是实验员小沈，军功章上有她在幕后默默地支持，默默地奉献。正是这不可或缺的每个人，才能让彼此感受到每天早上崭新的太阳，才能成就今天取得小小成绩的化学组。

建组八年了，为了共同的理想追求，我们从不同的学校走到了一起。来之前，“七中”这个光环在我们的头顶熠熠发光，让我们仰望，而正是这八年脚踏实地的工作才让我们更深切地领略了光环背后七中精神真实的含义。

一、团结拼搏　共创辉煌

八年的共同战斗，使我们很快融为一体。在这个小家庭里，“团结一心，勤奋工作，自觉奉献”已成为风尚。我们深知，我们的胜利必须是全年级团队的胜利，必须是每个班的胜利，必须是每个孩子的胜利。虽然只有四个人，但在每周一次的集体备课中，大家群策群力，把自己处理教材、组织教学、改进实验的好方法、心得体会、亲身感受，以及教学中自制的教具和课件都毫无保留地奉献出来，让全组共享，使优质的教育资源大大增效。

你优秀，我学习；我进步，你快乐。“我们共同的团队”是我们每个人心中的至高阵地。在教学中，大家加强相互之间的听课学习，互帮互学，取长补短，相互促进，尽可能发挥自己的优势，形成温馨和谐的氛围。课后，大家可以畅所欲言，毫无顾忌和猜疑。为快速提高自身的素质，全组老师虚心向同行学习，不错过任何一个学习的机会。市上、区上的教研，无论再远、再忙，我们坚持去学习取经。带2015届时，张小金教四个班，当有教研活动时，也主动调好课，从不缺席。每次听课后，大家都会自发地掀起交流热潮。不论在课间，还是在吃饭或休息时候，经常会听到我们坦诚交流的声音，看到我们会心的笑脸。在坦诚交流中，每个人都受益匪浅，教学水平、实验能力、教学设计水平整体提高。2017年上学期，陈月科休产假，我们三个人承担起了四个人的工作，张小金、韦德彬都教四个班。11月底时，名师工作室有一个到上海学习四天的难得机会。我们合计，任务再重，也不能放弃，让小韦去参加。领导考虑我们组无人代课的特殊情况，建议最好是调课。但考虑到教学进度和效果，我和小金还是坚持帮小韦代课。那四天，小金每天上六个班，我每天上五个班。全年级的每个孩子都是我们大家的孩子，再累，都值得！

我们教研组真正地实现了资源高度共享。从每一节课的学习内容、课堂学习卡、PPT课件、复习资料、阶段检测题的准备使用，到每一天的作业布置，每一道难题可以怎么突破，我们都相互讨论，力求找到最好的方法进行统一。通过大家的共同努力，全年级各班的化学成绩都较为均衡。如果出现问题，我们会及时分析，一起找原因，想办法，调整授课方式，采取“盯人”战术，努力保持年级各班的整体进步。

组上的任务，绝对是我们每个人的任务。分工时，从来没有人推脱，从来没有人拈轻怕重；组上布置的任务，在规定的时间肯定会顺利完成。有时，由于年轻老师缺乏经验，做的资料需要修改，一次、两次、三次，甚至更多，从来都毫无怨言，直到符合组上、学校的要求为止。在前两年的时间里，我们四个人分工协作，编写并建立了七初化学教研组较为完整的资料库。我们有试题库、学习卡库、助学学案库、PPT库、成绩库、活动课资料库、公开课资料库。最重要的中考复习资料库中有较为完善的针对我们学生自己的学情而编写的大大小小的复习小专题近二十个，为以后的七初化学教学的进一步发展铺下了奠基石。这些资料，绝大多数都是老师们牺牲下班、寒暑假的休息时间编写而成的。我待过几个学校，不要说两年，更长的时间也没有能做到这些。我想，这应该就是对七初集体协作精神最好的诠释吧。在2016届时，向数学组学习，我们组也编写了我们自己的寒假化学作业本，还计划制作中考实验操作微视频。在我们组上，无论大事、小事，只要能尽一分力，大家都抢着干，从不分彼此，提实验仪器、搬书、搬学习卡、分发试卷、解答疑难等都是如此。年级的每一个学生都是我们共同的学生。记得上学期综合复习时轮到我们化学组考试了，我上午自习快要结束时，才突然想起十几个考室的试卷还未安排分好，马上开考了，监考老师怎么领试卷？当即吓出一身冷汗。等我匆匆忙忙赶回办公室，小金和小陈微笑着告诉我她们在午休时已准备妥当，并一一清点，分开拴好，让我放心。2015年上学期，注定会成为化学组值得纪念的最忙碌而充实的一段时光。小陈生小孩，我们剩下的三个人毫无怨言地承担起十一个毕业班的化学教学任务。最长的这个学期，感觉居然过得最快，因为，我们几乎没有时间停下来好好喘息。三个人几乎每天都在四个班的教学，四个班堆成山的作业，四个班的辅差中过关，在自习课中连轴转。但是，我们真的没有怨言，因为这是大家的事，是自己家里的事，理应互相帮助，共同承担。像这样的例子还有很多很多，其他的年轻老师非常主动地给了我极大的理解和支持，在我内心，充满感激和温暖。

曾记得玉林中学的倪虹老师来我校跟岗学习，被我们化学教研组认真踏实的工作风气、团结合作的氛围感动，他非常感慨地说："有你们这样认真务实、坦诚交流、合作统一的集体，七中初中学校岂有不成功之理？"

到了七初，我们更深切地体会到，要善于合作，才能心情愉快，才能为成功铺路。合作是黏合剂，是催化剂，是减压器，使我们少走弯路，使我们在繁重的工作中得到解脱。一个不善于合作的教师，他走不了多远，因为这个社会是需要合作的社会。真的，工作是我们每个人生活中的重要组成部分，要想生活愉快，就一定要让自己工作愉快。试一试，把同事当作家人，学会彼此敞开心扉，会让我们心情愉悦，由衷地感到快乐！

来到七初，才知道，是钻石，也需要精心地打磨，才能发出璀璨的光泽。七中初中的光环背后，浸润了七初人奋斗的血汗。

二、苦干巧干　痛并快乐

七初的成绩，并不是靠无限延长时间来堆砌。没有晚自习，没有节假日的补课，自

习课完全由学生自主支配。高效率换取高质量是七初的生命线，七初的学生不仅要学会，还要学好、学活、乐学，这是我们七初教师所担负的使命。而时间紧、任务重是我们初三化学的最大困难。只有不到九个月的时间，在学生毫无基础的情况下要完成新课上下册两本书，要进行上学期区统考，要进行实验操作练习和全市统一考试，要进行中考复习、综合模拟，要应对数不清的大大小小的阶段考试，要让学生最终满怀信心走进中考考场，我们任重而道远。2010年9月，我们初来乍到。刚开始，虽然我们在学生面前表现得从容，但内心如热锅上的蚂蚁，忐忑不安。时间，时间，我们缺时间，我们白天算，晚上算，节节课算，醒着算，梦中算。我们小心谨慎，极为认真地备课、上课，时间一天天飞速过去。

记得2014届七年级上学期期末全区统考，那是我们建组以来参加的第一次大型正式统考，我们期待着成绩的公布，一分汗水一分收获，我们充满信心。成绩下来了，平均分87.7分，根据经验，应该很高了，我们的内心充满喜悦。但还未等我们的笑容完全绽放开来，当天中午午饭时却被李校长告知，某中学仅比我们低0.2分，而该校在全市并不算非常优秀。杨校长安慰我们："没关系，只要不是我们低0.2分就行。"当时，笑容在我们脸上凝住了，我和小金的心情真的是从沸点跌倒了冰点。我们感到了前所未有的压力和责任。怎么办？七初人绝不轻易服输！必须想办法全面提高课堂教学和学习的效益，调动全体学生的积极性，苦干还必须巧干，还得说干就干。我们反复斟酌磋商，决定开始编写并使用《课堂学习设计》进行教学。和通常所说的学案不同，它必须更加注重调动并抓住各个层次学生的参与积极性，让他们能在老师的精心设计下动手做、动脑想、用心听。它更加注重有效地搭建起师生交流互动的平台，力求科学地加大课堂容量，让学习的过程和方法更加多样化，激发学生的兴趣，提高课堂效益，从而整体巩固学生基础，提高学生能力。虽然今后从事化学专业的学生毕竟是少数，他们学到的化学知识会被逐渐忘记，但是我们期望学习化学的过程能让他们养成一种优良的生活学习习惯，变成一种处事方式，增加学生的智慧。虽然当时只有我和小金两个人，但我们坚持每节课都编写《课堂学习设计》，完成了几十个课题共一百多页，还全部配有同步PPT。白天在学校要批改作业、上课、辅差，几乎所有的学习设计和PPT都是在寒假和下班后晚上熬夜做出的。下班回家了，只是换一个地方继续上班。老公经常陪我加班，他说，他虽然帮不上什么忙，但可以给我精神上的支持。记得有一天晚上，我加班到凌晨3点，就要大功告成，一关文档，却发现找不到了，我一下瘫坐在地上，号啕大哭。我老公一把扶起我，嘴里念叨："要出人命了，要出人命了。"还好只是存错了地方，文件最终还是找到了。第二天，他就去帮我买了一个移动硬盘，经常提醒我随时备份。那段时间，我和小金真的拼命了，对家里，全然无法顾及。因患乳腺癌动过两次手术的婆婆帮我做饭、照顾孩子，年近八旬的公公帮我拖地，全力支持我的工作。拿我老公的话来说，全家人为我服务，我为人民服务。小金则对老公不管不顾，在学校解决完自己的伙食，回家又接着加班。我和小金相互打趣，我说她是"抱鸡婆"，头发没梳好；她说我"过年兔"，天天红眼睛。现在回想起来，那段日子真苦啊。但当得知我们的学生在2011年中考取得了成都市化学科第一的好成绩，我们简直不敢相信这是真的！那种痛并快乐的精神上的幸福，人生能经历几次？什么是幸福？记得大哲学家叔本华下过很好的定义：幸福是阻力被克服之后的感觉。是的！七初首先是一种信仰，一种标准！选择七初，就是选择了一条艰苦奋斗的成功之路！

化学是初三新开设的学科，在这个时期，大多数学生都有了紧迫感，迫切地想要进步，特别是后进生。多年的经验告诉我们，化学的趣味性和学生心智水平的成熟使这一时期成为帮助后进生进步的大好时机。只要我们用爱心、耐心来帮助他们，也许就可以让他们重拾信心，甚至带动其他科的学习，从而品尝成功的滋味。刚开始教化学时，我们抓住契机，在课堂上多关注后进生，听课、笔记、作业样样要求具体到位，特别是作业的批改检查坚决不放松。我们找专人负责后进生作业的收缴，并放在全班作业的最上面，再忙也要批改他们的作业。对他们的作业，我们会尽最大努力全批全改，并做好具体的记录，如哪些知识点、哪些题型存在问题，哪些学生对哪些知识的掌握存在问题，哪些学生需要进行面批。争取不让一个学生掉队。针对部分学生基础差的具体情况，狠抓基础知识和基本技能两项训练，根据循序渐进的教学原则，制订科学的训练方案，从小入手，分散难点，层层过关。要让他们身上有希望的火种，一旦中考的东风吹来，相信星星之火是可以燎原的。为了最高效地利用时间，备课组详细地制订了科学合理的计划，甚至细化到每一天。而计划一经制订，就尽最大的努力去执行，以保证教学的有序进行。力争让全年级的每个学生都过手、过关。我们始终相信“平时多流汗，战时少流血”的道理。

2012年，陈月科老师新到七初，当时家住西南交大九里堤附近，为了能多批改一本作业，多辅导一个后进生，多让一个后进生过关，她常常是最早来办公室，最后一个走。从西到南，从南到西，她经常一天动用“五种交通工具”——离开家上班时，骑自行车到地铁口寄存，坐地铁到高新站，再骑电动车到学校，有时加上老公的车，自己的腿。虽然是刚来七中初中学校，但因为小陈的辛勤付出，她所教的班不断进步，最后在中考中取得了优异的成绩——她所教的5班终于超过了年级的“千年老大”1班，取得了第一。我们衷心向她祝贺！

由于人手不够，已经31岁的张小金老师做好家人的思想工作，克服来自于公婆的压力，多次推迟了生小孩的计划，并承担了四个班的教学任务，毫无怨言，兢兢业业，在中考中取得了非常好的成绩。由于我们的坚持不懈，从2014届到2017届中考，年级平均分都居全市前茅。

韦德彬老师为了来七初，连续3次参加高新区的公招考试，这需要何等强大的勇气！但由于组上、学校的要求都远远高于他原来的学校，刚到七初的小韦感觉周围能人云集，对自己的能力产生了很深的怀疑。他经过很长时间的调整，才又找回自我。他当时在教学上面临很多的困惑，尤其是学习卡、助学案、PPT的使用，刚开始总感觉是“人卡两张皮，运用不自如”。但他坚持听课，听各种课型，认识到“先听课，后上课”是解决这些问题最快捷的手段。当时和他同住一屋的胡涛开玩笑说，天天在宿舍听小韦边踱方步，边自讲，以致他都爱上了化学。最终，小韦适应了用学习卡进行教学，并创新性地加入自己的风格，我也从小韦那里分享了很多年轻人擅长的新的教学素材，比如图片、视频等。一个人要真正地成长，一定要在适当的压力下经历种种磨炼。组上的公开课、学校的赛课、区上的公开课、区上的赛课、2017年的C20全国慕课，我们都让他挑大梁，小韦也勇敢地把握机遇，接受挑战，赢得挑战。还记得2017年的C20全国慕课。那时小陈休产假，组上就剩我、小韦、小金三个人，我们不断地上课、评课、磨课、反思、改进。听众有组上的老师、学校的领导，甚至成都市的教研员。全国慕课结束后，我们非常感慨：就三个人，应对这么大的场面，我们自己都被自己感动，自己都为自己喝彩！“爱”真的能产生奇迹，爱学生、爱学校、爱自己的平凡事业！

你有多大能耐，七初给你多大舞台。我们深刻地体会到，一名合格的七中人，不能只满足于做一个教书匠，而要努力进取，成为一个有思想、有先进教育理念和方法的教育能手。

三、积极科研　与时俱进

虽然我们化学组年年教毕业班，辛苦程度全校公认，深受大家同情。但拿杨校的话来说，谁叫我们自己选择学化学了？因为有李校长在前面扛着大旗，对我们严格要求，并不断支持、鼓励，我们组在教学科研上也绝不落后。

2011年12月19日至21日，正值学校的第四届教育研讨会。当时新课教学的最重要部分也正紧锣密鼓地进行，并且临近全区期末统考。但在李校长的主持下，我们化学组克服重重困难，率先在全校进行了课例研究活动，研究的方式为一人多轮式授课。在李校长的带领下，连续三天，从白天到深夜，大家不辞辛劳，从前后测题的准备、修改到每节课的课前会议、说课，到每一节课的听授课，再到每一节课的课堂实录、课后反思、研修日志的撰写，我们反反复复地听、评、改，进行磨课，各个环节丝毫不打折扣。我们深切地体会到：课例研究是一个痛苦的过程，更是一个收获、蜕变成蝶的过程。

由于学科原因，本学期我们化学才开始接触云教育，我作为2018届11班最后的“遗民”，心里的压力真的特别大。但是，只能前进，不能后退，我经常给自己打气、鼓劲。去年11月，我在2018届11班上了第一次研究课。从写微视频的脚本到拍摄实验视频，到用QuickTime和iMovie软件合成制作微视频，到制作Keynote，再到用网盘精灵上传微视频给学生，并用我们的论坛和学生互动，用iTeach和学生课堂互动检测，再到学生分组学习制作iMovie、Keynote进行展示分享，用Apple TV师生互动，我可以说是弄了个“满汉全席”。虽然是第一次“抛头露面”，但还是勇敢地与时俱进；虽然花费了大量的备课时间，却也真正体验了什么是“课堂要出彩，优秀的教学设计永远比技术排在更前面”；虽然不是在云中的闲庭漫步，而是在雾里的蹒跚寻路，但也领略到了云教育的魅力和另一番景象。“学然后知不足，教然后知困惑”，很高兴我和我们化学组终于迈出了第一步！

师能是教师成长的关键。化学到了初三才开设，如果不与时俱进，化学学科发展无疑将走入死胡同，在应试教育中迷失方向。虽然毕业班教师教学压力大，但充满活力的化学组仍然积极参加学校的课程改革，从我校学生学情出发，开发校本化学课程。我们有“走近化学世界”化学选修课、“奇幻化学世界”化学社团，举全组之力，已逐渐形成校本课程活动教材。

开设选修课，是七初对每个老师的要求，虽然学校并没有要求教初三的老师开设选修课，但由于化学学科的特殊性，我们组在完成初三毕业班繁重紧张的教学任务前提下，每位老师都加入，共同开设具有化学特色的选修课——走近化学世界。李校长的课题是“万古流芳的诺贝尔”，孩子们带着对化学家的景仰走进化学世界神奇的殿堂；我的课题是“揭开空气神秘的面纱”，让孩子们体味空气的神秘与亲切；小金的课题是“生活小窍门”，让孩子们体会生活中处处有化学；小陈的课题是“自然界的色彩”，让孩子们领略化学与色彩的神奇联系。在开课之前，我们在初二全年级学生中开展了前期问卷调查。在课程方案的设计上，精心设计了化学史话教程、实验教程、化学与生活教程、化学与社会教程、化学与身边的物质教程。在授课的方式上，打破传统，形式多样，有利于学生主动关注、主动思考、主动探究；每一讲既有引人入胜的讲授、精彩的演示实验、丰富的多媒体素材，还一定会安排学生最感兴趣的分组合作实验，以提高其兴趣和实验科学素养，以及相互合作的团队精神。在考核方式上，我们从三个方面进行综合评定：1. 学生平时在选修课堂上的表现（包括出勤、学习态度、课堂参与度等）；2. 课程结束时的考试成绩；3. 最后所交的一份学习心得体会。在最后一讲，我们专门设计了一堂考核汇报课，让学生集体上台展示，人人参与。我们的选修课深受学生喜爱，连续两年被评为学校的优秀选修课。

我们还开设了化学社团课程。李校长指导的“行走的课堂——都江堰灌区水质变化分析与水质保护策略研究”代表我们化学组，打破了化学组游离于行走课程的状态。该课程带领孩子们运用实地取样观察法、实验法、数据调研法开展研究，对都江堰灌区的水质变化进行科学的分析，对水质保护策略有了理性的建议，最终学生们不仅写出了真实可靠的研究结题报告，做了完满的结题答辩，而且在知识与能力层面都收获良多。

回想过去的十年，风风雨雨，酸甜苦辣，小小化学组，我们团结一致，痛并快乐着！正如歌中唱的那样：“不经历风雨，怎么见彩虹。”累累硕果，凝聚着我们辛勤耕耘的汗水，但成绩只能代表过去，让我们携起手来，共同谱写成都七中初中学校更加灿烂辉煌的明天！

相遇十年　时光正好

□语文组　杜明元

2010年，我来到成都七中初中学校。于那时的我，这只不过是漫长工作经历中的又一次改变而已，有人说这是在成都南门拓荒修起的一所社区学校，也有人说这是成都七中挂牌的众多分校之一。但是成都七中是我心仪已久的理想学校，我是奔“成都七中”这个响亮的名字而来。心之所向，必全情投入。

记得我刚到学校参加新教师培训会，那一句“我们都怀有教育的梦想”至今仿佛还萦绕在我的耳畔。白驹过隙，转瞬八年，我由一名普通的教师成长为教师发展中心主任，今日的“七初”在我心中比任何时候都还要立体而生动。

七初继承了成都七中百年办学的优秀传统，在我的心底，也刻下了一把真理的标尺——“审是迁善，模范群伦”，这把标尺也是学校的核心价值追求，学校以此建构了自己的文化体系。“七初”已经成为学校师生思维理念、言谈举止的标准，是一种追求卓越的境界、一种处事严谨的态度、一种严于律己的践行。这是从学校校长、干部到全校师生都坚守的标准。在这样的高标准要求之下，学校逐渐形成了较为成熟的管理和评价体系。

学校拥有科学的管理体系。在信息大爆炸的时代，未来教育何去何从？从教育理念到办学模式，从课程教学到教学评价，需要我们一直思考，一直变革。其中最为重要的

是学校形成了具有现代意识和科学理念的管理模式。学校在落实立德树人的根本任务基础上，坚持以人为本，制度治校，管理治校。学校实行校长负责制，校长书记一肩挑。校长下设党建、德育、教学、后勤等分管副校长。在学校校级管理团队下成立教师发展中心、学生成长中心、课程教学中心、国际交流中心、信息技术中心和行政办公室几个部门。教育以人为本，学校的特色发展需要有一支品德高尚、学识渊博、能力过硬的教师队伍。教师发展中心主要负责教师的引进、培训和考核，还有课题的申报与研修。而学生的发展是衡量教育成败的关键，学生成长中心主要倾向于学生培育和发展，以活动为载体立德树人。课程教学中心是以课程建设为载体开展学校教学工作推进。国际交流中心分管学校国际理解课程，还有国际交流活动的开展。信息技术中心负责学校教学辅助、科创和未来学校建设等工作。行政办公室负责党建和学校各部门之间的协调工作。德育这条线下有年级班主任团队，教学这条线下有教研组备课组团队。年级组长对本年级德育工作负责，教研组长对本学科教学质量负责。用科学的管理体系为学校定位，用现代的管理制度为学校保驾，用人性化的评价系统为学校助力。我所看到的学校体系科学而合理，使学校犹如一条行驶中的航船，乘风破浪，勇往直前。

团队建设促进教学质量的提升。在我心中，学校里重要的人不仅仅有学生，更有教师团队，只有教师的专业水平提升了，才能促进学生的发展与成长，所以努力建设一支高素质的教职工队伍是教育发展的关键。塑造良好的师德师风和专业素养是教师队伍素质中至关重要的方面。为此，学校特别注重在师德建设和专业发展等方面狠抓教师队伍建设，营造浓厚的校园学习氛围，树立良好的职业形象，促进了学校教育教学的可持续性发展，形成了以课题引领专业研修，以校本研训促进发展，以任务驱动骨干培养，以机制促进专业成长。在新教师的培育上，学校注重各级各类的献课、赛课活动，以“书香校园”的读书活动持续推进教师专业素养的提升。成都七中初中学校尤其注重团队建设，在学校管理团队的领导下建立和健全了年级组团队、教研组团队、备课组团队、班科教师团队等。年级组团队团结和引导所有班主任完成各年级的班级建设，年级组长负责协调各个班级均衡发展，教研组团队负责营造教研文化、推进教学研究。备课组团队在学校起着特别重要的作用，它担负着学校学科质量建设，备课组长负责学科教学的统一实施、教学研究和评价的顺利开展，特别是不可出现哪一名教师的单科成绩落后，这是年级学科成绩提升的保障。而班科教师团队，是以班主任为核心，以班级发展为重点，班主任团结班级各科教师针对学生达成和谐统一，共同发展，起到了对这个班级每一个学生负责的作用。因为学校特别重视团队建设，强调打团体战，所以在对教师考核中都是倾向团队不倾向个人。学校基于团队建设开展青年教师与骨干教师的师徒结对，师父负责带领徒弟适应学校要求，在学习中不断创新，扶上马再送一程。所以，在成都七中初中学校没有最差的教师，也没有最差的班级。有的青年教师大学毕业到校不到一年就可以在赛课中获省级一等奖。一次初一年级的分班家长座谈会后，家长反馈的结果是他们所在的班级都是年级上最好的班级，我想这就是团队建设的成果吧。

校园文化凝聚师生的热爱。我在七初带了五届学生，有一个最深的感悟：在七初，所有师生都以不同的方式爱着这所学校，学校的所有在老师和孩子们的眼里都是美的。学校的老师在学校这种考评体制和校园文化的感染下，内心都有着强烈的自尊和高度的自信，都有一个追求卓越的标准，有一种无须提醒的自觉。学校师生只要在任何一次考评中成绩靠后，即使没有人提及，他们也都会从内心深深地反思，并迎头赶上。在七初的校园，你随时都能看到老师和孩子们在一起的身影，他们讨论学习，分享快乐。七初的教师在任何地方都是七初的形象代言人，坚守最高的标准，展示七初最好的形象，以身为七初的教师而自豪。孩子们在七初的文化濡染下，高雅大气，身上洒满阳光，脸上洋溢自信。每一年的元旦迎新晚会，那是孩子们狂欢、回家的日子。在他们给学校的毕业留言中，字里行间都是对七初浓浓的爱。正是因为有教师们心中根植的教育情怀，还有孩子心中挥之不去的七初情结，所以我想七初的教育是成功的，成都七中初中学校在这十年中留下的更多是情感的印记，是爱的教育带来的无限感动。我相信，坚持着这一道路，未来的成都七中初中学校将走得更好。

在七初的八年，我把所有的热情和梦想播种在这片土地，课堂上激扬文字，课后谆谆教导。在多少个晨曦微露，我步入七初；多少个金色黄昏，我伴着夕阳的剪影离开。我很幸运能和学校一起成长，相信七初的每一个十年都会有一次华丽蜕变，越来越好。

十年七初，时光正好。

在技术之海诗意遨游

□信息组　夏小刚

我与七初的相识是在2012年底，那个时候有幸来到七初实习。当时印象特别深刻的是七初的第一个云班已经步入了正轨，我觉得这个学校好“高大上”，心里就暗下决心：争取来到这所学校。第二年8月份，我到高新区报到，有幸进入七初。作为我们那一批少有的能进入成都七中初中学校的毕业生之一，我非常自豪。

因为自己的专业是教育技术学，所以我对于技术在教学中的应用非常敏感。来到七初之后，我就尽量争取一些机会参与到云班培训、云班的公开课等活动中，努力提高自己的教学素养以及技术能力。

在七初，经常能听到大咖的讲座、报告，印象比较深的有陈玉琨、焦建利、张文兰教授等人的报告。在一轮又一轮的学习中，我一直在思考作为一名初中信息技术老师如何增强自身的核心竞争力。在初中学段，信息技术课可以说是一门不太受学生和家长重视的学科。但在这样一个时代，信息技术无处不在。教育是面向未来的，无论当前信息技术学科处于何种地位，我都有责任让学生接触更多、了解更多。在学校提供的一次次培训中，我逐渐认识到创客教育的价值和发展趋势，并确定了自己的一个发展方向。

2014年9月，学校与英特尔开展关于教育方面的一些合作，把创客教育作为合作的切入点，并邀请英特尔的工程师来给学生上课。非常幸运的是，学校选择了我作为学校课程负责人，来帮助协调这门课程的实施。起初，我心里面并不是很乐意，担心这样会不会让自己更加远离课堂，仅仅成为一个教学的辅助者。但在参与的过程中，我开始思考怎样和他们合作。英特尔的工程师们，在实践、技术以及理念方面是优于我们老师的，但在教学法和课堂实施方面，我们一线教师有很大的优势。我把自己的想法和英特尔的工程师们进行了沟通，双方一拍即合。接下来，工程师们建议我学习关于创客教育和Arduino开源硬件等方面的知识和技能，并给我提供了相关的学习资料，辅导我进行相关的技术学习。刚开始的学习并不是那么容易，因为Arduino开源硬件是利用C语言来编程，而我已经有几年时间没有接触C语言了。这个时候，我与工程师们进行讨论，说出了我的困惑：如果我学起来都有些困难的话，那么对孩子们来说，难度就更大了。于是，工程师们找到了Ardublock这样一个图形化的插件来辅助孩子们的学习。除了认真聆听工程师的课，学习相关的技术，我还选择了几门MOOC来辅助相关方面的学习，并购买了很多相关方面的书籍。在不断的学习和实践当中，我也慢慢掌握了创客教育的工具和教学方法。于是在后面的几堂课，我开始给孩子们进行课堂教学。在与工程师们的互动中，不仅是他们的技术与教育理念，他们基于工程实践的教学流程及项目式的教学方法也给我留下了深刻的印象。同时，他们也给我们推荐了很多相关的比赛，并邀请我们带领学生去观摩学习，比如说Intel ISEF大赛、成都市青少年科技创新大赛等。

有这样一个宝贵的机会，加上自身的努力，我在创客教育方面算是早早入了门。虽然入门得早，但是总感觉自己在创造作品方面还做得不够。我请教了工程师和其他相关老师，老师们建议要多带学生参加比赛。毕竟课堂的时间是有限的，我们不可能在很短的时间内做出一个大项目。

在接下来的两年里，我就尝试着着重去辅导学生完成综合性的作品来参加相关比赛。学生们2016年的两个作品分别获得全国一等奖和四川省一等奖。成绩的获得并不容易，背后是我和学生们一次次的修改、一次次的训练、一次次的模拟答辩，汗水和收获总是息息相关。尝到了比赛方面的甜头，我尝试把教学和实践经历写成相关的文章。2016年上学期，我把和英特尔合作的项目的整个实施过程写成了第一篇论文《创客教育课程的实践探索》，发表在国家级重要期刊《中国教育信息化》上。

也正是在这一两年，创客教育在全国范围内越来越火爆。2015年，我有幸接触到了3D打印。在3D打印机尚未完全交付学校的时候，我便向学校领导申请打开了3D打印机，开始摸索如何使用3D打印机，以及如何将3D打印融入我们的创客教育。2016年到2017年这一个学年，我开始在3D打印教育方面进行尝试。除了在信息技术模块课中的实践，我在公开课中也积极尝试基于问题的教学方式和基于情境的教学方式，比如在公开课“3D打印实战——搬运机器人策略物的设计与制作”中，我从学生的学习生活实践中筛选和提取情境，进行项目的设计。部分学生在参加四川省普及组的“搬运机器人”比赛中遇到了策略物不稳固以及夹球铲球效果不好等问题，我引导学生运用3D打印来设计策略物。课程的实施取得了非常好的效果，得到了听课老师们的好评。我依据本项目撰写的论文《3D打印课程：搬运机器人策略物的设计与制作》很快被《中小学信息技术教育》杂志录用。杂志社给予这个项目一个比较高的评价：该项目开创了“3D打印课程教学”的一个实践模式。

在2017年下半年成都市STEAM教育的一个公开观摩活动中，我在传统的国外STEAM教育案例“桥”的基础上进行创新，创造性地使用3D打印来设计和建造桥梁。“桥”这个案例的重点不仅是让学生掌握桥的定义及桥的分类，还要了解桥的受力特征，以及如何科学地建造一座桥梁。基于这样的目的，第一次课程设计中是用3D打印来建造这样一座桥。然而，在第一轮的实践过程中，我发现效果非常差。原因是什么呢？我们设计整座大桥并打印出来的话，会花费很多的时间；同时，一旦桥梁设计有一点小

问题，我们就得把原来的作品全部推翻，重新进行打印。这样课程的效率非常低，而且对学生思维能力的培养效果也比较差。在组内老师建议下，我将3D打印桥的设计改为“吸管+结构件”这样一个创造性的设计模式。不但节省了材料，而且减少了打印的时间，还能考查学生设计和计算的能力，充分调动他们所学的数学、物理相关知识，从而锻炼其思维能力和动手能力。按照这个项目撰写的一篇论文被《中小学数字化教学》国家级期刊录用。

当然，除了课堂教学，对于创客教育或STEAM教育来说，最重要的是学生的成长。依然记得连续两年的暑假，3D打印社团，包括我们信息技术模块课的学生，在放假之后依然会抽很长的时间来到3D打印教室设计和创造他们的作品。其中不错的作品有王皓民同学的“BRSA太空探索计划”、郑敬予同学的“C919大飞机”、王晨宇同学的“高铁和成都地铁”等。这些作品的设计不仅应用了3D打印技术，而且打开了一扇窗户，让学生通过3D打印去实现他们的理想。王皓民同学对空间科学非常感兴趣，3D打印给了他实现自己梦想的机会。他设计的国际空间站得到了北京邮电大学俞俊生教授以及英国国家空间科学中心Anu主任的高度评价。我想，孩子们的成长才是我们创客教育和STEAM教育最大的价值。这很好地体现了我们学校的办学理念：创造最适宜学生的教育。创客教育为学生提供了更大的舞台，让他们在初中阶段就能为梦想扬帆启航。

与七初相伴五年，我很感谢七初这样一个高平台，也感谢李校长，还有我们的行政领导和老师们，以及组内兄弟的支持与帮助。我在这五年有一些专业上小小的进步，但是更多的是实现了内心的成长。我学会了仔细认真的七初态度，学会了坚韧不拔的七初精神，这些都是七初给我最宝贵的财富。七初十年，我已与七初相守五年。未来愿相伴七初，与七初共辉煌！

松烟浸墨池

——电子化时代下的书法课堂教学探索

□美术组　胡国典

我所毕业的陕西师范大学是一所有着浓浓墨香的院校，校园里随处可见启功、卫俊秀、霍松林、曹伯庸等先生的墨迹。我虽不是国画和书法专业的学生，但书法在我心里一直被奉为中国文人最高精神价值的体现。每每在王右军、颜鲁公、苏东坡等先贤的碑帖间行走，指锋和视线随笔锋勾、顿、折、转，似能感受到先贤们行笔间的气息与情绪。五年前我和同样喜爱书法的校友夏小刚一同被七初从高新区新签毕业生中选中，在七初的墨池书屋我们延续着书法这一共同爱好。在七初还有欧阳唯能、刘贡常等同事在书法上颇有研究，七初学子中的书法能者更是如校园里的花朵一样四季不断，每届每班都有书法品相、功底皆优的同学。

七初是一个既着眼未来世界也注重优秀传统文化的学校。在学校电子化教学的背景下，我也想尝试在美术课堂中将技术与传统艺术教学相结合，于是我在书法教学中做了一些尝试。

但是一开始提到电子化平台教学时，我和多数教师一样都是有困惑的。其原因在于尝试的人少，也难以拟定标准，统计出数值，论证其相对于传统教学的优越性。特别是美术这类学科，长久的师徒言传身教的教学形式已根深蒂固，想尝试新的教学方式殊为不易。但新生事物总有其旺盛的生命力，我们不妨为它找一块试验田先试一试。在学校的统一教学探索中，我成了电子化美术教学试验田的“护理员”之一。和多数教师一样，我也是一个接受了传统教学理念的教师，虽然毕业于教育部直属的师范大学，但是对于电子化的教学，只在本科时接触过未来远程教育学习及网络教育等，并没有接触到电子化教学中的自主学习和自主学习程序。这里要阐明一下，我所指的电子化自主学习是指现在基于电子化平台能促进学生学习或可以让学生自主获取、理解知识的学习方式。这与过去网络授课的区别在于，网络在线学习是通过教学视频、电子阅读、在线答卷的方式进行；电子化自主学习中，只要学生手中有电子设备（七初使用平板电脑）就可以完成网络在线学习的全部内容，并可以通过教师推荐的适宜课程学习的APP自主获取并内化知识。

书法学习的意义

文字是一个民族立于世界之本，书法则是中国传统文化的要素之一。一直到今天，中国书法对于东方世界还起到极其重要的影响。书法的内在精神更是中国文人精神最重要的体现之一，如“字如其人”“欲学字先学做人”。因此书法艺术在中国艺术品类中是最能代表人内在气质和传达情感的。扬雄曾言：“言，心声也；书，心画也。”如颜真卿《祭侄文稿》、苏轼《黄州寒食帖》等作品字、形、气息、情感、品格高度融合，可使观者与作者产生内心的共鸣。

结合今天的教学理念，书法学习中美术学科的核心素养得到了充分体现。图像识别：书法家的书写特点，名家名作认知；美术表现：书法书写的过程；审美态度：对书法的认知，书法相对于书面文字艺术的升华；创意实践：书法作品创作；文化理解：书法内在民族精神的体现。所以书法学习及书法教学方式的创新是非常重要的。

传统书法教学方式

（一）言传身教

在传统书法学习中，师父的言传身教很重要，如卫铄之于王羲之、张旭之于颜真卿。虽然我们比不上卫夫人也比不上张旭，但并不意味着我们就该遵守这些“名师教法”不变。因为我们现在面对的多是没有基础的中小学生，我们不可能像卫夫人和张旭一样引领他们“悟道”，我们能做的是教会他们学习书法的基本准则。

（二）临摹

光有名家在理论上的引导是不够的，还需要有好的模范。中国书法史上有非常好的传统，人们对书法名帖名碑都珍爱有加，古人优秀的作品多成为后人学习的范本。没有对前人书法范作的临摹和对前人书法理论的总结，我们不可能演变出篆、隶、楷、行、草等书体。

（三）读帖、书论

这里的读帖与之前所述的临摹观帖是不同的。有些人只把字帖当作参照字体结构和笔画的模板，其实字帖中可以传达出来的信息有很多，如我们可以根据笔锋走向、飞丝、飞白看出笔顺变化；从字的浓淡干湿看出书法家在书写时的气息缓急；结合文字内容及字的大小变化看出气韵，从而感受书法家当时的心境。当然还有更多的美学信息在其中，所以读书论能让我们懂得欣赏书法和提高艺术格调。古人是非常重视理论学习的，否则何来《笔阵图》《书论》《艺概》《书谱》《书赋》等罗列不完的理论著作？

初学者书法学习难题

对于现代书法学习者来说，仍然可以延续古人学习书法的方法，但是书法学习是一个循序渐进的过程，对于中学生来说，教师无法长期进行理论基础的指导是最大的难题。仅用一两堂课是无法解决基础性的理论学习的问题的。那么哪些对于学生来说是基础性的难题呢？

在教学中我们可以发现学生学习书法有三个基本性的问题：结构、笔顺、运笔。书法要求的最基本的准则是字要写正，写不正就是字的结构布局和比例关系存在问题；在写字过程中学生常常停住不知如何下笔，是因为他们不知道书法书写的笔顺；笔画生硬缺乏美感则是对笔画内在规律不了解。这三个问题都会直接导致学生学习书法产生畏难情绪，如果可以快速简明地解决这三个问题，学生学习起来就会更有信心。如何做到既让学生摆脱枯燥的学习方式又能快速理解基础性的理论知识呢？我们不妨来尝试用新兴的技术帮助教学。我在学校配给每位老师的iPad里找与书法相关的APP，果然有很多是可以在教学中尝试使用的，于是我便找到信息中心的同事给学生们推送了一些。

新技术在书法教学中的运用

学生书法学习过程中遇到的结构、笔顺、运笔三大问题该如何运用新技术予以解决呢？

（一）字体结构

中国汉字纷繁复杂，但是古人还是为我们总结出了一些规律，字体结构可以理解为两个方面：一是汉字的书写布局比例关系；二是汉字的美学规律。

先说一说布局比例关系。如下图所示左右结构的字，右偏旁上纵下横时应相对于

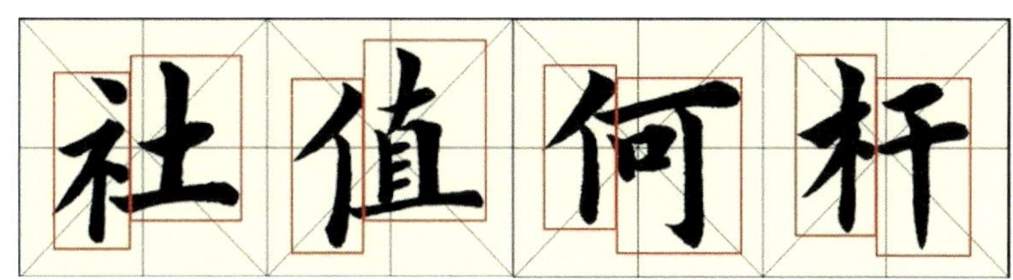

左偏旁高一些，而右偏旁上横下纵时高度应当低于左偏旁。

对于这些基础性理论，教师可以在课前制作电子书或者让学生通过在线查询学习解决。其知识点较直观，学生能够理解，教师在课堂上只需对学生进行检测，例如用抽答、出题等方式直接检测学生的理解率。同时这一方式能让学生知道汉字的书写是有很多种布局关系的，书法是一种理论和实践紧密结合的艺术形式，任何理论知识都要通过练习的方式内化。

美学规律对于学生来说不太好领会，教师便通过课堂演示、讲解的方式让学生了解知识点，并通过举例子让学生内化知识并做到举一反三。

（二）笔画顺序

笔画顺序对于现在的学生来说是最大的难点，现在人们都在使用移动终端传递信息，在使用各种快捷的输入法的同时，对于书写甚至字体结构大多忘却了。另外，学生对于很多繁体字的书写顺序并不熟悉，在练习中经常不知从哪一笔开始，也不知道两笔之间如何联系。

这个难题在数字化终端学习中很容易解决，教师不再需要一对一逐字辅导纠正，只需充分利用书法学习软件即可。例如笔者在课堂中使用的“活字帖”，在指导笔顺练习的同时还能评价打分，激起了学生的学习兴趣，也解决了学生的畏难情绪。即使不在书法课堂上，学生们也对这种“通关游戏”爱不释手。

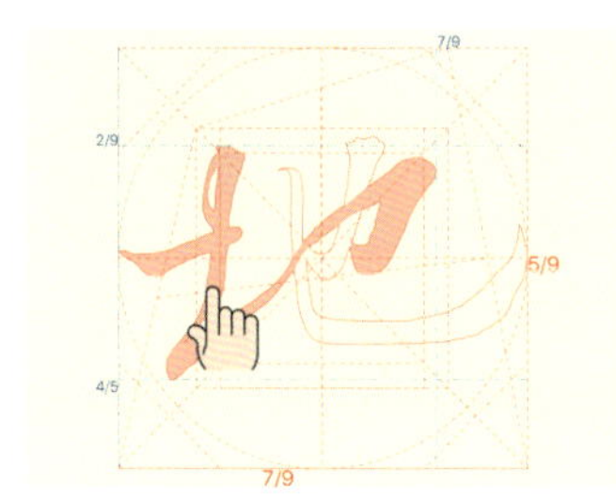

（三）运笔

运笔的变化是书法学习的基础，也是书法学习中较难的点。一些字帖和终端软件中有运笔示图，却无法展示毛笔书写中的顿挫、翻转、力度变化等，而这些也是现阶段技术领域亟待攻克的难题，好在一些软件已经可以演示笔画的轻重缓急变化。当然，我们也不能对技术过度依赖，书法的学习还是要建立在艺术与精神的高度上，这一点也只能靠我们教师去引导。

书法中的艺术情感

学生在书法学习中对于字形所传达的艺术情感是最难理解的。我在课堂中运用一个小活动尝试让学生认识书面字体和书写字体之间的审美差别。

如图，先在屏幕上给出一个黑体的“法”字，再请学生在触屏电视上按自己的书写习惯同样写一个“法”字，最后在屏幕上展示出书法字体的“法”字。学生发现按自己书写习惯写的字体与书法字体高度重合，便很容易理解书法的艺术性。

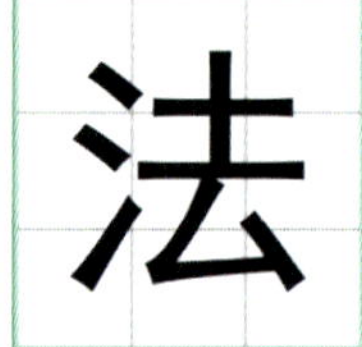

在强调情感表现的同时要注重引导学生掌握书写方法，要做到横平竖直、疏密有致、避让得体、收放自如，可通过九宫格演示举例使学生加深印象。

诸多的书写法则都体现了书法书写的丰富变化，但还需要让学生了解，无论字体结构如何变化都要注重字体饱满端正，而端正则体现了中华民族对艺术和自我的认知。

结合七初校训“审是迁善，模范群伦”升华学生民族情感。校训出自扬雄《法言》，其中还有对书法的认知：“言，心声也；书，心画也。声画形，君子小人见

矣。声画者，君子小人之所以动情乎。”所以字如其人之意在于先修身，教会学生从一笔一画间做起，从一笔一画间磨砺成民族的栋梁。

书法情感的升华能使学生认识到中华传统文化中的民族精神，对中国文化和中国文人精神有更深刻的认识，也更加懂得作为中华民族的未来身上肩负的使命感。

在收获了知识，得到了精神的熏陶后，再进行练习。我们希望，无论每个学生字写得好或是坏，都能做到一笔一画认认真真地写字。

反　思

在七初学生普及平板电脑的过程中，美术的教学方式得到很大改变，在教学方式上也更加丰富。很多难以逐一演示的技能通过终端能做到一对一高效教学，学生作品的呈现也更加多样化。

在书法教学中我们对于新技术的尝试为解决学生基础性的问题起到了很好的帮助作用，学生也对新的学习方式非常感兴趣。很多学生都会课下自主练习，所以虽然美术学科课时较少，学生仍提高较快，校园书法氛围也比以往更浓厚。

电子化设备书法学习的优点在于可以不受材料、环境的限制，在手机或平板电脑上下载学习软件即可进行。这样大大节省了时间，降低了对材料环境的要求，也提升了学习的兴趣，降低了入门的年龄限制。

初中书法的难题在于配备的专业教师不足，专门用于书法学习的课时较少，在这一点上小学学段要做得更好一些。但现在随时都可以使用的移动终端为书法学习带来了便利，为学生书法兴趣的培养带来了新的方式。今天的技术还有许多缺点，但我们在教学中大胆去尝试和发现技术缺陷也会促进技术的进步，对于书法和民族优秀文化的推广会起到积极的作用。希望在七初的墨池里，七初的学子们可以感受到更多墨香和中华文人之精神。

梦中身似客　常梦归此处

□2013届9班　蔡彦麓

每经历一场风雨，我总会想起我的母校——七初，呵护曾经稚嫩的我；每更上一层楼，我总会忆起七初，感动您给予我的慰藉。那个曾经胖胖的小男孩而今自信、大方、坚定、勇敢，七初，您还是那样睿智有爱。

真正优秀的人，往往是善于独立思考的人

还记得，初三时，我和我的好友痴迷于在校园各个角落"违规"操作化学实验，李笑非校长知道后，非但没有责备我们，还带着我们去了化学实验室，告诉我们以后随时可以去化学实验室做实验。那时本以为会受罚的我们，突然有了一种自由的幸福感。这就是七初啊！永远坚持为学有余力而又有志于在某方面有更深入研究的同学提供广阔的学习平台。正是七初所搭建的这些学习平台教给了我们独立思考的能力和创新的思维方式。在七初，我参加了初中数学竞赛和信息学竞赛。数学竞赛需要的是勤学苦练，要求从不断的练习中熟练掌握拓展的各个知识点，以及各个知识点之间的关系网络。在数学竞赛的学习中，我学会了细致、静心和勤奋。而信息学竞赛需要的是深入思考，需要的是掌握了基础模型之后，改变模型以运用到千奇百怪、各不相同的题目之中，于是我又学会了创新、发散和深入。这些都是七初鼓励我，激发我去争取的。七初所建构的学习氛围，给了我勇敢拼搏的力量。

良好的学习习惯，是高效学习的前提条件

初中，告别了小学的年幼无知，衔接着高中的青春叛逆，正是一个人树立三观、培养习惯最重要的时期。幸运的是，七初真的是一个能够让人静心学习而又远离纷杂诱惑的校园。上课时良好的学习氛围，下课后同学们的互帮互助，独立成班的拓展教育，课

外活动时大家一起集思广益、探索真理，在这样优秀的集体之中，在这样良好的氛围之下，优秀渐渐成了我的一种习惯，成了我举手投足间自然而然的行为。从七初毕业后，这些我在七初所收获的良好学习习惯，带给我的是更长远的影响：当我面对更复杂的课程、处在更激烈的竞争之中时，我都能处变不惊，高效地学习与获取新的知识。这种良好的学习习惯，让我拥有了出色的学习能力，在我需要的时候为我所用，这远远比书本上的知识更使我获益。授人以鱼不如授人以渔，正是如此。

七初不只是学校，更是所有七初毕业生永远的家

还记得，七初每年的元旦晚会，都会邀请所有的毕业生参加。这让我真真正正地理解到，我们和七初的情感并没有随着毕业而渐渐消失，而是实实在在地留存在校园里。而现在的我也和许多不同班级甚至不同年级的七初毕业生保持着联系，这是七初非凡的凝聚力的体现。令人印象深刻的是，当我刚刚去七中林荫的时候，在信息学竞

赛里，遇到了一个大我两届的学长。在听闻了我也是从七初毕业之后，他主动向我介绍了很多有用信息和他个人的学习顺序（竞赛的学习相较于常规课不同，并没有学习上的严格的先后顺序）。在林荫期间，我多次受到这位学长的帮助，承蒙帮扶，不胜感激。正是由于这个原因，我也主动回七初讲过很多次竞赛课和经验交流分析。这是学长教给我的校友互助精神，我也想要把它传递下去。可以说，正是这种传承，让七初不再只是一所学校，更是一个最温暖的大家庭。

忆青春，最忆是七初

七初，我最怀念的地方。在那里，人际关系单纯透明，大家目标一致，没有钩心斗角，没有尔虞我诈。每一次的合唱、运动会、元旦晚会，大家都齐心协力，合作向前，一起为成功而欢喜，一起为失败而反思。三年的相处，让我们每个人都深深地融入这个卓越而团结的集体之中。

文章末尾，遗憾还有好多想对七初说的话，来不及一一说完，只能用一首我们曾合唱过的歌的歌词作为结束：

熙熙攘攘的人海之中，命运让我们相聚。
繁华都市的日升日落，映在我们眼底。
追求真理的一点一滴，我们不会轻易放弃；
相信只要我们在努力，未来将无比绚丽！

遵从心灵的选择

□2011届2班　冯艺

从七初毕业，已七年有余，很多记忆早已被岁月砥砺，模糊而难以捕捉。然而，七初在我身上留下的诸多痕迹，确实是不可磨灭的。而其中对我影响最深的，便是对自主选择的宽容。

还记得初二时，学校开始尝试推行分阶梯教学模式，比较拔尖的同学在“分推”时会单独上一些相对超前的课程。那时，我虽然被划分在“第一梯队”，但我知道我的数学基础不够扎实，导致在数学分推课上，经常跟不上老师的节奏。我经过再三思量，向老师提出退出数学分推。以为不会得到老师的同意，却万万没想到得到了老师的赞赏：“你会根据自身的情况做出判断，这样很好！”受到了鼓励的我更加深信：只有自己才最了解自己的情况，而我有责任根据自己的处境选择一条最合适的道路。

在选修课的选择当中，我也深有感触。当时，我选择了李笑非老师的趣味化学选修课。课堂上老师对知识点的精彩讲述、令人应接不暇的化学实验，课下老师的单独指导和鼓励，都让我对化学、对世界产生了经久不衰的好奇之心。尽管我后来选择了文科，离化学或许已经越来越遥远，但化学选修课带给我的对知识的渴求与对探索的欲望，如今仍是伴随我在学术之路上前行的不竭动力。

高中后，人生路上不断产生许多的岔路口：文理分科、专业选择、读研或工作，等等。正是因为七初老师对我自主选择的不断肯定，才让我在每一个岔路口都选择相信自己的判断，而不去依赖旁人的眼光和世俗的规矩。正因此，我才能踏出一条属于自己的“蹊径”，成为能够独立思考、无法被替代的人。

拨云窥日逍遥游

□2019届11班　张天翼

“朝菌不知晦朔，蟪蛄不知春秋，此小年也。楚之南有冥灵者，以五百岁为春，五百岁为秋……”朝菌、蟪蛄、冥灵、大椿、彭祖……好一幅雄阔壮美的绮丽画卷，乘着庄子思想的翅膀遨游于九天，真是不亦乐乎！而在此之前，鲲与鹏即已让我叹为观止。这是怎么回事呢？话还得从刚讲的《〈庄子〉二则》中的《北冥有鱼》说起。

Part 1　契机　地点：七初　时间：半期左右

依稀记得是一堂语文自习课，我被一堆关于庄子的选择题扭曲了眉目。焦头烂额于ABCD之际，又冷不丁遇到了一个关于《逍遥游》思想判断的题目。《逍遥游》的鼎鼎大名如雷贯耳，可通过课文短短的十一句话怎可得到其中真理？尽管又坠入云里雾里，我却好奇不已，对其充满了遐想与景仰，遂找到老师敬畏地问道：“杜老，能不能讲一下《逍遥游》是什么嘛？”“好。有时间再说。”

Part 2　放弃

各种复习资料渐渐堆积如山，每一天的节奏都是这样快，看着步履匆匆的杜老，我长叹一口气：算了吧，别再任性，那只是一句答应；逍遥只存在于远方，仰望天空的同时更要脚踏实地面对现实啊。但眼底氤氲着失望与哀愁。日子不咸不淡地溜走，鲲与鹏更精彩的下集似乎永远不会更新，直到——

Part 3　千金　地点：七初　时间：假期补课

已是炎热的七月，考试已经结束，这一学期也将画上句号。我惊喜地抚摸着手中那张还泛着温度的纸，贪婪地嗅着墨水的馨香，看着白纸上黑字印着的“逍遥游”而感动得差点儿凭轩涕泗横流。更让我始料未及的是，迎接我的不是简单粗糙的故事梗概，而是杜老逐字逐句耐心的讲解！屏幕上十几张满满当当的PPT把其中的思想与现实结合起来，让人目不暇接……

接下来三天的语文课，是我最享受的时刻，就像吃饱喝足后醉醺醺地躺在草坪上沐浴阳光，被幸福与满足包裹。和大家一起啃着与课文一样长却来自另一个世界的语言，任凭它用20个生僻的汉字刁难我，迫使我像老学究一样抱着厚厚的字典蹒跚着追赶它；虽然头疼于痴呆健忘，但还是心甘情愿地把它当作“红宝书”，精心叠好，寸步不离；好笑地看着全班同学都动员起来，即使在聊着天时也突然紧张地掏出一张小纸片，“且夫”“也是已”，叽里呱啦念上一通，连上篮球战场也带着它；还有的摇头晃脑，就差一件长袍便能完成穿越……

最终，我们被自己与老师的努力托起，初试鹰翼，拨云窥日，《逍遥游》的庐山真面始得揭开。又是一个世外桃源般的崭新世界，可望而极难即，不禁落下一声感慨，却也了却了自己的一桩夙愿，人生无憾啊！

“风之积也不厚，则其负大翼也无力。故九万里，则风斯在下矣，而后乃今培风；背负青天，而莫之夭阏者，而后乃今将图南。”

君不见，愿望成真的背后，是一位博学强记、不知做了多少准备的老师，在全班你看看我，我看看你时，能将拗口语段淡定读出；是一群互相激励、团结向上的同伴，没有他们的陪伴与激励，我永远没有勇气走上前与庄子打声招呼……

《逍遥游》于古文如九牛一毛；而我与《逍遥游》相见的故事于七初只是沧海一粟。

在七初，因为有你，平淡的故事中总有惊鸿一瞥；而在七初与你们相遇的我，又是何其幸运！

庄子，逍遥的庄子；青春，飞翔的青春……

十年育人，风华一世

——忆七初之故往，品精髓之无穷

□2014届10班　黄渝健

七年前我与她相遇在这里，懵懵懂懂的我似乎还对她了解甚少。七年后我与她早已分离，但每一刻都不曾忘记她在我心里的回音。十年是那么短暂，我的母校——七中初中学校仍然是那么辉煌。

让规范成为所有成功的前提

最开始的教育，还得属2011年那短暂的几天军训。在两个月的假期后，是那一次军训收回了我们还沉浸在暑假里游荡的心，也是那次军训告诉我们新的规范开始了。还记得每一个简单的动作，每一个简单的指令，都是反反复复训练，从随意到规范，再从个体到集体。这和学习也是雷同的，每一个简单的定理和公式运用，都是从一遍一遍反复地练习到熟练规范地应用，再联系其他的知识，形成规范的知识网络。还记得那每一张用不同颜色勾勒的PPT吗？还记得每一天的重点知识都规范印出来的学习卡吗？还记得那本记录我们成长点滴的家校联系本吗？母校之所以出众，是因为她在规范我们的同时，也在规范着所有的教师和我们的家长，这是她成功的基础，也是我们成功的必经之路。

相信老师，他们是最无私的明灯

在这三年里，我们结识了很多优秀的老师，他们无时无刻不在关心我们的学习，不在关注着我们的成长。记得刚入校时我对自己的学习能力并没有信心，身边都是学习优秀的同学，我很迷茫。这时我的语文老师告诉我："迷茫时不能等待，而应信心满满地走出去，想要更加优秀，那就需要更多的努力。"现在回想起来，失败的人并不是现实否定了他，而是他自己不相信自己能成功。初二，我的瓶颈期撞上了青春

期，成绩下滑极其严重，但老师们并没有放弃我，而是一个点一个点地帮我分析，给予我鼓励，以温柔代替严苛，以细致代替厌烦。那一年我感受到了很多额外的关怀，我看到了老师们对我的厚望。无数个昼夜交替，是谁孜孜不倦地用红笔点缀我们的作业？是谁无微不至地准备第二天的课件？是谁默默无声地关注我们的成长？每当我做完功课关灯休息，一个问题总会浮现在脑海中：老师，您睡了吗？

七初，梦想开始的地方，也是告别稚嫩的地方。我在这里播种希望，收获老师同学的帮助；我在这里挥洒汗水，收获自我的超越。我们曾在这里许下誓言：争做对社会有贡献的人。回首过往，我们要对最亲爱的母校说一声谢谢，对默默关怀我们的老师们说一声：老师们辛苦了！

忆·四季

□2017届10班　郑雅文

毫不夸张，初中三年，每一次经过七初时，我都会激动地指向她，两眼放光地向身边的同学或者父母说："看，七初！"

七初的一切，无论是渴望知识与成长的同学、严谨而耐心的老师，还是气派挺立的砖红色建筑、初夏时枇杷树上黄澄澄的果子，一切都生机盎然、活力四射。它们一次又一次拨开时间的迷雾，构成了十年来每一位七初人的独家记忆，历久弥新。

七初的秋季没有任何萧索的迹象。2014年秋，我与另外五百张兴奋的面庞一起进入校园，一进校便被老师同学的关爱、学长学姐的热情和丰富多彩的活动包围。刚进入初中的我像一块海绵一样吸收着新鲜事物的冲击，其中最有意思的莫过于云技术的运用。得益于七初云教育的发展与探索，我有幸在使用iPad教育平台的云班过着不一样的学习生活。一台iPad在手，同学可以登录论坛分享自己创作的诗歌，可以为活动拍摄宣传视频，可以通过多种多样的应用程序练习外语，可以用别人用来玩游戏的设备学习游戏编程。七初对云教育的勇敢实践不仅让我和同学们学会使用现代技术、利用教育资源，还在众多青少年心中播下一颗创新的种子，让我们第一次思考未来教育的变革，让世界触手可及。

七初的冬季因归属感和成就感而变得温暖。每一年底，七初都会举行新年巡游和跨年晚会。此时，不论是在校的同学们还是毕业的校友们，都会加入庆祝的行列中。在2015年末，我和同学们一起加入七初新年巡游的狂欢，庆祝一年来我们的收获与成长。同学们一同筹划、编排一台表演，从服装设计到舞台呈现，每一个环节，班级的每一份子都参与其中。所谓"台上一分钟，台下十年功"毫不夸张——大家总是为了更好的表现而努力筹备，哪怕加班加点排练，也没有一句抱怨的声音。每一次这样的活动，不仅能培养同学的集体荣誉感和责任感，还让同学们有机会展现出自己独特的风采。七初说“你有多大能耐，七初给你多大舞台”，这句话一点也不假。七初给予了我宽阔的舞台，让我有机会面对全校师生发表演讲、在全国各地的教育专家的注目下歌唱、与北京的高中生共赴内蒙古支教。我在大大小小的舞台上愈加自信，愈加成熟。

七初的春季比往常还要生机勃勃。2016年春，七初第一届戏剧节如火如荼地开始了。这是七初又一个勇敢的创新。我班才华横溢的同学改编《桃花源记》，站在陶渊明的视角尝试与中国古典文学共鸣，自导自演，通过生动的戏剧表演深刻展现我们自己对于“桃花源”的认识。桃花源到底是作者的理想与向往，还是作者逃避现实的懦弱表现？十三四岁的我们，由七初的戏剧节为切口，已经开始认识、研读乌托邦文学，思考现代社会的种种问题。在七初，同学们总是能找到和自己同样热情的思考者。大家都抱着初生牛犊不怕虎的态度，钻研看似高深困难的问题。老师更是鼓励、支持学生进行深入的学习探索。在这里，所有学生都被充分信任，总有人在时时刻刻地告诉我们，说“你能行”。

七初的夏季总是充满欢笑与祝福。2017年夏，我与生活了三年的校园和班级作别。这样的作别并不像徐志摩先生再别康桥一般伤感，因为七初已经在我们的心中打下了深深的烙印，让我就算离得再远也能在闭上眼睛的一刹找到回家的感觉。七初校园文化的影响是潜移默化的，在一次次精心筹备的活动中，在一堂堂精彩投入的课堂上，在一次次注目篆刻着“审是迁善，模范群伦”的瞬间里，我们都在不知不觉中蜕变。七初校园文化的影响是深远持久的，每年的跨年晚会中，学校总是会收到来自天涯海角的七初祝福，无论是已经大学毕业的学长学姐，还是刚刚进入高中的同学，我们都有一个共同的名字——七初人。十年来，学生和老师共同践行着“审是迁善，模范群伦”的校训。七初的教育让我们在离开校园后也能时时回想起母校给予自己的成长，并昂首挺胸地在未来继续自豪地走下去。

七初的银杏大道毗邻教学楼。银杏枝繁叶茂，恰好伸到教室阳台的高度，让自然触手可及。我曾经在七初每天每天地观察这些银杏树。从宽大青翠到叶尖泛黄，秋季金蝶般的树叶飞扬飘落、新春细小嫩绿的小叶冒出枝头，我都从不缺席。七初也在每天每天地见证我的变化。从稚嫩青涩到自信成熟，从满怀笑容地踏入校门到满怀希望地迈向未来，七初也从不缺席。我相信，十年间，七初用她的甘露滋养了许许多多的人，用她的勇敢激励了许许多多的人。我也相信，在未来的一个、两个、数十上百个十年里，七初会所向披靡，继续点亮一个个生命。

岁月写满诗意恢宏

□2018届10班　黄睿

三年的时光，让我的心充满勇敢和力量。三年的时光，让我有了生命中最不能忘怀的恩师和伙伴。他们在学业上引领我，在思想上升华我，在能力上锻炼我。春风化雨，花开无声。我不仅在学习上不断进步，成绩稳定，多次获得学业检测年级第一名，还荣获“校励志奖学金”，并获得2017全国数学联赛初二组一等奖，我的英语习作也刊发在《21世纪报》上。

审是迁善，模范群伦

校训是指引，更是鞭策。在日常的学习工作中，我能够严格要求自己，也努力带动身边的同学，认真地把行为规范、文明礼仪践行到生活的点点滴滴中。作为学习班长，我协助老师营造积极向上、踏实勤勉的学习氛围。作为校学生会副主席兼外联部部长，我及时安排学生会值周检查及汇报工作，带领外联部优秀地完成校园艺术节歌手大赛、国学诵读、英语风采大赛等各项活动的后台服务工作。同时，我还积极协助学工部老师及校新闻社开展工作，为校官网及微信平台供稿十余篇。我用不懈的努力、真诚的友爱，赢得了老师们和同学们的赞赏，并当选校团委副书记，获校十佳少年、高新区三好学生、成都市优秀学生干部等荣誉。

不择细流，海就其深

作为七初学子，我深深明白校服不仅是荣誉，更是责任。我曾多次参加社会公益活动。在“自闭症儿童关爱活动”及“慢飞天使关爱活动”中，我的校服让那些特别需要交流的孩子目光灼灼。七中的历史和七中的优秀，点亮了他们心中无限的渴望。我曾受著名长衫学者李里先生之邀，着校服在“赞化园动物认养仪式”上演讲，表达了七初学生尊重每一个生命的大爱之心；我还曾着校服参加成都电视台《名家艺术讲堂》栏目的录制，我的校服让更多的嘉宾和观众了解了七初。在参加苹果公司的中学生演讲活动时，我用在校掌握的iMovie制作技巧，现场完成英文演讲*Chinese Pipa and Chinese Traditional Culture*的编辑及展示，用自己的能力展现了中华传统文化之美。我把七初教会我的用之于社会，我把祖国给予我的用之于世界。今天，我们以七初为荣；明天，愿七初以我们为傲！

含辞未吐，气若幽兰

我热爱音乐，曾荣获成都市艺术人才大赛声乐一等奖、器乐表演一等奖、艺术新苗“民乐十佳”荣誉及全国艺术新星比赛琵琶金奖，并赴香港等地参加艺术比赛与交流活动。我曾代表七初合唱队获得高新区中小学生艺术节合唱比赛一等奖。我在校园艺术节获得配乐诗朗诵一等奖、器乐表演一等奖。我背着一把琵琶走进七初，以每一次演奏让同学们近距离接触中国优秀传统文化的神韵，领略优秀传统艺术的魅力。我希望以自己的绵薄之力，弘扬传统，让我们的国粹在新时代愈发璀璨光辉！

林肯曾说过：“人所能负的责任我必能负；人所不能负的责任我亦能负。唯有如此，才能磨炼自己，求得更高的知识而进入更高的境界。”七初很小，小到站在音乐厅的阶梯上，就可以一眼看见围栏外喧嚣的马路；七初很大，大到一辈子也走不出她的情怀。七初是严师，也是慈母，三年的时光，早已将这份亲情镌刻在七初学子的心上。我们承载着七初赋予我们的一切踏上征程，走向前方，而七初也会在我们身后静静凝望，静静守候。我们彼此牵挂，就像这份记忆与感动永不会消磨，就像七初永远不会老去，永远是那个我们回望时心的栖所、魂的寄托。

在那心之向往的日子里

□2016届10班　廖心琪

“凡事都要学会自己争取。”直到今天——在我进入了UWC（世界联合学院）学习IB国际文凭课程后，对这句话依旧记忆犹新。还记得那是一个中午，我到阶梯教室听学校第一届模拟联合国社招新的宣讲会。那时的我，同很多人一样，对模联感到新鲜又好奇。当天的面试给我留下了深刻的印象。那天，我对自己在面试时的回答并不满意，毫无自信，在听了其他同学的精彩回答后，更是觉得入社希望渺茫。但我至今还记得初一的我在那个中午对模联迸发出的灵魂深处的向往，是国家代表的角色扮演，还是公众演讲，抑或是和其他代表磋商？总之，我是如此急切地想要成为这个团体的一员。为此，在同学们纷纷散去，老师们清理场地时，我在迟疑了一会儿后向我的面试老师走去，用英语表达出了我心底的渴望和对自己面试的懊悔，希望老师能够给我一个机会，重新问我一个问题。

而如今，那次尝试的结果已显而易见。因为在面试时抓住的那一丝渺茫机会，开启了我未来四年不懈的模联生涯。

如果用一句话来概括我在七初模联社的日子，我会用“向着朝阳奔跑的日子”来形容。现在回望，那时的我实在青涩。我在第一次开会时不敢举手报名参选大会主席，从而在之后一段日子里与这样一个角色失之交臂。在第一次开校内会时，我生涩地念被自己手心里的汗浸湿的稿纸；在规定时间内没有完成发言；因在角落被主席忽略而伤心痛哭。一次次懦弱，也有一次次遗憾。人们都说，悲剧的力量是巨大的。这也是四年后的我还能够毫不费力地回忆起这些往事的原因吧。

而往后日子里，我渐渐学会了把握机会和努力争取，也有了更大的自信和舞台。初一时参加台湾地区领导力模联大赛获得最佳团队奖，初二时通过选拔去参加了Pegasus夏令营。在那个营中，我是我所在的班级中年龄最小的人。正因为有了在校内开会时的经验，我并没有因为自己和其他同学相比能力悬殊而自卑泄气，反而和大家打成一片，积极发言，得到了其他伙伴的认可，也交到了到现在都还有联系的好伙伴。

我的人生目标也在模联的引导下清晰起来。由于UWC本质上和模联的一致性和相似性（拥有来自100个国家的同学和多元性，正如同一个小联合国），我决定在高一时申请UWC。带着像当初加入模联社时飞蛾扑火、不顾一切的炽热的心，人生第一次，我拒绝了父母为我规划的人生，而义无反顾地奔向了一个自己亲手谱写的未来。

来到UWC的这一年里，我惊喜地发现自己收获了比当初所期望的还多的东西。虽然学校里大多数人并不是和我一样因热衷于模拟联合国才来到这里，但是我通过和同学的相处了解到了不同的价值观，不同的身份和梦想。纵使不是每个人都接触过模联，但在UWC，才真正可谓“生活处处是辩论舞台”。因为不同的文化习惯、贫富差距和不同的教育背景，我的UWC的伙伴们往往在同一事情上产生截然不同的看法。有一次，经济作业是小组展示报告，我与挪威、斯威士兰、塞内加尔的朋友需完成关于政府应对垄断的相应政策的展示。在讨论中，挪威同学对政府应给予的社会福利的观点让我难以置信。她认为政府在有商品垄断市场的情况下应相应地给予公民福利从而让他们能够支付得起这件商品。虽然我们本身的人生阅历和成长背景已然决定了我们思考问题的出发点和模式，但是我们最终能达成共识。而这所有，正是模拟联合国在我日常生活中产生巨大影响的缩影。

2017年12月，我在来到UWC后第一次担任模联会场主席，讨论中东巴以冲突问题。这一次，是我加入模联以来第一次挑大梁撰写背景文件和设计会场，也是第一次和来自巴勒斯坦的同学合作。令我意外的是，巴以冲突这个听上去很遥远的议题早已烙印在这位巴勒斯坦同学的生命里。在她的国家，战争连绵不休，她和她的家人都是难民，人权无法得到保障。这些只有在新闻里才会被报道，在茶余饭后才会被人们讨论的东西，都是真实存在的，是值得被严肃讨论的。

在七初模联的日子里，以及在UWC的日子里，我，我们都是change maker，都是发声者，都是世界和平和大爱的effort maker。

我赤诚地热爱着我的母校，并且还将坚定地在模拟联合国的路上坚持不懈地努力着，希望在不远的将来，能够到联合国实现自己实习的愿望。

愿母校七初欣欣向荣，春暖花开，桃李满天下。愿学弟学妹们乘风破浪，继往开来，做有志的追梦人！

回忆中被“放养”的日子

□2011届1班　王婧人

接到何老要我为七初十年写稿的邀请时，我正坐在好未来人工智能实验室一个净白的工位里，和其他同事一起看内部会议的录播，听CEO张邦鑫讲“AI+教育”的初心。额前两点钟方向，是一台看似普通的液晶电视的背面，顶上偏中央的位置貌似还夹着一个廉价的黑色塑料摄像头。若你绕步，走到这其貌不扬的摄像头正面，让它“看到”你的面容，你下意识的挑眉已经在大脑自我察觉之前，被一堆比特的复杂变换率先报告了出来——这是一面“魔镜”，是一个基于表情识别算法对学生进行实时情绪分析的课堂辅助系统，它正显示你有65%的“惊讶”和25%的“开心”。有了它，每个孩子在听讲过程中的注意力集中度和兴奋程度，都一目了然；家长和老师，可以精准地捕捉孩子兴趣点和核心知识之间的匹配度，从而更个性化地定制课纲与课后辅导，实现学习效率最大化。

教育，正逐渐从一个老夫子上下求索的黑箱，转变成一个爱迪生轻松调试的灯泡：透明、可控、入驻千家万户，只消付出一笔低廉的费用，就能长久而稳定地把光和热辐射到个人空间的每一处。在这样一个均匀而通达的世界里，传统教育里的重要人设开始泛起毛边，相互转化——老师不再是唯一的教学体验架构师；事实上，学生的高度参与和及时反馈才促成因材施教的良性循环。

到目前为止，我读了两所高中，两所大学。回首每一个转学的理由，竟不约而同地都是为寻求“更多自主学习的自由，更大的独立思考和探索的空间”。换句话说，我一直在对“接受教育”这件事争取更多的参与权与话语权。

我目前在读的学校叫作密涅瓦大学（Minerva Schools at KGI），是一所“没有校园、没有教室、没有课本”的全日制本科大学，四年行走七个国家，一台电脑连接全球同学上课，教授每次讲话不可超过四分钟，学生主导和深化学术探讨的方式和方向。在密涅瓦“接受教育”，我游得像一条鱼。仔细想想，这“学为己用，自创游法”的水性，恐怕也不是天生的，追根溯源，想必是和我在七初被“放养”的日子有千丝万缕的联系。

2008年秋，股市大熊、地震碎心，举国上下的混沌目送我小学时代的结束。余波未息，空气极差，我穿着白球鞋踏进七初大校门的时候，教学楼还在施工，“噗噗”扬尘，没走几圈鞋头就脏了。

我被告知，我是七初的第一届学生，七初是我的第一所初中。

我对七初的第一个印象是：好大。你看，教学楼明明修了几栋，所有班加起来才占六个教室；食堂明明设了十余个取餐窗，我们横排竖排也用不到第四个；操场明明和别的学校一样规格，全校师生稀稀拉拉地站上去，都踩不全三分之一的草皮；啊对了，食堂右侧还有一片未开发的山丘，印象中隆起好大一个青黑的脊背，反正我是没想过要费尽心力翻到另一头瞧瞧。那时候一下课，大家在瓷砖地上、塑胶地上、大理石地上跑来跑去，胳膊肘一般碰不到其他人。我们也就默契十足地“分土封侯”，推翻数学、生物、英语课的条条框框，或拈花惹草，或近身肉搏，或舌战群儒，总之以各自清奇的逻辑自封五分钟的知识“枭雄”，霸蛮一方。上课铃一打，即“鸣金收兵”。

十年之后再回母校，怎么看都觉得正常，觉得合理，却再也不觉得大了。每间教室都窗明几净，里面传出琅琅书声；每个取餐窗都供应着不同的美食；操场上总是人头攒动，沾了不少人气；再看“山丘”，根本只是一个凹凸不平的小草坪，肿块似的隆起，一个巨大的多功能厅吞掉了它霉青的肠肚。我很确定，这是一个成年人对物理世界维度大小的正确感知，然而它与我印象中的七初极度违和。我的理智说，这种错觉很正常，不过是因为创始届人太少，填不满校园一隅，才显得这座输出知识的“厂房”硕大空旷，好像孕育着无限的生产力。

这个“厂房”刚刚搭建好，后半截还堆着器械管道时，前半身就已经“投入生产”了。当时，各个“车间”也没做区分，比如操场外围到底能不能用来观测被子植物的多样性，教学楼中庭能不能用来研究纸制飞机的空气动力学，课桌抽屉能不能用来配置无机化学反应；“劳务人员”职责也定义不明，比如数学老师能否偷用美术课功底徒手画圆，教导主任能否同时以物理老师的身份在课堂上卖萌，文艺科代表能否和班长同台演小品并失手把其同桌推入水里，以上等等。

不过，由于教学系统人设不清、人手不够而衍生出来的野趣，我尝到不少。我除了在班内担任职务，也参加了不少课外实践，比如电影配音、数学竞赛、文艺编排，暑假也去美国交流学习了一个月，多少开了些眼界。这些体验本身没有什么稀奇的，稀奇的是探索未知时我心态的转变。我是一个会提前为明天忧虑的人，会被所谓分数和排名占据认知注意力，在不自知的情况下，揣着功利的心态学习，或者即便自知了，也难以摆脱心上的束缚和对成绩的期待。然而在七初的日子里，我头一次有一段完整的时光，单纯地为了学习而学习，由兴趣牵着鼻子，像一条闻香而垂涎的哈巴狗，享受知识剔筋剥皮、只剩骨髓后的精神富足。

引导我放下包袱，享受学习的一个主要因素，是师生之间的零距离。正是因为创始届人少事多，师生之间反而没有什么清晰的上下级界限。那时的我们就像一个刚刚扬起风帆，雄心勃勃，小步快跑，想要大展宏图的创业团队，哪还顾得上区分职能、级别？在教学方法和学生体验上，不论老师学生，有好想法、好点子的，都来出谋划策，才是壮大我们自己的最佳策略。最怀念听何老讲自己梦想做一个图书馆管理员，一辈子都有看不完的书；和Mr.Wang课后一起反思如何让学生（包括我自己）在生活中多用英语思维思考；和晏老、左老窝在办公室几小时钻研一道奥数题；和物理王老在开会前相互“扯把子”“洗刷”对方……最怀念的，是这样一种平等而亲密的师生关系，这是七初人特有的“亲人间的默契”。在那之前和之后，我都没经历过这种家庭式的教育体验。

小时候最喜欢看的书，是《窗边的小豆豆》。从很小的时候就梦想可以一探小豆豆所读的“巴学园”的究竟——所有的主动学习和探索，都发生在一辆报废的火车车厢里。在这样一个罗盘大小的天地，却因为幼儿园园长鼓励式、启发式的引导，小豆豆和他的同学感到知识世界的无边无际。小豆豆坐在窗边看篱笆的时候，思维却能飞到大山、大海和银河的另一头，她对一切新鲜事物充满好奇，求知欲极为旺盛。是的，在这“漫无边际”的火车厢里，真诚的学习萌芽了，真实的教育出现了。

在七初十周年之际，回看我的母校，她就是我的巴学园。她就是那个和老师手牵手，一同遨游知识海洋的自由之地；她是那个师生共同成长、共同茁壮的温暖的家；她就是那个明知回不去了但仍夜夜梦萦的，老地方。

在那老地方，我是个本分的知识牧羊人，在繁星轻吻的山坡上放逐思想的群光。

优秀的学弟学妹们，人生的路越往后走，放不下的东西越多，但愿你我牢记在七初被“放养”的时光：有人吟唱世界如此之新，一切都才刚刚开始，你只管放手去追逐、去拼搏、去辨别、去创造。

十年
2008–2018

笃行

为学之道，学思为基，笃行为要。用脚步丈量时光的宽度，用诗意描画模样的清晰，在七初的每一个瞬间都是震颤心弦的美好。用认知、用活动、用文化浸润心田，用启发、用培育、用点化生长思想。心灵的丰富，精神的挺拔，灵魂的闪光，都是因为遇上了最好的时光。

荣耀与责任

□语文组　何玲

2008—2018，七初十年，是我终生难忘的十年。我参与并见证了学校从开办到今天辉煌的奋斗历程。翻看着那些老照片，心潮澎湃，泪流满面。“选择七中就是选择了一条艰苦奋斗的成功之路。”七初的学生是这样，七初的老师同样是这样。

一、建校的艰辛：累并快乐着

记得2008年6月初，成都七中宣布与高新区共建一所初中学校，我是全校第一个报名的老师。当时只有杨斌校长、李笑非副校长和我三个人。他们交给我一部小灵通手机，负责招生的咨询工作。自此，我一方面要完成高一两个班的教学工作，一方面开始参与新学校的筹建工作。李校长每天看到我，总是笑嘻嘻地说：“何姐姐，要到门口去守到哦。”于是我便在上完课后，走到门口——七中体育馆旁边的招生咨询室守着，边改作业、试卷，边接待家长、接听电话。那时，备课组的老师都笑称：“何玲的办公室在校门口。”一直到后来张佳音老师来接替了我。

随着假期的来临，新学校的筹建工作全面铺开。学生报名、面试，新老师的招聘、集中培训，学校各项管理制度的制定，学生的入学教育，开校典礼的筹划……一切都在紧锣密鼓、有条不紊地进行着。整个暑假，没有一天休息。中途我还带着三名高中学生，到南京参加了全国的国学夏令营活动。那时白天带学生活动，晚上在驻地还要完成我的任务——修改和完善《成都七中初中学校课间管理办法》《成都七中初中学校就餐管理办法》《成都七中初中学校午间管理办法》《成都七中初中学校图书室借阅管理办法》。回到成都刚到家，李校长的电话就来了：“何姐姐，辛苦啦！明天8点到学校开会哈。”尽管很疲惫，但这是七初老师应该做的，也是必须做的。

还记得，为了购买办公用具，我们一群人在青田家私、八一家具城反复比对。甚至当余震来临，卖场的工作人员全都跑到室外时，我们仍浑然不知，还在讨论哪一种座椅更合心意。

还记得，那一天，李校长、王岚和我，在百安居旁边的一个茶楼里，对七初的各项制度进行最后的文本审定。我们字斟句酌，从早上一直忙到深夜。

还记得，我开车和左强老师一起，到各个超市去买米买油。因为全校教职工只有十七个人，别人是“一个萝卜一个坑”，我们是“一个萝卜几个坑”。

还记得，临近开校时，杨校长积劳成疾，痛风复发，瘸着腿还忙上忙下，最后是左强老师和校警背着他来开会的。当时的情境至今还历历在目，心里满是感动和心痛。

也记得，紧张的教师培训后，我们在峨眉山的联欢，在山下吃的那碗热热的萝卜汤。

也记得，七初的第一个教师节活动，学生送的鲜花，还有每个男老师为我们表演的节目。

更记得，在暑期培训的那天，我们在七中的图书馆学习了一整天，还领到了新电脑。晚上大家在卡拉OK厅庆祝。那天是我的生日，我悄悄告诉杨校长，询问能否提前离开，因为家里还有老人和孩子在等着。他一听，就让王翔宇老师把歌厅的塑料花献给我，并当场宣布：以后七初的教职工过生日，都要送鲜花和一份礼物。第二天，我的办公桌上就摆上了鲜花和礼物。而在2011年的暑假，我们从上海培训回到成都的那一天，又正好是我和周密老师的生日。一下飞机，我们就收到了学校送的鲜花和礼物，在场的所有七初人和接机的七初家属们都很感动。而这个传统一直延续至今。

永难忘，七初校园美景的一步步诞生。

…………

七初，就是一个和睦的大家庭。老师们彼此用“亲”相称，像兄弟姐妹一样相处。十年间，我们迎来和送走了一届届的学生。无论大家现在身在何处，只要在七初工作和学习过，都打上了七初的烙印，七初的精神已经融入了我们的血脉。七初在今天能有这样高的声誉，七初人能有今天这样的荣耀，是与七初人的艰苦拼搏紧密相连的。

二、2011届1班：收获满满的幸福

2011届是七初的第一届学生，我是1班的班主任。我们做的每一件事，都是在开创七初的历史。就像班级第一学号的唐懿聪所说：“何老，我的学号是要载入学校的史

册的。”这一句话提醒了我。我开始注意在平时的工作中，用相机记录同学们的成长历程，这也是在记录七初的历史。

我爱学生，我把班上的49名学生都当成了自己的孩子。他们的喜怒哀乐时刻牵挂着我的心。对他们的关注有时都胜过了对自己儿子的关注。因为他们的成长关系着49个家庭的全部幸福。这里分享两个故事——

小兴的故事

学校的第一批新生入校了，同学们都很兴奋，观察每一个老师，结交新的伙伴。教室里、操场上、饭堂里、楼道中，同学们都是成群结队的，充满欢声笑语。只有一个小男孩，总是独来独往，瞪着一双大眼睛，默默地注视身边的一切。他总是紧挨着墙壁走，总是在操场边专注地看着同学们的活动。他就是我们班的小兴（化名）。

小兴从不主动招呼老师，看见了，也是尽量转身避开。对同学的邀请，他也是以摇头来拒绝。和同学交流，都是只言片语，绝不多说一个字。同学们评价他“惜字如金”。但我感觉这一切的背后是有原因的。

与家长交流后，我得知小兴小学六年都住校，因为妈妈在国外工作，爸爸从事投资业，他的童年很少得到父母悉心的关爱。同寝室的其他孩子都欺负他，甚至把他的头往墙上磕，并威胁他不准告老师和家长。从此，他心里留下阴影，以为同学都是这样恶劣的，对同学有畏惧感，不愿结交同龄人。他又对妈妈充满怨恨，不听她的劝教，不理会她的关爱，甚至为了表示自己的不满而故意剪坏妈妈的衣服，用刀子划坏妈妈房间的壁纸。他只听爸爸的话，但爸爸几乎没有时间与他相处。妈妈对此既感内疚又无可奈何。

我开始更细心地观察小兴。虽然他很少说话，但那双大眼睛观察事物很细致。他常常会突然走到我面前，面无表情地说："饮水机没水了。""有人乱扔垃圾。""没有彩色粉笔了。""历史课有人做数学。"……然后转身就走。他有与同学交流的愿望，只是有心理的障碍而不付诸行动，否则怎么会在热闹的乒乓台边，在喧哗的篮球场外，在课间休息的教室门边，凡是班上男孩子玩耍的地方，都有他专注的眼神？他有一定的是非观，关心班级，看到不对的地方，他会用自己的方式表达，只是不会动手做。这是一个多么需要关爱的孩子呀！我下定决心要用集体的力量去温暖他的心。我安排了学习优秀、热心助人的邓雅婷与他同桌；让与他身高相当、活泼开朗的隆子浩、李正在课间主动邀他一起玩耍；告知科任老师课堂上提他能回答的问题，让他在同学们面前表现出自己的优秀之处；在和他谈心时，启发他要每天告知家长自己在学校的情况，理由是让家长们了解并宣传我们的学校，是每一个同学的责任。我知道他经常见不到爸爸，只能对妈妈讲了，目的就是希望他能与妈妈增进了解。

渐渐地，小兴与人交流的畏惧感开始减弱，他不再拒绝同学的邀请了，虽然在玩耍时话很少，但笑容多了。妈妈也打电话告知我：小兴在家从妈妈问一句答一句，到慢慢开始主动说学校的事，还多次说班上同学待他很好，老师都很亲切，他喜欢这个班，喜欢何老；还说何老的儿子也在这个年级，只是不知道是哪一个，同学都很好奇，他要去发掘这个秘密。

半期考试后的一天，隆子浩急急忙忙地跑来报告："何老，快点去，小兴把班上饮水机的水桶打烂了！"我心生狐疑，立即赶去。只见瘦瘦小小的小兴低头站在三班教室外的走廊上，衣服、裤子、鞋子全打湿了，一个摔坏的水桶躺在地上，还在淌水……小兴看到我，不安地搓手，一言不发。旁边的李正说，是小兴看到教室的水喝完了，班上专管换水的同学不在，就一个人到医务室来搬水。桶太沉了，他搬到这里时摔了一跤。我心里一热，多好的小兴啊！他已经主动为班级做事了。我上前拉住他的手，询问摔伤没有。他只是说："何老，摔坏的桶我会赔的。"我感动极了，泪水都快出来了："傻孩子，谁会要你赔？你是做好事啊。只是以后不要一个人搬了，伤到哪里怎么办？好吗？"

在当天的班级总结时，我表扬了小兴，同学们都很感动，为他热烈鼓掌。小兴笑了，我们全班都笑了。

后来，小兴多次被评为“最关心班集体的人”和“学习进步大的人”。

用妈妈的眼睛看学生

小博（化名）一到班上，就和其他孩子不一样：没有初中新生的单纯感，话语间多带有世俗气；与同学相处时不愿吃亏，缺少宽容心；反应快，但注意力不在学习上；行为习惯差，好动，贪玩。给同学们和老师的印象都不太好。

初一下学期，小博因和同学打架受记过处分。但他没有吸取教训，仍是我行我素。尽管天资聪敏，但学习成绩一直在下降，从年级第20名降到第205名。

进入初二后，学生的逆反心理加重，小博也不例外。他违反学校的礼仪常规还不接受批评，甚至顶撞校领导和年级主任；不愿做作业，对父母的监督管理非常反感，经常因为不做作业在家大吵大闹。由于他从小由外公外婆带大，被宠坏了，父母对此深感头痛，对他的教育束手无策了。同学和科任老师也三天两头地向我“告状”：小博欺负女同学，还出手打人；小博又不做作业了……而那时他的成绩已经下滑到第208名。

2010年的春节，我打电话询问小博在家的情况，他妈妈伤心欲绝的话语和哭泣声让我很难受。我也是母亲，我的儿子和小博一样大，如果他也像小博这样，我又该怎么办？我开始深刻地反思：苦口婆心地讲道理，严厉地批评，三天两头地找他谈话，为什么所有的努力都见效不大呢？自己的工作方式是否也有问题？在这之前我都是以老师、长者的身份对他说教，每天眼中看到的、耳朵听到的都是他犯的错，心里自然就产生反感，甚至是厌恶感。我以这样的心理和情绪去面对他，怎么会有工作成效？我决定从此改变自己对他的心态，用妈妈看儿子的眼光去看他的一切，像妈妈对儿子一样去爱他，去关心他。

开学后，小博的摸底成绩排在第223名。我并不感到意外。他有些慌了，但不知自己差到什么程度。我明确告知他：“就目前的状况，重点线是上不了的，更别说七中的高中了，能保住的就是毕业证。”他惊恐地抬头：“不会吧，何老！不要吓我。”在得知了近三年的中考重点线和七中高中的录取线后，他无言而沮丧地低下头。停了片刻，又抬起头说：“我怎么办呢？我还有希望吗？”

“当然有希望。还有一年多的时间，你又不笨。”我很坚定地回答。他眼里有了亮光。

“你就是太懒了，连作业都不做，成绩肯定差。从现在起，每天认真按时完成作业，成绩一定会提高。”看他有些迟疑，我接着说：“你没有自觉性，又不听父母的，何老想帮你，你愿意不？”

“愿意，愿意，当然愿意！”小博一下子很兴奋。

我对他“约法四章”：1. 每天放学后按规定时间到我办公室做作业。完成后由我检查，通过后才回家。2. 英语作业在家完成，由妈妈辅导督促。3. 每天自觉到办公室来，无故不来两次，算自动放弃，从此取消老师的帮扶计划。4. 晚餐只能在学校吃，不能出校门吃。

我要他考虑两天。没想到第二天他就和妈妈到办公室写了协议，我们三人都郑重地签了字。我只告诫他：男子汉说话要算话，不能让人看不起。

从此，小博就每天按时来做作业。办公室里静悄悄的，我备课、改作业，他独自写作业。因为不能像过去那样一有问题就问同学，他只能在课堂上专心听讲了。有时他遇到实在不会做的题，我就让我儿子给他讲解一下。而他的语文作业都是由我当场批改和订正的，背诵和默写也在校完成。开始，他还是有些坐不住，我就一直鼓励他：只要坚持到半期，就会有成效的。就这样，我每天陪着他，几乎都是晚上9：40以后才离开学校的。

这期间，我儿子提“抗议”了：“妈妈，为什么我们每天一定要陪小博做作业？每天都这样早出晚归的，太累了，我想早些回家，你也要休息啊！”我明知这样做儿子难以理解，但还是耐心地做通了他的工作。

半期考试，小博的排名提升到188名；到期末，他的排名上升到第166名。一学期的坚持，终于见成效了。他非常兴奋，家长很感动，我很欣慰。小博在学期总结中写道：“何老对我太好了，比对她儿子还好。我如果不学好，最对不起的就是何老。我不会让何老失望的。”而且非常诚恳、坚决地要求下学期继续到办公室做作业。

小博开始变了，课堂上听讲认真了，行为习惯明显好转，对集体的事也开始关心了，来告他状的人也渐渐少了。最显著的是我给他提的一切要求，有时甚至对他而言很苛刻，他也能心悦诚服地接受并落实到位，不再像过去那样抵触，或者阳奉阴违。他最不愿意剪发，还对值周老师的提醒不屑一顾。得知情况后，我心平气和地陪他到理发店。他让我离开，我就微笑地表示要看着他剪完发。理发师都说“看看你妈对你多关心呀”。他脸红了：“她不是我妈，是我班主任。”从此，只要到剪发时间，他都会乖乖地自己去了。

我们母子陪着小博做作业一直持续到初三。小博也很努力，初三上学期半期排名上升到112名，初三下学期摸底考试排名上升到83名。最终通过中考顺利进入了七中高新校区。

小博的变化，让我感悟到：只要你是真心地爱他，再调皮的孩子也是能感受到的。青春期的孩子面对父母无微不至的关爱，会认为这是天经地义的，个别的学生不但不心存感激还心生反感。但对老师的关爱，他会感动。人心都是肉长的，他被感动就会触发他的感恩心，他就会听老师的。我们只要真诚地付出，耐心而坚持地做，一定会有惊喜的回报。

三、七初十年：直面挑战不懈怠

在成都七中工作了二十三年，对这个环境太熟悉，也就产生了依赖性和惰性。1997—2000年我在七中育才工作了三年，那时学校的运行机制是现成的，我只要按照七中既有的一套去做就可以了。但在七初不一样。这里完全是白手起家，一切都要从头开始，方方面面都要自己去思考、去动手、去完成。人到中年时来改变自己的工作环境，是需要勇气的。从有惰性变到勤奋，是痛苦的，但它的挑战性也是令人振奋的。我把它视作一次机遇，一次提升自己工作水平和能力的机会，为自己热爱的学校做点实实在在的事。

上海之行——经历“头脑风暴”

2010年暑假，我在上海参加了上海教科院举办的中学教师高级进修班的学习。专家、学者们的报告和案例分析，触动灵魂，使我大开眼界。经过6天的紧张学习，像是经历了一场“头脑风暴”。上海，这个国际大都市，是许多人向往的地方。那是我第一次去。虽然因为白天都在听课、讨论，只见到上海的夜景，但我学到了崭新的教育理念，见识了先进的教学方法，第一次知道了“课例研修”。我收获满满，没有遗憾。

课例研修——观察别人的课堂是为了建设自己的课堂

2011年12月1日至2日，在上海教科院王洁博士的指导下，我们学校进行了第一次课例研修——由巫增金老师执教鲁迅的《风筝》。王博士从课前老师的说课、课堂观察角度的设计、观察任务的分配、课堂观察的方法、观察的记录方法、前测后测的安排、观察日志的撰写等，都进行了详细的指导。我作为语文组的负责人，要把王博士布置的任务落实到人，除了完成自己的观察任务，还要负责收集当天小组成员的日志，按时反馈给王博士。虽然时至寒冬，但教室里却热气腾腾。以前观课我们更多的是看执教者，看老师的行为，少有顾及学生的反应和感受。即使看了学生，也只是记了学生发言的人次，记住了精彩的发言。而这次课例，我们虽然也要看老师，但更多的是看学生。我们第一次从观察学生的角度来分析老师的教学行为，从课堂实录中分析教学的亮点，更细致地发现了教学中的缺点，并立即有针对性地提出修改建议。第二天再上课，再观察，再分析，再修改，再总结。34个小时中，除了睡觉，大家的弦都是绷得紧紧的。执教者与观察者都感到紧张、刺激，直呼“过瘾”！

2012年11月20日至29日，我主持以“创生型课堂中，如何在景物描写中提高学生想象力的思维品质”为主题的语文课例研修活动。杨珊老师以七年级上册第三单元的四篇课文为内容，共进行了三次授课。第一、二次是执教她自己的班级，第三次是借班上课。因为有了第一次研修的实践经验，这次就从容多了。首先，我制订了详细的工作计划，落实了人员的具体安排。我写的计划书还受到学校教师发展部的表扬，并作为范本向全校推广。其次，我在认真完成自己的课堂观察任务的同时，还特别注意了资料的收集工作，这为其他老师的课例研修提供了切实的帮助。最后，我在三次课后都进行了认真的反思，依据课堂实录仔细分析课堂的每一个环节，撰写了科研论文《理论与视角的一次更新——我的课例研修札记》。该文获得了学校2013年优秀论文一等奖、成都市2013年中学语文教学优秀论文二等奖，并被选入由四川教育出版社出版的《成长的阶梯》一书。

在2012年底和2013年，我又全程参与了上海教科院杨玉东博士在我校和高新区主持的课例研修活动。

在专家们的引领下，我学到了课堂观察的一些方法，特别是改变了听课、观课的角度，建立了从观察学生在课堂的表现来反思教师课堂教学的理念。从此，我在自己的课堂上，更加关注中等学生的表现。实践证明，这是提高班级整体成绩的一个有效方法。

大数据时代来临——不断学习，不敢懈怠

2014年，慕课、翻转课堂、微视频，一系列的新名词走入我的教学工作。从不知道，到知道，到运用于平时的教学，我也在学习，也在改变。特别是4月份到南京参加了慕课联盟的交流会，看到了全国优秀学校的教师们的精彩展示，聆听了专家们的精辟讲解，获益匪浅。我还通过网络，认真学习了翻转课的理念，以及微视频的制作知识。还认真观看了校内外老师们制作的优秀的微视频课件。随后，在自己的教学中运用翻转课堂的理念重新备课，上了一节全新的《醉翁亭记》。据此撰写的论文《翻转课堂的启示》入选了学校第七届教育研讨会的论文集，获得了学校年度论文一等奖、成都市2015年中学语文优秀教学论文评比三等奖。

2016年，我的论文《让阅读走进未来学校的课程表——初中语文阅读课程实施构想》《在阅读中培养学生的语文素养》被学校评为论文一等奖，入选了我校教育研讨会论文集，获得了成都市教育教学优秀论文评比二等奖。

2017年4月，我再到南京参加了南京师范大学教师教育学院举办的“数字化课堂观察”集训活动，认真学习数字化课堂观察的各种技术，带领全组教师开展了多次观课活动。

2017年，学校郑刚主任向我们介绍了“智学网”的极课试卷评价操作系统，我非常欣喜，主动找专家详细咨询。我首先在备课组内实践，熟悉各项操作后就在教研组内倡导和运用。新技术和大数据让我们的评卷变得轻松，让试卷分析更加迅速、详尽，更加有针对性。

“你有多大能耐，七初给你多大舞台。”在七初的十年，请进来、走出去的一系列活动，让我和智慧的专家们有了一次又一次亲密接触的机会，让我经历了一次又一次的“头脑风暴”。我很享受这样的洗礼，我在每一次的洗礼中都感觉自己像重生了一次，也感觉自己智慧了不少。

七初十年，我见证了她从平凡到辉煌的历程。身为七初的老师，我是荣耀的，但更感到这些荣耀背后的责任与付出。我要像我的前辈一样，毫无保留地奉献自己的知识与经验，因为我爱我脚下的三尺讲台，我爱我教过的和正在教着的每一个学生，我更爱与我一起工作的亲人们。“撑一支长篙，向青草更青处漫溯”，我深信，终有一天，我会“满载一船星辉，在星辉斑斓里放歌”。

班级的味道

□政治组　姜肖

班级是什么味道？是五味杂陈的吧。因为故事的主角是孩子，孩子一天之内发生的事情，全无导演的事先排练，却仍精彩纷呈。所以班级内每天都在上演妙趣横生的故事，带来其乐无穷的滋味。让我们把目光聚焦在一天，在一天的经历中，一起品味班级生活的酸甜苦辣。

一、序曲

2017年9月1日，我把45名孩子带进初一，但是才经过一个多月的磨合，我就病倒了，只能在家休养。在我生病期间，孩子们经历了进入初中后的第一次运动会和第一次半期考试。我真想在他们的身边，与他们经历一次次惊喜与振奋，但那时却只能通过他们写的每一次活动总结而略知一二。孩子们十分懂事，几乎每份总结的最后一句都是“希望姜老师身体健康！早点回家”！那么，小别之后，与孩子们再见那日的情景是怎样的呢?

2017年11月17日，我提前返回学校上班。

我与英语赵彦博老师商量，将星期五早上的英语早读调至星期一，也与家委会说好不告知学生我要回来，目的是想看到孩子们在无人提醒下的真实早读状态。

二、躲猫猫

由于上班心情太过激动，早上7点我已到达了学校，但没有直接进入班级。预计7点半孩子们会来得差不多，那个时候应该是早读最热闹或者最吵闹的时候。于是，我先来到位于行政楼五楼的办公室，走在回廊通道时，扭头看向中庭对面的教学楼，发现位于三楼的4班教室已经灯光明亮，已经有孩子到来了。

7点15分，我站在五楼回廊通道，遥望4班教室的前后门，看到孩子的身影在零零星星出现。

教室靠近走廊的那面墙壁高处开了两个狭小的透气窗。透过透气窗，我看到个别孩子的脑袋在摇摇晃晃，说明进入教室后他们没有立马落座，估计在和别的同学说笑，或者磨磨蹭蹭地在拿书本。因为他们一旦坐下，高度降低，我就无法从透气窗窥视了。

看到这个场景，我心里不禁暗暗思忖待会怎么教训他们：好家伙，说好的一进教室就读书都当鬼话，忘到九霄云外了！

糟糕！看得太专注，忘记躲藏了！

也许真的有第六感存在！正要从前门进入的一个女孩子突然站住回过头，看向对面行政楼的回廊通道——就是我正站立的位置。

我立马躲到旁边的白色石柱后边，小心地探出头察看。不一会儿，从前门跑出了几个人，从后门又跑出了几个，大家比比画画着一起看过来。由于天没大亮，在朦朦胧胧中，我似乎看到了禾、梁、雨三个女生，她们一定在猜测“是不是姜老师回来了”。

我整个人躲在石柱后面，一动都不敢动，感觉如果被提前发现就完蛋了。

孩子们到底是不确定我回来与否的，过了不多一会儿就又回教室了。

趁此时机，我跑到了五楼电梯口附近的玻璃窗旁，躲在窗旁继续观察四班动向。只见明和骏从班级后门快速跑了出来（他俩个子高，很有辨识度），先是整个人躲到走廊立柱的后面，而后慢慢地一点点地探出头，似乎非常努力地瞪大了眼睛看向行政楼回廊位置，寻找我的身影。

看到他们的囧样，我忍不住哈哈大笑起来，原来他们也想和我躲猫猫，想用以静制动的计策，把我“堵个正着”。所谓“道高一尺，魔高一丈”，他们的老师早就转移阵地了！如此躲藏了几分钟后，他们发现一无所获，也就没那个耐心再继续躲下去了，从立柱后面走了出来。只见两个人双手一摊、摇摇头，略感失望地又从教室后门走了进去。而后教室只见有人进入，不见有人出来了。

时钟走向7点半，安顿好一颗不住地上蹦下跳的心之后，我迈着轻快的步子走向教学楼的三楼。我的心里有紧张，有喜悦，更有迫不及待见面的兴奋感。

“观沧海，曹操！东临碣石，以观沧海……”感觉能震破天的读书声从教学楼方

向传来。

我在揣测：这读书声是来自于楼上的7班还是前边的3班呢？反正没法相信是4班。因为今天没有语文早读呀！而且孩子们最近似乎有些淘气。总之，越想越没法相信是4班。

不对，确实是4班！因为越是靠近，声音越是清晰。待我站在后门，看到陈俊睿正站在讲台上带领大家捧着语文书起劲地诵读。当我的眼睛与他的眼睛对视时，他立马停住了领读，随即脸上绽放出无比开心的笑容，肉肉的脸蛋上五官都挤在了一起，煞是可爱！

同学们齐刷刷地转头向后看着我，忍不住都扑哧地笑了出来！我知道这是他们为我准备的特殊“见面礼”！本来我偷偷潜入是想抓几个“典型”，严肃早读常规，结果……但不得不说他们的表现让我分外暖心。

刚走进教室的孩子，一看到站在教室之内的我，几乎惊讶得石化！

时隔一个月之后，我与孩子们就这样意料之中而又意料之外地见面了！

三、管事婆

站在讲台上，我看到后面的黑板报换成了艺术节主题，询问后得知是馨、禾、萍、垠主动办好的。我忍不住发出赞叹，看来女孩子真的很贴心！

本来一个月的分离，是有万般相思要倾诉的，但是班主任身份一上身，我瞬间变成管事婆：

“哎呀，男生的头发，怎么都长得像稻草一样长了！你们是不是运动会之后就没再剪头发了？今天回家必须理发，下周一我要检查！女生的头发要梳成高马尾，梳得半高不低一点精气神儿都没有！”我觉得4班孩子个个模样乖巧，所以我确实容忍不了他们外表邋遢。

“讲台旁边放这么多椅子是怎么回事？”我看到讲台两边各有一把学生座椅，还有一个圆形凳子。

“有一把椅子给老师坐的，另外一把是数学课专用椅，数学老师说那是‘左护法’（上课不认真的学生）的位置。”孩子们解释说。

“多余的这个圆凳子放到后面去，前门口的白色椅子也放到后门口去，以便听课时老师坐下。”在我的指令下，孩子们快速地把多余椅子归位，教室看上去整齐了不少。

“靠在后墙的空桌子上怎么扔了一个地球仪在上边，是谁的？赶快拿走！”我发出疑问。

“那个地球仪是彤的！”有孩子说。

“那个是我的，但是瑾把它弄坏了，而且还当球踢！”彤辩解说。

“你还做出这种破坏？”我看着本周坐在第一桌的瑾说。

他滴溜乱转着一双大眼睛，不好意思地笑起来。

“还不赶快拿过来！今天带回家，下周一赔人家一个新的！”我假装生气地说。

当他把烂了的地球仪拿回座位，我实在忍不住开玩笑说：“咦？你可真会玩，弄坏的竟然还是一个电动地球仪。价格不菲吧！”

听我这么一说，瑾的脸上浮现出一种悔不当初的表情。

“后面椅子上怎么堆了一大堆废纸，怎么回事？”我又发现问题。

“半期考试时，展板需要用大白纸糊上。这是后来撕下的。”孩子们回答。

“那还不赶快扔掉？”我表示不解。

当天的值日生听到我这样说，立马把废纸扔到位于一楼的垃圾箱里。

目光转向教室两侧，我诧异地说：“书柜上的三盆花怎么都枯死了？怎么回事？没浇水吗？”

“不是的！”孩子们立马解释说，“是辰上次拿排球砸的！”

“排球砸的？排球还能把花砸枯萎了？”我感到费解。

“是这样的！”作为班级园丁的彤继续解释说，“辰在教室内玩排球把花盆砸烂了，然后他尝试移盆，结果移植后花就死了。”

“咦？辰呢？”我突然发觉，整个“对戏”过程，竟然没听到他扯着嗓门的辩白，原来他因感冒请假输液去了！

后来他回来，经两方核对，最终得知砸坏的只是一盆。

怎么评价这个“浑身是戏”的男孩子？听说他淘气吵闹破坏公物，我心里不禁生气；但听说他即使高烧未退也不忘坚持回来参加舞蹈比赛为班争光，我心里又颇感欣慰。

四、挺好的

临近每日考勤时间点（7点35分），昊慢腾腾地走进教室，磨磨蹭蹭地落座。

我一眼瞟过去，按照心里早已打好的算盘发问道：“昊，我不在的日子，你过得好不好呀？”

对于我的提问，台下孩子们的脸上浮现莫名其妙的神情。

昊颇感意外地抬起头，但仍旧按照平日里不紧不慢、心不在焉的语速回答：“嗯？挺……好……的呀！”

“好个啥！”我举起一个证件本。

“是什么呀？”孩子们纷纷发出好奇的声音。

“学生证！我今天一到办公室就看到他的学生证躺在我的办公桌上。我不在的这一个月，他过得挺……好……的呀！好到把学生证都要丢了！”我揶揄他说。

全班同学哈哈大笑，昊自己也跟着笑得前仰后合。

怎么办？他是天使与小怪兽的化身吗？听到他说“挺……好……的呀！”我的脑袋里立马浮现的是《疯狂动物城》里树懒慢吞吞说话的画面。

但就这么一个常常不走心的孩子，却超级具有集体荣誉感，总能在“千钧一发之际”挺身而出！运动会男子1500米，无人报名时，昊勇于举手承担。说实在的，我很担心他跑虚脱，但是他顽强地坚持下来了。

当天下午征选国学诵读角色，其中一首《生查子·元夕》需要一男一女表演古典舞，女生演员大家一致推选的是言，男生则无人愿意报名。就在一筹莫展之际，又是昊举手承担。永远一副笑呵呵的模样，也不管会不会，反正有颗初生牛犊不怕虎的心，那么单纯又那么热情！

五、狼来了

古埃及曾有一个王后名叫纳芙蒂蒂，意思是“美人来了”。

现在孩子们喊“姜老师”，意思是“狼来了”。

当天由于下雨，上午的室外课间操无法进行，改成了室内操。室内操只有短短七八分钟，而后的时间自由活动也可，自主学习也可。当然后者更受孩子们欢迎。

四班教室内一片吵闹，个别站在门口的学生看我自远处走来，立马调头朝教室内大喊：“姜老师来了！姜老师来了！”

等我走进教室，大多数人慌慌张张地刚坐到椅子上，少数人在安静地算题，极个别反应太慢的人，呆若木鸡地立在窗户边，想必是刚才在窗边打望太认真而没听到通风报信声吧！

批评，肯定是在所难免的。孩子们的成长是波浪式的，犯错——改正——再犯错——再改正，直到有一天即使我不在身边，他们也能做到自觉自律，那一天，就是长大了吧！

六、尾声

这一天是一年当中每一天的缩影，很显然全班上下没有一个人是“省油的灯”。在我看来，管理班级就是煮火锅，红味白味，都是好味道，全在于各取所需，按照每个孩子的不同特点，给予不同教导。吃火锅时，一定要一大群人围在一起才有滋有味。一个班级同样如此，几十个人在打打闹闹中相亲相爱，离开谁都会想念，聚在一起才暖人肺腑！

喧嚣尘世中的云水之志

□语文组　李佳

一个普通的读书人，处于尘世间，必有俗务琐事缠身，亦必遇见坦途逆境，能够让自己胸襟磊落、淡泊名利、沉稳处事，自适于各种环境，唯有读书。读书也并非苦修，阅读恰能让人获得幸福感，通过阅读感受书香，能满足人类的内在需求，使人获得精神上的陶冶与升华，拥有更充实、更丰盈的生活，从而增加幸福感。同时，在这样美好的修行中，遇见更好的自己。所以，再忙再累，书是从来不会放下的。我想，这对于一个读书人来说并不是一件刻意的事，因为，读书就是生活方式。

更进一步，我是一名语文教师，那么注定我的人生是一种与教育相关的人生，我很乐意在学生的心田修篱种菊，在他们的心房筑起书舍一间，用书香滋养他们的人生，让他们成为有温度、有情趣、会思考的人。从接到孩子的那一天起，我就会慢慢地给他们搭建一间书舍。

初一：散文共读（张晓风、林清玄、贾平凹、余秋雨等）、诗文品鉴、美文片段朗诵教学；学会安静阅读，学写读书笔记（品词、品句、品段、品文），教写“寻美小笺”。

构想：国学诵读——上学期唐诗，下学期宋词。

初二：阅读风暴周、《边城》阅读品鉴、李杜诗文欣赏、“一蓑烟雨任平生”、冯骥才小说阅读、“让青春吹动了你的长发”、世界短篇小说阅读，等等；完成读书笔记。

构想：上学期阅读戏剧（10部）、“成都本土文学作品阅读”、小说阅读；下学期《诗经》、元曲、赋文。

初三：原创诗文朗诵、爱国诗词阅读、《诗经》诵读、散文与短篇小说阅读与赏析、诗文创作。

2018届学生到了初三已经没有了太多的阅读时间，晋级考试固然重要，语文课却不能因此而跌入尘埃。文学素养提升仍是要重视的，并不是初三就只练题，这样得不偿失。我们常常见缝插针听书，我们一起听了马骅的《雪山短歌》，贾平凹的《夏河的早晨》，北野武的作品，李清照、辛弃疾的词，等等，这些都是我精心挑选、反复听了再推荐给学生的，听完之后，我都会留一两道有意义的题让大家一起来讨论，当然有时候针对中考，我也会出一两道题来测试。

毕业班如果将文学素养提升与应试结合起来，会有意想不到的精彩。

看了电影《无问西东》之后，我专门讲了一个小专题，并将教材中的文章《邓稼先》拿出来读。后来，我给他们布置了一篇以“心灵的选择”为主题的作文，闵诗尧创作了一篇关于邓稼先的作文，写得非常动人，让人心生豪情与崇敬。2018年中考她用这篇文章获得高分。现截取片段如下：

月光踱亮了惨白的夜，四野茫茫，粒粒黄沙凝结成亘古不变的姿态。站在家庭和事业的交叉口，他不得不做出选择。开往戈壁的火车裹挟着黄沙粗犷的质感，于是他选择将疏影横斜的月留在故乡。他选择忠于内心的赤诚，坦诚相待，拥一颗冰心，勇敢地踏上这片荒芜的土地，栖息在一个个没有温存的夜，兀自守护着他心灵的月亮，坚守对民族的拳拳赤子之心。燃烧作灯，点亮了一个火红的中国，也就此掩盖了那些欲言又止、支支吾吾的情思。

浩浩乎，平沙无垠，凛若霜晨！在混沌的天光里，他鬓角的皱纹触手可及，我终于明白，我们都是凡人，为了心中的月亮，我们都必须忍受揪心的疼。只是他的精神，却早已如堂皇皇的月色，照亮了国民的梦。

背诵了王维的诗词，我也给他们讲王维，并让他们和我一起写王维。黄睿中考完告诉我，她就写的是王维。那篇作文我曾经给她53分，她用上去了，语文考了132分，也算是学有所得。

读了《岳阳楼记》《小石潭记》，我也给他们讲范仲淹、柳宗元，并鼓励学生表达自己的见解。比如柳宗元，很多人都说他不洒脱，走不出官场这个局而终身郁郁，然而我却认为一个人的伤岂是外人能够评说的，伤得有多深有多痛只有自己才知道。他为什么走不出来也许只有你到了人生的寒天雪地才懂。“独钓寒江雪”，一个字一个字地品

味也许才能明白其中的意蕴。4班的袁安杕在中考时用了这则材料也取得高分。

我们参加了行走的课堂，先一起读了很多散文，然后去了都江堰。我有一些自己的见解，他们也有自己相当精彩的见解，比如有人既表达了对李冰的敬仰，又发出疑问：现代人去都江堰是否还真的有这样的情怀？我们课余也对这些问题进行过探讨。这次中考，周文睿便用了这个素材，同样取得高分。

生活中处处是语文，我们一定要树立“大语文观”。今年暑假前学校请《国家地理》杂志的编辑来开讲座，演讲非常精彩。我就在想，讲座中谈到的“心灵交流”和“happiness”可以作为非常好的作文和语言表达训练素材，甚至摄影的三个关键点同样适用于写作。

“分数是现在，但不是未来。”这是李校长一次发言中的话，我觉得讲得很深刻。

慢慢地，孩子们的谈吐和气质都有了改变，写作也有了质的飞跃，这都是读书带给他们的变化，是读书让他们有了灵动的双眼、温情的内心和理性的思考。他们的文字都带着书香的气息。

所以，我总是想要拥有一扇自己的柴扉，门上镶两个铜环，柴门内栽一树桃儿、一捧石榴，最好还有一芽玉兰、一窝红艳的三角梅攀附在柴门顶。我愿摆一瓮酒缸，盛满清逸的杏花酒，我愿放一架石琴，待你来与我共谈，最好再立个书架，在懒散的午后蜷缩在各个《如梦令》《浣溪沙》。如果你愿意，便用铜环轻扣木门，吱呀推开，与我在院中共揽暮烟，用松花酿酒，春水煮茶。

——杨雨琦习作《遇见柴扉》

而我所希冀的，仅仅是在又一天黄昏，逃离喧嚣与人海。或策马，或虔诚地行走，独上这高楼。这李后主江山破碎风雨飘摇之际远望过的栏杆，这辛弃疾愤愤拍遍的栏杆，这李太白曾踏着去骑鲸捉月的栏杆，此刻只我一人倚靠在上面。听归鸟声声敲破晨昏，揉碎白昼薄如蝉翼的壳。就不再有人间，不再有尔虞我诈你死我活，剩下的仅仅是我与长风，西楼与暮色，栏杆与那外面的空旷世界。

——邓靖蕾习作《独自"慕"凭栏》

每当我忆起萧红，也便忆起她所定义的自由，便是在风暴中成长，在逆风中看见。走在冷风中，远望那呼兰河岸，只见千里黄云，弥漫草野之上；晚风浸水，和赤霞相得益彰。人一旦身处异乡，故乡自然就模糊了起来。有时我们会感到自己内心干枯，像迷失在荒野中，这时不妨想想这滚滚东去的呼兰长河，想想萧红对我们后来人的嘱托。一点一滴，冰凉刺骨，而收获的却是生命中微小的善意，这是绝望中的坚守，是沉痛中的温情，指引着我们找到生命的意义。

——张艺严习作《滚滚呼兰东逝水》

月，也西斜了，宛如轻绸锦缎，朦胧在了群山的怀抱里，显得有些春意阑珊，寻欢享乐，失意地寻找着夜空中残留的缝隙。独自背靠着寒山寺的山门，轻拂了早已腻在夜风中的寒冷，面对着凄清沉寂的江面、缓缓东流的江水，内心伤悲却无法似水东流，几日前的名次与分数带来的伤痕仍旧永驻心间。

风，带着乌啼与浪潮撞击着江岸，粗嘎嘶哑的，是乌鸦。凄厉的啼叫在清冷无声的夜空中如磨砂纸一般，擦刮着我的心，磨人似的缠绕着。想必，月亮也耐不住如此凄惨的乌啼，暗淡在了天边。江岸上，飘摇的草尖已被晚霜压低了腰，夜空里，繁星更似清霜，一枚枚清冷绝凄，攀附在空中。阴阴的凉气在风中化开，下山时的无力在夜中愈显单薄，寒霜的凝聚，似乎正衬着这惨淡的容颜。

——周浩天习作《月落乌啼霜满天》

常在南国，日子也在暖醺醺的空气中慢了。倦了那柔腻的花香，我便时常会忆起那场撼动人心的天山之行，以及那大雪狼藉的天山路。

那是夏季，仍有几分微薄的阳光，从团簇的积云后洒下，将打了蜡的天调亮了一度。汽车在莽莽苍苍的原野上驰行，路与两侧的群山一同向前绵延。我静坐，心却在焦灼地期盼，期盼着真正进入天山，与那无边的风雪撞个满怀。

——黄睿习作《雪满天山路》

这都是阅读让他们的生活有了美感，内心有了感动，诉诸文字则有种动人的内蕴。

我羡慕王维在明月松间看清溪流淌，在水穷云起处与林叟谈笑。然而生活除了诗和远方还有现实。那么，真正的云水之志不在高山林泉中，而是就在喧嚣尘世中。结庐在人境，不闻车马喧。问君何能尔，读书能致远。对，我愿意在这喧嚣中领着一群孩子仰望炫目的先秦繁星，沐浴皎洁的汉宫秋月；聆听珠落玉盘的琵琶，高山流水的琴瑟；痛饮李太白的杯中酒，流下曹雪芹的梦中泪。愿用我不一样的阅读实现和大家一样的教育梦想。

文人有字号，艺术家有艺名，那么教师也可以为自己取一个表达理想的小名。最后，解释一下我常用的名号“小朵”的含义作为本文的结尾：云水之志并非家近青山，远离尘俗，而是与文学为伴，在喧嚣的世间爱我所爱，淡然博大，做最忠诚的自己。虽然微不足道，但谦逊而又骄傲地开在人生的春天里。

与你们同行，真好！

□数学组　张旭栋

在七初的六年，在教学与专业成长的路上，我是痛并快乐着。从进校前三年教学上的不成熟，到现在能站稳讲台，将所学所悟毫无保留地传递给学生，这中间经历得太多。回顾六年的历程，真觉得自己是多么幸运，一路上遇到了好的师父和同事，有他们的不断指引，我才能向七初的标准逐步靠拢。

让我以时间为轴，回看那些如亲人般的同事们。

“兄弟，我们一起看看”

2012年4月，我很幸运地来到七初进行为期两周的实习。在这期间，我走进了不少老师的课堂，感悟到七初的标准是什么。在实习临近结束时，我要上一节汇报课。选定了课题，设计好方案，编写出教案，在试讲的前一天晚上，我和另一个校友在办公室一起磨课。这时张新民校长走了进来，问了我们准备的情况后，就让我给他讲一遍，试听一下。讲完一遍后，我明显发现对课的认识和把握很不成熟，自己都觉得不好意思，心里很紧张。张校长微笑着对我说：“兄弟，我们一起看看。”说完后，他就很有耐心地对我课上说的每一句话进行打磨。在一些环节的处理上，我做得不好，张校长就亲做示范，他说一句，让我复述一句，并反复揣摩教学设计安排的意图。这样经历了几个小时，一节课终于准备完成了。张校长还补充道：“课堂中要注重学生的反馈，多鼓励和激发。”我当时内心的感动无以言表。

这样磨课的经历，对我来说是人生的第一次。但这一次足以让我震撼。我领略到了七初教师深厚的专业功底，认识到了七初教师对课堂的精益求精，对学生的理解尊重和鼓励激发，感知到了七初教师的工作标准。这样的经历终生难忘。

“旭栋，我发了二十几套七年级的题给你……”

2012年9月，我正式走进了七初的课堂，内心是那么激动，心中充满了无限的梦想。我的第一个师父是左强老师，大家都叫他“左哥”。为了帮助我尽快适应教师的角色，整个学年左哥都把我的课排在他的课后面，让我听一节再上一节。左哥每一节课都全力做好示范，可谓面面俱到、倾囊相授。平日里，左哥经常说：“要多做做中考题，知道中考考什么，课堂的教学要紧扣课标。”“一个寒假和暑假，我都会做几十套中考题。”这些话，我当时似懂非懂，始终没明白刷题的重要性。2013年的寒假，左哥打电话说：“旭栋，我发了二十几套七年级的题给你，你花两天的时间把它们做完。”放下电话，我瞬时蒙了，好有挑战性的任务。在接下来的两天里，我除了吃饭就是做题，终于按要求完成了任务。这时，我对初中数学有了感觉，也明白了左哥的良苦用心。

在这一年的时间，左哥以大哥哥的身份关心和指导着我。从对题目的认知到方法的把握，从教学的环节到讲课的风范，他都在潜移默化地影响着我。他让我这个新教师明白了自己专业发展的方向——多打拼，多发问，不断修炼，不断积累。他的关心与指导像一粒种子埋藏在我心间，一直影响着我前进的步伐。

“小张，一起跑步”

一年后，我又重新踏入初一的教室。学校给我安排了第二个师父：吴智伟老师。新的备课组里有着优良的传统。平日里，随时的集体备课研讨已是习惯，组上老师们的互相听课评课已是常态。吴老师教学上务实的作风、精湛的专业技能深深地感染着我。

让我感触最深的是“一起跑步”。一天，吴老师对我说：“小张，平日在办公室待得太久，不如提高效率，挤一节课的时间出来锻炼一下。”做事效率不高一直是困扰我的一个大问题，每天时间的安排总有些盲目。我答应了。自此，在接近一年的时间里，每天总能看到吴老师和我在操场跑步的身影，基本上是围操场跑20圈吧。

这既磨炼了心智，当然也起到了减肥的效果。在跑步的过程中，吴老师总会关切地问起当天学生的情况、课程的进度、学生的作业和课堂表现，等等。我也认真回答和反思着。对我的困扰和出现的问题，吴老师都及时指导并给出他的一些建议。“一起跑步”，既是一种健身锻炼，也是一种教学交流。

跟着吴老师学习了两年，我更加明白了脚踏实地、持之以恒的重要性。让优秀成为一种常态，我在学习的路上还有很多的事要做。

“按照自己的想法放手去做吧，大胆尝试”

经过三年的积淀，学校又为我安排了第三个师父：赖建勇老师。我们喜欢叫他“勇哥”。在新的初一，我“满血复活”，继续奋战。平日里，只要有时间，我就跟着勇哥听课学习，交流探讨。勇哥也是毫无保留地把自己的所学所悟传授给我，时常性的交流点拨成为常态。对于班级培优，勇哥告诫我：“注重课堂的品质，每一题要多做变式，每一个问题都要让学生理解透彻。”讲到全等式，勇哥提醒我：“注意这块有些难度，还是让学生多动手多思考。”和勇哥交流时，他时常说：“按照自己的想法放手去做吧，大胆尝试。”这不仅是一种鼓励，更是一种期望：向前迈出一步，及时调整改变。享受改变，或许就能收获整个蓝天。

勇哥是一位充满智慧、多才多艺的老师，所带班级成绩优异，也深受学生喜爱。艺术节前夕，为了给班上同学鼓劲，勇哥在课堂的最后几分钟弹起了吉他，并为同学们引吭高歌，轰动一时，传为美谈。身在数学组，其实是很幸福的。六年的时间，我遇到了好的师父，身边的哥哥姐姐也是那么优秀。刘张阳老师对教材的把握与理解，专家级的命题教师刘之平老师对试题的研究（他已经有几篇文章发表在《中学数学教学参考》上）都让我顶礼膜拜。

在七初，与经验丰富的老师们同行，让我不敢懈怠，也激励我不断前行。

艰难困苦，玉汝于成

——2018届那些背后的故事

□地理组　缪辉辉

一个团队的成功，一定不是因为一个人做了很多事，也不是很多人做了一件事，而是很多人在一起做了很多事。2018届的班主任队伍就是这样的一支团队。

这不是一支年轻的队伍，平均年龄都超过40岁了，但干起工作来仍然有着年轻人一样的热情。石敏副校长是班主任队伍的主心骨，她用无私的爱陪伴着老师和孩子们。每个清晨和黄昏，教室里、操场上、食堂中，都闪现着她孜孜不倦的身影。这个身影，使每一个班主任都无从懈怠。三年时光，在陪伴孩子们的过程中我们也在不断地学习和成长。拿到中考成绩后我们并没有欣喜若狂，因为在拼尽全力之后成绩于我们而言已经不是最重要的。我们不会为高分欢呼，只为那些努力却未能取得理想成绩的孩子感到遗憾和心疼。毕业典礼上我们相约不能流泪，但好几位班主任却在典礼结束后哭红了双眼。不只是舍不得孩子们的离开，更是为自己三年的不易和坚持。

姜文思是2018届最年轻的班主任，却有着极为老道的管理经验。她用她的干练、严格造就了一班学生的自觉、自主。1班的班级常规堪称年级乃至全校的典范。父亲病重，她却只请过一次假，她把对父母的孝心和牵挂埋在心里，早出晚归地在学校忙碌。中考结束后她没有休息就回校坚守初二的工作，陪着学生们复习应对会考。

2班的向秀红老师，细致、耐心、亲和力强。2班学生虽然调皮，但懂得感恩。初三上半期，向老师曾因膝盖骨折不得不在家休养，在养病期间仍然坚持和家长联系，给家长发送各种通知，还经常和高山老师讨论班上的问题，随时关心班上的发展。初三下半期，向老师在伤腿还未完全恢复的情况下就回来接任，一瘸一拐地忙上忙下，没有缺过一次考勤。她的努力，让2班后期的发展越来越好。

3班学生的调皮捣蛋让班主任光哥这几年没少操心。但他以极大的耐心和爱心包容3班的孩子。大家有目共睹的是光哥在欧阳主任因伤住院之后，一个人扛起了教学管理

部的工作，一个月时间瘦了将近十斤，头发也白了很多，让人心疼。

赵静老师是初三才接的4班，但他很快以自己的谦和、负责赢得了全体孩子和家长的心。4班的学生行为规范好，教室里总是整洁、清爽，学习上也不断进步，处处都展现出赵老师的风范。在初三最后一节自习课时，赵老师用手机给每个学生拍了一张照片留作纪念，他对孩子的爱可见一斑。

5班余彩老师雷厉风行、细心督促的作风让全班的同学积极、高效，热爱学习。但谁能想到这学期余老师有多么不容易。开学之初因喉咙生病住院做手术，伤未痊愈就回校上课；学期中班上孩子打闹受伤，双方家长协商未果让她心焦；中考前一个月，自己的儿子又生病……真是操不完的心。但这一切不顺利丝毫没有影响到5班的发展。这个班集体取得了非常优异的成绩。

廖晓玲老师是个非常有爱心的老师，关心学生的每一点进步，用贴心的陪伴让6班的学生做到了静心和自主。尤其是在自己女儿上高三的关键时刻，她并未因照顾自己的孩子耽误班上的工作。6月7日年级安排照毕业照，她离开还在高考的女儿准时赶到了学校，只是为了不让六班的孩子有遗憾。这让我们大家都特别感动。

7班的刘丹老师是一个年轻的老班主任了。他带的班，学生总是大气、自信和阳光，这都得益于刘丹老师平时的谆谆教导。他不仅培养学生的学习习惯，还重视学生良好生活习惯的培养，于细微处教会学生做人、做事。刘丹老师的女儿这学期上小学一年级，也正是需要父母陪伴的时候，但从未见到丹丹老师因此而落下班上的任何工作。

8班的卿立华老师是一位处处以身作则，对自己高标准要求的老师。8班的浓厚学风，勇于拼搏的精神正是卿老师言传身教的结果。作为初二年级孩子的家长，卿老师也同样面临着孩子叛逆的问题，自己也忍受着身体不好的困扰，但卿老师展现在学生和家长面前的永远都是阳光、开朗的形象。正是这样乐观、积极的人生态度让8班学生得以快乐成长。

9班的唐霖勇老师爱9班的孩子，这表现在考前的反复叮嘱和考后的逐个分析。9班学生活跃，唐老师就陪他们玩闹；9班学生爱思考，唐老师就引经据典引导他们。9班学生都自带一股书卷气也是随了班主任的气质。但家长和学生们却不知道唐老师这学期多次出入医院，而且还在不同的科室检查诊断，骨科、五官科、心血管科都留下了唐老师的问诊记录。唐老师不仅承担班主任工作，还兼任了教研组长、教师发展部副主任、区教研的工作。也难怪他人还未到中年，却有了一身中年人的病。

我们是十一个人也是一个人。每一项工作我们都协作完成，缺位时互补，困难时相互扶持。是每一个人的优秀造就了团队的整体进步。

没有强大的科任老师，再牛的班主任也无法成就一个班的辉煌。2018届的科任老师有着更多感人也鲜为人知的故事，虽然无法一一讲述，但我知道你们所做不是为了获得掌声，只是因为心中的责任。

2018届的每一位老师克服自身的困难，用不同的方式演绎着这场对学生的无声大爱，而我们获得的回报绝不只是成绩条上的分数。毕业典礼上孩子们泪湿的眼眶、离别时真诚的拥抱、深情的告白都让我们欣慰。于我们而言，孩子们的成长就是对我们最好的回报。

我们不是天生强大，我们只是天生要强。七初的强大不在重点率，不在平均分，不在多少个第一。七初的强大来自每一个要强的七初领导，要强的七初老师，要强的七初孩子！七初的强大在于每一个七初人都以学生成长、学校发展为己任、为荣耀！

让我们在前行的路上继续精诚团结，让七初的明天更美好！

我们的一家

□生物组　吴旭光

十年前，七初结束了我十年的漂泊教育生涯，我终于安家了！十年，住家换了2次，但七初我一直坚守！七初十年，德育工作十年，班主任工作九年，年级组长工作九年，回首十年心难平静，这也是迟迟不敢提笔的原因！此刻在秋月凉风中品味自己的心潮涌动。

德育工作十年，七初的德育始终以人为本，本着对学生的未来发展，对未来社会负责的教育本真，学校的规范教育、活动教育、仪式教育无不深入我们的骨髓，还记得为了开校典礼的仪式更加具有教育意义，我们奔波在不知名的街道寻找和平鸽，在没去过的寺庙关注敲钟的细节！由于讨论开校准备事宜，在深夜12点校长亲自开车送每个老师回家！为了规范教育的开展的要求，人生第一次敢直接同七中林荫的分管领导通电话，那是多么激动！为了学校规范教育的落实，老师们用自己的休息时间一起编写成都七中初中学校成才指南。为了学校陶艺课的开展，我同欧阳唯能主任3下某某陶瓷村，见证了乡道的难走和欧阳唯能的车技，也感叹我们国家农村的变化。第一次带领学生实地考察汶川大地震后的植被恢复情况；第一次带领学生参加四川省科技大赛并同七中林荫并驾齐驱；第一次感受到学生的潜力是无穷的。时至十年后的今天，学校的选修课的内容、学校课外活动的开展无不让我看到十年前的自己。很有意思。

当然也忘不了在七中音乐厅的七初的合唱比赛，老师们为了不出现安全事故，顶着细雨在林荫音乐厅的四周引导学生。更忘不了第一年每一天早上在校门口迎接学生的时刻，那是多么美妙呀！七初的德育是七初的名片，更是我最深，也是永远的骄傲。

三届学生，三届班主任，从“光哥”到“光爷爷”，时间过得很快！有人说没有当过班主任的老师教育生涯是残缺的，我完全同意这种观点！没有班主任生涯，我不会真正理解教育的真谛，更不能完全体会七初的教育追求：创造最适宜学生的教育。九年时间我做了150余人的班爸爸，150多个形形色色的生命得到了属于自己的精彩的发展，在七初多元的活动，多样的课程中，他们有的成长为艺术人才，有的成长为数学精英，有的留洋海外，也有的成长为体育精英。我自豪，因为有七初的平台，我的学生们都成才了！虽然在这九年中，为了学生成绩提升我充当了语数外“课代表”角色，为了寻找那些因为家庭原因不想回家的同学，我已经总结出学生离家出走的六大去向和寻找学生的技巧。为了缓和青春期遇上更年期的矛盾，我让自己爱上了动漫，从从不聊天成为网络达人！总之作为班主任的我绞尽脑汁，担惊受怕，但也有惊喜不断！因为我们真诚的爱和付出，学生在这种爱的环境中成长，他们的爱也得到了成长，他们不但会把爱给班主任，更会给更多需要的人！记得初三心理拓展玩爬人桥的游戏，我在全班同学的双手上爬完那人生中最安全和最漫长的10米，这是一件多么幸福的事情，痛并快乐着！

有人说年级组长是一个奇特的工作，奇特在上要传达，下要平复，自己还要有想法。九年的年级组长工作生涯让我感慨万千！忘不了李校长对我说的年级组长是学校工作管理者，要站在大局思考问题；忘不了杨斌校长对我们说的年级组长是一个“校长”，什么都要管！九年中，始终坚持学校的育人方向，用学校的育人理念指引自己的工作，用学校的办学追求规范自己的年级工作。只有年级管理与学校的统一管理高度一致，才能使得学校理念和制度落实到年级的每一个单元。

忘不了2012届学生自习时李校长和全体班主任每天的坚守；忘不了每一届学生毕业班主任们齐刷刷的红衣服；忘不了每次的年级老师碰头会大家争得面红耳赤，但最终意见一致的点点滴滴。记得一次某班学生以为家庭原因放学没有回家，全年级班主任满成都寻找。深夜2点我们找到他时，他委屈地投身老师的怀抱让所有老师感受到团队的温暖。记得，一个老师的得意弟子回班交流学习经验，全年级10个班主动提出需要这名优秀学长的指引。10个班10场演讲可把这个宝贝累坏了！所有班主任心中首先

是年级，其次才是班级。在这种思想的指导下，2012届创造了七初第一次成都市成绩第一，虽然是一次期末调研，但那是里程碑式的进步！2015届创造了成都市中考第一的佳绩，开创了七初成都中考顶尖学校的时代！这是七初年级管理团结协作的结果，那不是年级组长一个人的年级，更是每一个班主任的年级！因此年级管理更需要群策群力，更需要统一思想。

在统一的基础上百花齐放才能让一个年级充满活力。忘不了，我们姜文思老师的学生跑步训练方法；我们廖晓玲老师的志愿者活动的组织；刘晓维老师，卿立华老师对于班级的高效管理；刘丹老师对于学生的感恩教育；向秀红老师的以身作则；缪辉辉老师以仁爱之心引领学生；唐霖勇老师的学生档案；王利华老师的干部培养。一个年级的老师的特色融入整个年级，班主任们管理班级的能力就得到了极大的提升。

当然，年级的工作不只是班主任的工作，教学工作也是年级工作的另外一条腿。推进年级整体成绩单的提升是年级工作的重中之重。记得语文组改卷累，开玩笑说要是有点水果就好了，年级马上为老师们准备了水果。语文组老师顿觉精神百倍。忘不了数学组每次的集中备课和高效阅卷大大提升了教学的效果。忘不了在学习紧张时期，全年级老师在年级统一安排下超工作量的勤奋工作。忘不了年级管理对于学科的管理及时到位和关注是确保年级教学高效完成的必要条件。

忘不了2012届中考结束后全体2012届班主任在学校草坪上抱头痛哭和欢笑；在峨眉山的研讨会后大家的畅饮。忘不了我家中女儿受伤，以李校长为首的学校领导和全年级班主任温情的关怀；年级老师家中有变故，我同年级部分老师驱车几百公里前往探视和安慰。这是七初年级管理的另一特点——老师们相互帮助和关心，有了工作上和生活上的相互关心，我们亲如一家，相互理解，工作一条心。

七初的年级组长是大家长，是班主任的引路人，是班主任的“出气筒”，是班主任间的“调和剂”，更是年级学生最“怕”却最“爱”的人！“怕”因为他是学校制度的执行者，“爱”因为他代表一种公平。总之，七初的年级管理工作涵盖了德育活动的设计和开展，教学工作的安排和协调，教师工作的协调和督促，学生工作的全面管理。

七初十年，怀念每天早上6点出发一路小跑搭乘第一班6路车，到七中林荫站迎接上一大群七初学生的美好时光！怀念七初成功时自己和老师及领导的拥抱欢呼！怀念每天在操场和学生一起奔跑的日子！有太多的精彩瞬间，让七初人难以忘怀！

回首这十年点点滴滴，泪不知不觉从双颊流下！是幸福的泪！是一种满足！更是一种不舍！七初，我爱你！

审视七初现在，校园更加美丽了，有着华丽的音乐厅、升级的七里香长廊、更加丰富多彩的课程，高端大气的实验室，区域教育教学的引领地位，蜚声于国内外的声誉。我深深觉得自己身上的责任非但没有减少，反而一种忧患意识始终在提醒自己：七初的今天来之不易，他是100多名老师和近5000名学生共同努力的结晶，因为有了她的成功才造就了我们自己的成功，而我们的一切工作也直接关系到七初的成功！

展望七初未来，新的教育改革已经开始，七初面临新的挑战和机遇，面对中华民族伟大复兴之时，需要七初不断为社会培养属于未来社会的合格公民和精英人才。我们作为七初人责无旁贷！七初，为你，我将奉献所有的智慧和精力。

箴言开启梦之旅

□2018届8班　龙俊潇

第一次走进七初，已经是六年前。宽敞的教室在夏末的热浪中给我一种压抑的冲击感：我只是一个普普通通的孩子，没有奥赛、华赛奖项加身，乐器、表演、主持更是一窍不通，只有懵懂和自卑。

三年前的夏天，我穿着林荫的蓝白校服再次走进了七初的大门，教室比印象中小了一些。回眸看看这三年：我从鸵鸟变成了狮子，剩下的是对七初和老师、同学的无比感谢。

我不是天生强大，我只是天生要强

今年的世界杯，开场前有这样一句广告词：“我不是天生强大，我只是天生要强。”这句话很适合我。我是摇号进的七初，就差那么一点，没能考进“云班”。

“审是迁善，模范群伦”，我的第一步是成为“群伦”，但是性格中的要强一直抵着我的后背，让自己无路可退。朱颖老师的语文课前三分钟，我在毫无准备的情况下第一个主动去尝试，讲的内容是我对校训的理解。第一次跑1000米，在最后100米冲刺时，我奋力地摆着手臂，听着自己沉重的步伐声，自卑的同时却又有一种不甘落后的踏实感和自豪感。我就在无数次的起跑、冲刺中改变着，从软弱变得坚强，从还没尝试就想放弃变成就算实力差一点也要坚持到底。

七初的老师、同学，给了我足够的宽容和时间，见证并助力了我的改变。

挣扎是让生物变得更强的方式

小学学习奥数的经历让我对数学敬而远之，所以在初一学校招数学竞赛班时，我的第一想法就是逃避。数学卿立华老师急切地询问我为什么不去，我随便找了一个理由搪塞，因为那时我对于困难总是选择逃避的。

直到初二，不知道出于什么动机，我参加了竞赛班初选，不出意料地没被选上。直到班主任卿老师与竞赛班的沈毅老师进行了深度沟通，我才能非正式地进入竞赛班学习。为了补习之前落下的竞赛课程，我只好放弃每周五晚上固定的篮球时间，那是我第一次体验“取舍”。

学习竞赛本来就不容易，像我这样半路出家，还是非正式的成员，更是绠短汲深。课堂上经历了无数次的头昏脑涨、不知所云，听不懂只好把笔记先抄下来回去慢慢领悟。虽然最终初中的奥数竞赛我也只获得了二等奖，但是它给予我的面对困难的毅力和勇气却让我终身受益。

姜文思老师在讲到达尔文的进化论时，说过这样一句话：“挣扎是让生物变得更强的方式。”我感受颇深。

痛苦与付出让我们意识到幸福的可贵

初三，为了挑战自己，在校田径运动会上，我主动报了1000米。我的对手有两名是曾代表学校参加区运会的长跑健将，我在试跑时的成绩比他们还差一截。但是我报了名，只有硬着头皮上。每天下午放学后我就在操场练习，一直跑到天黑。

最后的比赛中，我在接近终点时摔倒了，没有拿到名次，但是无数双手向我伸来，把我搀扶到医务点。高山老师替我清洗了伤口，敷上了药，她说：“别太拼了。”我的眼泪夺眶而出，不是因为脚上的疼痛，而是感动于自己的坚持和老师同学的关爱。

与好友排练节目，反串跳舞，乐而忘返；韧带拉伤，但最终还是强忍着疼痛上场表演。大家的笑声与掌声，稀释了我的痛苦。我觉得自己能够带给这么多人快乐，并被他们关心着，真够幸福。

我的物理老师是一个年轻的帅哥——帅建明老师。尽管当时的天气并不太热，但好几次我去他办公室，都看见他衣衫湿透地在认真批改作业；每次问他问题，都会被他血丝满布的眼睛给“刺”到。我悄悄地在自己的作文本上写下这么一句话：“痛苦与付出让我们意识到幸福的可贵。”

从这里走向哪里

英语孙泽福老师说：“你们千万不要把英语当成了谋生工具，它应该是交流的桥梁，从这里走向世界。”我迈出了七初的校门，走到了林荫，现在又迈出了林荫的校门走向了清华。这是我追逐梦想的过程，而七初就是我梦想的起始点。从七初走出去又到哪里？这个问题留给每一个人。

一所学校能够带给学生可见的改变，它可以体现在成绩、性格和身体上，但更有不可见的改变，而且往往是这些不可见的种子在不可见的将来会开出惊人的花朵。

我很庆幸能在七初学习三年，也祝母校十岁生日快乐！

俯仰皆是韶华

——记七中初中学校家长开放日

□2018届2班　米再曦家长　荆兰蕾

一样有黑板，一样有老师，青春的时光里还有一群少男少女……不一样的是在初二的教室里，坐着一个尘满面、鬓如霜的我。

忐忑赶来途中，心绪纵横：花样年华的孩子们会不会因为后面坐着一个“异形”而感到不便，自己的存在会不会影响老师的教学，自己会不会在众多好奇的目光下逃之夭夭？……当我稍稍平复了心中的忐忑，坐在四方的教室里的时候，我在心中安慰自己：就当在虚空的影院里，独自看场电影好了。

现在，“电影”好像开始了！是个小成本制作。“主演”只有Eva老师一人，在听写过关。我分辨不出当前是已经上课了还是正在自习，只是有点儿意外：老师在上面讲着，下面却有四分之一的学生姿态各异地趴在课桌上写着什么。“现在的教学或许向轻松自然和人性化前进了一大步，你要看得惯才是！”正胡思乱想，忽然一阵桌椅的响声伴随眼前的光线瞬间变弱，刚才坐着的学生呼啦啦站起来，趴着的同学正在“爬”起来，我也忙不迭地行礼如仪。正式上课了！

Eva几乎全程用英语授课，同学们是“知音”，基本能对答如流，我却会看不会听！不由得慨叹：长江后浪推前浪，我已撞死在沙滩上！我能从口型推断，Eva可能有在英语国家的生活经历，她与学生在课堂上互动紧密，知识要点得以反复强化；课前的词汇和典型例句过关的检测只要长期坚持，学生的基础就会很扎实，只是她本人会很辛苦。想想如今的孩子们真幸运，当年在农村，英语教师奇缺，初中时，我的英语老师翟老师在接受了半年期英语培训后，发愤教了我们三年！他对待学生有一种那个年代难能可贵的平等，知道我暗地里吸烟，在四下无人时，偶尔会抽出一支递给我。那一刻他黑里透红的脸膛，如一支点燃的烛火，渐渐地光亮起来，从轻微的恶作剧，慢慢地过渡到憨厚，到诚挚……Eva对学生也很宽松，在听写单词“笑”时，她解释说是“大笑，嘲笑”，几个学生一边默写，一边忙里偷闲张开嘴巴表演起来，那此起彼伏的“笑声”很悦耳，要是保存下来，等到下次听写“绵羊”或“羚羊”时，说不定能再次派上用场！唯一遗憾的是，由于手头没有课本，又听不大懂，我没能理清Eva讲课的脉络和章法，只能愧疚自己滥竽充数，导致Eva老师“锦衣夜行”。从举止看，Eva有知识分子家庭出身的文雅和自尊，似乎也是急脾气，教授这么一群天马行空的学生，很不容易。但看得出来，她好像早已找到平衡，她面对学生的微笑开朗自然，是从心底流露出来的。课堂上学生对老师回应及时合理，气氛轻松，同桌之间因探讨问题，偶有耳语，前后桌的交流也时有所见。一位面目诙谐的男生静思中伸出一只手指，在前面一位女生的T恤上轻触一下，好像在用一根羽毛检验气球的强度，女生麻利地转头倾听，一双点漆般的大眼，在半隐刘海下，澄澈中有一丝灵动和警觉，像猫……她指着课本轻快地咕哝几句，又转回头……

不由得，想起今天早上，向老师抓住两个迟到的男生，我眼前立时浮现出这样的场景：她两手扭住学生的耳朵，闭紧嘴唇，双手合力向上提，就像一位世锦赛的冠军，狂喜地试图举起一座大号的奖杯。火辣辣针刺般的剧痛在学生的头脑深处盘旋，直到老师松手，耳根嗡嗡跳动的痛感，仍如余音绕梁，良久不绝！但那不是向老师，而是我们初二的情景再现！向老师当时只是微笑着晃晃手表，两个学生略表愧疚地看看时间，即脱身走进教室。而当年的我们，往往因迟到、课堂接嘴等违反纪律的行为不免受皮肉之苦。就是成绩良好的学生也没有例外。我那时远不是老师眼里的好学生，但在初二数学大考中，侥幸考到班级第一名，气得老师把三个“得意门生”叫到宿舍修理了一顿，骂道：“你们居然考不过他！”我原本一无所知，只见那三位蔫头耷脑、脸上挂彩地找到我，传达老师有请！我见到老师，心里不住地占卜吉凶，没想到，她劈头说：“数学考得不错，我一直以为你不识数呢！以后好好跟着我干！”我确有一瞬间受宠若惊之感，但终究管不住自己，继续三天打鱼两天晒网……

如果说粗野调皮也算本领的话，当今的一代恐怕够得上“二师兄”，而当年的我们则是“大圣”的级别，但我们弱不禁风的班主任却是“唐三藏”，维系师生间平衡有序的“紧箍咒”是深入人心的观念——严师出高徒！那时初中班主任中几乎没有不体罚学生的，班上男生个个挨过打，女生能幸免的也不超过三分之一，但从未见过学生挨打反抗和家长因此找来学校的。当然，老师也绝非凶神恶煞，他们讲课一样追求精益求精，只是相比较，七初的教学要强出许多。在这一点上，朱老师的语文课非常明显。

朱老师很显年轻，要是披上校服，跟学生没什么两样，以致我以为自己走错了教室！但她讲课水平非常高，应该说那堂课是我听过最出色的语文课。那节课讲的是汪曾祺的《端午的鸭蛋》，数年前我曾读过，因此先入为主地认为知识点过于琐碎，对朱老师能否讲好抱有观望心态。但很快，我发现朱老师的授课框架可谓独具匠心，整体构思像一张细密的蛛网……她在简单介绍作者及总结段落后，三下两下跳到“网”的中央，即作者写这篇文章的根源——大体也是文章的中心，启发学生得出作者为文的动机是出于对故乡的热爱、自豪；并通过寻找、朗读等多种方式对中心反复强化充实，比如在讲到“自豪”时，让学生从文章中找出与“自豪”有关的各个词句，并抽选学生朗读。记得一位坐在后排的男生朗读某句后，朱老师意犹未尽，言辞婉转地启迪他再读一遍，要读出“自豪”的感觉……那个男生相貌朴讷，却思维缜密，身形高大壮实，手头有一支金光锃亮的超大保温杯，像个暖水瓶似的，高高立在课桌上，与之相映成趣。他盯住“瓶子”深吸了一口气……这次读得挺好！就这样，语文中细碎的字、词、句如同丝线交叉的节点，与文章的中心构成一个精巧的网。回味整篇文章，脑海里呈现的，是一个脉络清晰的星系，文章的中心是清晰明亮的恒星，一个一个的知识点如行星般，在引力的作用下，绕着中心转动……学生在系统完成对知识点记忆的同时，应该也提高了作文构思能力。

值得玩味的是，尽管初中时对语文一直不大感冒，但我的学习的态度端正又与语文有些关系。那是在老师的宿舍，看到她的餐桌上有一张纸片，纸片上有一篇文章，是讨论王勃《滕王阁序》的名句“落霞与孤鹜齐飞，秋水共长天一色”里面的“与”和“共”能不能省去的问题。我根本不知道啥是滕王阁，什么是骈文，因此把句子断成“落霞与孤鹜齐飞，秋水共长，天一色”，反而觉得那文章写得莫名其妙！但碰巧知道“鹜”是什么意思后，我再端详这个句子，转着脑袋读了一遍，又读了一遍……那种油然而生的画面感令我倾倒。肩头有一丝战栗的同时，一种从未有过的甜涩汇聚心间，并缓缓向头顶升腾，泛起愉悦与轻盈，还有一点儿“孺子可教”的自负。这时无中生有地闪现一个信念：如果在学习上卖卖力气，说不定能超过那两个目无下尘的家伙……看起来，教化到底比挨揍顶用！

当代的七中学生读过《滕王阁序》的应该不少，他们的阅读量远远超过当年的我们，甚至从他们的阅读资料里，我发现了一些不为我所知的作家，比如史铁生、毕淑敏、迟子建、余秀华等。在羡慕这一代如鱼得水的同时，我也能理解他们的不堪重负的烦恼，而当年的我们没有这些，我们的烦恼是疲惫、饥饿和前途渺茫。我们那时不少人要步行3—4公里赶到学校上学。清晨5：30起床，赶去上早自习，冬天要值日生炉子还得更早，每餐伙食不足果腹，饥肠辘辘的感觉从上午第一节课开始，到第三节课达到高潮，但第四节课就麻木得不饿了。中午回家，饥饿感去而复返，而且本上升息。不堪忍受之余，到青纱帐里采集一种叫龙葵的野果往嘴巴里塞，那种野果紫色微甜，但吃过回家必呕吐不止，到今天我也不知道，是龙葵的果实本身有毒，还是受到农药的污染……再有，那时候多达90%的学生最后的出路就是在农村务农，能跳出这一“宿命”的办法只有读书考学，我们一直在将来辛苦修地球与当前的辛苦读书间左右为难……从内心深处，贪玩的我们对矢志刻苦学习的学生充满钦佩和向往，差不多每天中午回家时，会碰到一位高我一个年级的女生，她总是一面翻看着课本，一面步伐轻快、汗出如浆地从后面赶来，两只羊角辫儿有节奏地微微颤动，树影一片一片地从她浸着汗珠的脸颊上掠过。我们几个结伴赶路的学生会不由自主地避立道侧，注视本不漂亮的她，像花一样地从身旁飘过。但始终，我们之间没有说过一句话。

那时男生女生关系如同猫狗，除了吵嘴，罕有交流。男生会觉得这些矮个儿、短腿儿“生物”忒矫情，女生也觉得男生都是一群爱吹牛的蠢物。不过，那时男生也确实对自己的智慧没有多少信心，尤其是一年前，半信半疑地听说，在什么伊甸园的地方，女生是牺牲男生一条肋骨换来的，那种施以大恩大德却未得回报的懊恼感不禁油然而生，觉着就是“买椟还珠”也比当这种“冤大头”来得聪明。

当今的学生明显“进化”了，男女间能自由坦然地切磋学问。离我不远的一个有着圆圆娃娃脸的女生，大大的眼睛，隔着镜片泛着灰褐的光，睿智而机敏，像只守护大树的猫头鹰，喜气心生。她不时侧过身，隔着过道与一位面目清癯、五官分明的男生探讨问题。男生为了听清，头和上身沿着桌面，向过道平伸出去，像只被一条无形的绳子牵引的孺子牛。忽然，女生的肩膀哆嗦一下，如放飞一只信鸽般的，一本书从过道下方跃出桌面，向男生飞去……

女同学所受礼遇在课间表现得更充分。先前，我最顾虑的还是课间。作为来当“插班生”的家长，上课时可以鱼目混珠，下课后就会比较显眼，有点儿像动物园笼子里的“物件”。但真到了大课间，反而想通了：索性当一回童话里的皇帝，披着一袭看不见、摸不着的“行头”，决心要把游行进行到底……休息后，学生们走动起来，自由组合，醒目地结成死党，一对一对的，像挤在一个窝里的两只小动物一样紧挨在一起，随着大队人马，鱼贯出了教室。平时可能粗声粗气的男生，在跟女生说话时，会变得乖巧起来，语气也柔和了；一个与“兄弟”指点江山，威风凛凛的大丈夫，闻听身后的女生招呼，回过头就满面赔笑地缴械投降了……

学生们去了操场，教室内外变得空空荡荡。徘徊在走廊间，不禁感叹七初建筑群设计的精巧与曼妙。七初的建筑设计与中国园林的部分构建方法暗合，静态上，常常利用不规则的形状，建筑立面的凹凸变化，让观者看不到观赏物的全貌，产生好奇心。如右侧的花园庭院，通过墙体空窗、局部楼层架空，起到花墙的作用，实现空气对流、借景与移景，吸引观者的遐想；动态上，通过走道和视线的引导，行进中呈现空间的变化，从狭窄到宽阔，从普通空间到豁然开朗，人移景转。要是从我的初中时光穿越至此，不知西东之余，也许忍不住狠掐大腿，看看一切是不是梦的装饰。

回到教室，数学课已开始准备。可能是前面已上了两节课，学生们又不大听话，端正地伫立在讲台旁的刘老师，面色有些疲劳凝重，如一尊雕像。但课程开始，“雕像”马上活跃起来，变得笑容可掬。刘老师的课不以机巧取胜，而是平实规范、一丝不苟，例题的选择典型，中间的过渡自然，一步一步地由浅入深，讲解剔透，得出结论如抽丝剥茧。他鼓励学生独立思考，启发他们用自己的方式进行数理推导，先后找了几个学生上去，用不同方法推出多边形内角和公式。而如我们的时代，学生独立思考有时要付出代价，思考对了未必能得到鼓励，说得不对可能要受罚，所以初中时我们不太动脑子。刘老师语言简练，不苟言笑，这一点跟欧老师的物理课略有相似之处。

欧老师上课先提问，如果不熟悉他的语言习惯，冷不丁听会觉不够清晰。他的物理课言简意赅，语速和缓，有“如无必要，勿增实体”的风格。例如他讲的滑轮组设计，化繁为简，能使学生快速掌握要领。应该说，欧老师的风格不属于张牙舞爪类型，他能用严密的逻辑吸引住学生，而课堂上的学生们也似乎相对安分一些。这种现象，可能与欧老师的“寡言”有一点儿关系，就如同一只老虎头一回瞧见一匹壮马，心生畏惧地盘算：这个庞然大物会不会很能打……

此次听课较遗憾的是，没有听到刘张扬老师的数学课。我曾与刘老师有过语言交流，刘老师声音洪亮，思路清晰，诙谐幽默，很有气势，她可能有出奇制胜的讲课特点。而刘老师和欧老师的部分特色又有些像我高中的班主任张老师，她也教物理，讲课的风格与欧老师比较像，但气势和性格又与刘张扬老师相仿佛。我记得与全班初次见面，她说：“你们到我这里的目的不是考上大学，你们的目的是考上重点大学或名牌大学！”她讲话斩钉截铁，气场强大，不容置辩，几句话能把学生说得张口结舌，而其间不会出现一个不雅词汇，她也一直听不懂我们那里的许多粗俗俚语。不过，不管学生捅了多大的娄子，一旦认错，她都会既往不咎，绝对不念旧恶和旧事重提。她的学生只有她可以批评，其他人上至校长，下至保安，谁也不行，学校里任何人找她学生的麻烦，她都会明里暗里地给学生撑腰，故深得人心。她重视学习成绩，但不会对成绩优异的同学加以表扬，也不会因成绩不佳批评任何学生。她对班级的态度则是万事争第一，形成很强的向心力和集体荣誉感，即使是一场与外班的足球赛，当她听说半场踢平了，也会赶来激情洋溢地训话，并亲自督战下半场，哪怕她对足球所知甚少。她是我们高中两三个特级教师之一，物理课讲得很精彩，只是被更出色的班级治理能力掩盖。她63岁退休，“那一年，我把我的19个学生送进清华北大……”她自豪地告诉我，显得很得意。

从学校返回的路上，我感慨：旧日的学生已变作眼界更开阔的一代；一代教师解甲，更年轻更强大的一代又出现在黑板旁……此刻耳边回荡起《乱世佳人》的曲调，一种“俱往矣”的沧桑意境涤荡内心，并非悲凉，却生出莫名的惆怅与希冀。仰望，蒙蒙云层的边缘显现明晃晃的日头轮廓；俯身，台阶上浮现一缕柔弱的阳光，带着金黄的色彩，翻过绿树掩映篱墙，爬满远处的楼层。

身后隐约响起学校的铃声，在阳光下站得久了，自己也就成了阳光的一部分……回忆里的流年，时光裹挟着青春走过一代又一代，我在心里默念：俯仰之间，皆是韶华。

我的家

□信息组　郑长宏

还记得八年前的那个夏天，经过反复思量，我终于鼓起勇气，下定决心，跳出轻松的工作环境，经过严格的面试来到了成都七中初中学校。这是我人生中一个非常重要的决定。

七初的校园小而精致。步入校园首先映入眼帘的就是校训石，上书“审是迁善，模范群伦”八字校训。其后的院士墙记录了学校的历史渊源和院士校友。红砖白墙的教学楼传来琅琅书声。转入林荫小道，扑面而来的是桃李芬芳。金秋时节，两排高大的银杏树总会引得师生们前来拍照留念。

刚到七初，感到这里是那么不一样。同学见到老师会礼貌地行礼、问好；同事见面会微笑着互称“亲人”；路过有纸屑的地方，总有人弯腰将其拾起放入垃圾桶；教

师节会有集中庆祝活动，让每一位老师都感到喜悦……

随着工作的持续开展，我感觉到七初的工作节奏很快，工作量很大。好多时候需要一路小跑，从一个工作空间“瞬间移动”到另外一个空间；好多时候需要及时转换思维，从一种工作状态无缝切换到另一种工作状态；好多时候需要持续学习，从一个领域深入另外一个领域。特别是刚来的那一年，每天晚上很快就睡着了，但是，第二天醒来，我又会以饱满的热情投入工作中来。

渐渐地，我又有了新的感受。七初像其他学校一样，重视课堂教学，但是不一样的是这里有非常多的活动，大活动成串，小活动成片。在活动中，学生们的视野开阔了，兴趣提升了，能力增强了。我也参与了大大小小无数的活动。我惊讶地发现，在七初一个学期见到的大咖人物和听过的高级别讲座比在曾经工作地方七年的总和还多。

七初的食堂总是值得称道的。在师傅们的高超手艺中，饭菜总是色香味美、种类丰富，有个大馅香的包子，有油亮糯香的卤猪蹄，有质嫩味美的蒜香排骨，还有肥而不腻的红烧肉……当然，最让人垂涎欲滴的就是自己动手做一碗煎蛋面，再淋上一小勺特制的红油，那叫一个巴适！

今年是我来七初的第八年，也是七初诞生的第十年。在这八年里，我遇见了最美的校园，遇见了最可爱的学生，遇见了最优秀的同事，大家都累并幸福着。

这八年里，我专注于信息技术与科技创新教育，依托七初平台的强大优势，指导学生获得过全国科技论文比赛一等奖、全国信息学奥林匹克联赛一等奖。我参与了国家级教育科研课题，我与同事们一起研究数字化学习和STEAM教育，发表了多篇论文，还获得过全国论文比赛一等奖。鉴于在课程改革方面的探索取得了些许成果，我也被邀请在各种研讨活动中进行专题分享。这八年很累，但是这八年很有收获。

七初，就是那个让我成长的地方。

七初，就是那个让我实现理想的地方。

七初，就是我的家，我们大家的家。

也许，你现在的气质里，藏着你走过的路，读过的书和爱过的人。

然而，我现在的眼神里，凝着我爬过的山，熬过的夜和深爱的家。

人生能有多少个八年，我人生中最美好的八年都镌刻在了七初。我无怨无悔。

遇见，最好的你

□2014届6班　张蕊绫

这是一个关于相遇的故事。

遇见七初，既是刻意而为之，又是意料之外的惊喜。我本不是成都人，为了求学，在小学毕业以后，便举家匆匆搬来成都。为了一个读书的名额，更是早在四年级时就把户口迁到了成都。在这个人生地不熟的大都市里，可以说，七初是我最初的梦想，也是我的幸运。

虽说来成都本就是为了七初，但到底能不能上，我却从来没有太大的把握。我也参加了不少学校的入学考试，在某种意义上也做好了去读其他学校的准备。只是，在与家人的交谈中，还是会憧憬有幸读到七初的幸福。

我至今还清楚地记得，那天爸爸在公交车上的神态。他出神地望着窗外，呆呆地看着七初那时的校门，嘴里喃喃道："如果以后你真的读了这所学校，早上呀，肯定起得很早。等冬天的时候，你就可以穿爸爸今天给你买的衣服了。这衣服的帽子挺大，还毛茸茸的，你戴着就不怕早上被冻着了。"爸爸嘴里说着衣服，眼睛却从来没有离开过"成都七中初中学校"那几个大字。那是我第一次知道七初，也是我第一次见到七初。当时的我匆匆一瞥之后，对七初并没有什么特别的感觉。我并不知道成都的"四七九"有多么出名，自然也就感觉不到眼前这所学校的优秀。只是想着，进这所学校是爸爸的心愿，于是便也迫切地希望自己能有幸到这里就读。

得知自己被录取的消息是在暑期的一个下午。当时，妈妈想，周边学校报名差不多快结束了，微机排位也该有个结果了吧。于是，她打电话到教育局，想要查询摇号结果。那时的我，真的是比毕业考试还要紧张，心里不断安慰自己：没关系，没关系，就算读不了七初，也还是有地方读书的，也不差，也不差。直到电话那头传来："恭喜你，你的孩子摇到七初了，快点去报到吧！"在那一刻，我切实体会了一把中大奖的感觉。原来，真的会有突如其来的运气，真的会有始料不及的惊喜。我和妈妈是跑着去七初的，在那里见到了教务处的老师们，领了小升初的假期作业。那是我第一次也是唯一一次领作业还那么开心、那么兴奋。好似写个作业都能让我骄傲半天。

就这样，我算是真正地与七初相遇了。从那以后的三年时光，是我到现在都还向他人炫耀的资本。

这也是一个关于成长的故事。

从前的我，不明白为什么会有名校和普通学校之分。可在步入大学之后，我对这个疑惑渐渐有了一些自己的看法。其实，名校与普通学校最大的区别不在师资，而在氛围。七初带给我最大的影响就是它教会我“做人”。来到七初，我们上的第一课便是一个“礼”字。起身看座、见到老师敬礼问好，这些看似普通的细节，却往往是我们在生活中最容易忽略的部分。而在七初，它被放在第一课。也许现在你并不会明白这样做的意义，但当你升入高中、考进大学，甚至步入社会后，发现自己与身边一些人的不同时，你会以自己是一名七初人为傲。

在七初，我遇见了最好的老师、最好的同学，他们教会我成长，予我最好的时光。他们都是社会中最普通的人，但却因为彼此的相遇，装点着对方的人生。他们都是我心中最特别最可爱之人。

我是2014届6班的学生，我的班主任是韩帅老师。我第一次见到他的时候，就感觉他更像一个和蔼的长者。我当时就有些怀疑，他真的镇得住我们这些熊孩子吗？可后面三年的相处让我知道了，真的会有一种老师，可以对学生做到动之以情、晓之以理，确确实实做到以德服人。印象里，初中三年，韩老师从来没有跟我们发过脾气。不管遇到多严峻的问题，他都始终没骂我们一句。他眼镜背后有着说不出的严厉和温和，总是让我们既敬佩又敬畏。离开七初，跨过高中，迈进大学，如今相隔万水千山，韩老师，你还好吗？

我的英语老师罗丽蓉老师的性格则与韩老师截然不同。如果说韩老师是温润如玉，那罗老师一定是热情似火了。罗老师做什么事情都十分讲究效率，她总是风风火火地来到教室，交代完事情，又急匆匆地走掉。她是真的可以让你确切地感受到知识的转瞬即逝。在她的课堂上，你是一秒也不能放松。倘若你想歇口气，那么完了，后面的进度你是肯定跟不上了。好在罗老师特别喜欢学生下课多去打扰打扰她。她喜欢爱提问的孩子，同其他老师一样。罗老师的时间观念很强，连走路也如此。在能小跑的地方，她绝不会慢慢地走。她总是低着头，快步从你身边走过去。如果你想要叫住她，那一定要记得提高音量，多喊几次。因为罗老师连走路都投入了自己全部的专注力。是吧，认真生活的人，连走路都不会懈怠。

总之，七初的每一个老师能带给你的，绝不仅仅是知识上的指导，他们的一言一行，更是能引领你成长的方向、端正你生活的态度。他们会用生活中的一点一滴告诉你，生活不易，可我们必须认真生活。也许，只有努力活过，不屈前进，才不枉我们身上七初人的标签吧。

在七初，还有一群志同道合的同学，他们的存在无疑也为你带来些许成长的助力。他们给你营造了最好的学习氛围，给你树立了最好的身边榜样。在同龄人的光芒下，也许你也能找到自我内心的渴求，树立人生的第一个目标。我记得，在我读初中的时候，我们年级的第一名从头到尾就没有变过。所以，那时候我是真的会对他有一种强烈的崇拜感。虽然我的成绩在当时可以说是差得离谱，但这一点并不妨碍我幻想自己有一天能变得像年级第一那样优秀。可能也就是这些幻想，能支撑你走过一个又一个孤独而漫长的黑夜，最终迎来胜利的曙光。当迎来毕业季那条铺在你脚下的长长的红毯，转头看向那些一路上与你同行的人，你也许会有些迈不开步子，因为你明白，在胜利的另一端或许不会再有这些稚嫩的脸庞。你的步子变得沉重，里面装着满满的不舍。但我想说，记住这些青涩的模样，带着回忆与祝福去迎接你人生中更多的红毯。感谢这段被对方点亮的时光，无论如何，就让它在时间的长河里熠熠生辉吧。大胆地迈开步子，勇敢地往前，换一种方式陪伴对方往后的时光。当你一点一点地走向红毯的另一端，你也在一点一点地品味着成长的微微苦涩。

这还是一个未完待续的故事。

虽然我已从七初毕业多年，但我却觉得自己从未脱离过七初的怀抱。在毕业后每一个跨年夜，七初总是在呼唤着我们这些游子回家。这种温情和这种从内心散发出来的归属感是我在此后的学校所没有体会到的。从小到大，七初是我读过的最好的学校。她带给我的骄傲感不言而喻。不管走到哪，我总是很愿意向他人提起这段与七初有关的过往。如今，我也将继续以七初人的身份，一步一步走完自己接下来的人生道路。不管我去向何方，我始终都不会忘记七初的方向，那是家的方向。待我足够优秀，我也希望能以最好的自己和七初开始一段新的故事，那个时候，我想自己也必将成为她的骄傲。

十分有幸，能在懵懂青春里遇见七初，并与她共述一段过往。这是一个青春的故事，关于遇见，关于成长。如果可以，我想给这个未完待续的故事再多添上一些色彩，带着“审是迁善，模范群伦”的骄傲，去书写更加壮阔的人生华章。

朝花夕拾亦情深

□2012届2班　闫雪艳

此去经年，恍然已六载，叹一句：朝花夕拾亦情深。

曾经的求学之路，对我影响最为深远的，将我最终打磨成一块璞玉的，我想正是在七中初中学校的那三年。

那三年的初中生活是充实向上、异彩纷呈的。学校校风严谨优良，每日张弛有度的作息安排保障了大家基本的学习时间，班级学习氛围浓厚，每一个人都像雨后春笋，自觉地汲取各种知识丰富自己、提高自己。同时，军训、社团活动、课外实践等也为我们提供了最自由的舞台，让我们能在学习中培养自己的兴趣，提高综合实践能力，这也是我最难忘、最愉快的一段彩色回忆。最可贵的是，学校还经常为我们开展各种讲座，为我们描绘无限广阔的前景，激励我们向着理想前行，勾勒出精彩的人生！

七初还交给了我一份珍贵的礼物，那便是我骨子里所传承下来的七初精神：让优秀成为一种习惯。如同学校校训中所说“审是迁善，模范群伦”。审视自己的不足，向优秀的人、优秀的事学习。在这过程中，不仅需要老师们严格要求自己，进而对学生提出高标准，还要求学生自己主动在老师的引导下探索真理，实践求知。在此，我想感谢我的班主任李老师、数学卿老师，还有英语朱老师，以及所有给过我教诲的老师。是你们，为我的整个初中生涯提供了这样一个严谨的治学氛围。在这里，我养成了受益终身的良好习惯，在之后面对每一次人生挑战时都能胸有成竹、泰然处之。

用坦然的态度正确地面对所有的机遇与挑战，是七初交给我的应对生活的法宝。人生的挫折太具偶然性，生活也是奇妙不可预测的。当我遇到机遇时，七初教我努力把握；当我受到挫折时，七初教我坦然接受而后重新站起来。无论在何时，正确地看待自己的处境，对未来保持希望，对生活保持热忱，坚定不移地往前走，这是永恒的真理。

时光真是悄无声息地带走了很多东西，今日再回首，往事如清风般轻抚着我。此刻，我在北方的深夜，怀念你——我最亲爱的七初。

我想大声地对着山谷呼唤：我想念你！我怀念的是所有陪伴我成长的老师，是所有一起努力的同学，是三年一起心无杂念的拼搏；我怀念的是无所畏惧的前行，是每一张笑脸、每一声鼓励。而我，作为一个光荣的七初学子，承诺：在未来，我一定继续秉承“审是迁善，模范群伦”的精神，勇敢而坚定地奋斗，建设我深爱的祖国，不负学校的期望与培养。

朝花夕拾亦情深。七初十年，您是否听见远方的孩子对您深情的呼唤？

刻入骨肉的方寸天地

□2014届5班　冯思淼

七初在我的教育经历里似乎显得特别：它不是七中林荫和清华，已经成就并将会成就我生命的多数辉煌；也不是银都小学和金苹果幼儿园，用六年甚或更长的时间教我如何讲礼、专注和善良。

是啊，七初，它究竟能有些什么惊天动地的大意义呢？当然，在七初，我正如来过这里的每一个人，都经历了专属于自己的独家故事。那些记忆像雨后的蚯蚓一样，回忆的雨一下，就纷纷浮上泥土。你看着那些"爬行的精巧生命"，惊觉这段日子已经过去如此、如此、如此久了。

但，七初，它究竟会有些什么意义呢？

我觉得第一件事是"与朋友交"。

七初赠予了我生命中第一个真正意义上的挚友，不对，是三个。曾经，我们与普通的初中生别无二致，上课讲话，下课结伴回家，巴不得整个假期都黏在一起。今年，是我们四个认识的第七个年头了。站在这样一个时间点往回看，的确会感慨，当年的我们啊，的确是四个天才——我至今感谢七初的一点是，它对每个人身上的特性持极包容与呵护的态度。同样，我至今仍然记得初中班主任唐杨老师在我刚上初一的时候对我讲："如果你一辈子能够有几个挚友，那我会特别羡慕你。"

如今，我们是如此不同，但又是相似地优秀。唐老师，羡慕我吧。

第二件事是"竞争"。

这很重要。当然，小学也有比赛，也有考试，但在七初，我第一次体会到系统的、长期的、并非全然结果导向的竞争。这种竞争告诉我：阶段性的结果没那么重要，最终结果很重要，过程更重要。我至今感谢初二下学期期末考试那个像被羞辱一般的年级第九、语文118分和数学138分。如今，我早已经过了耿耿于怀的时候，但如果没有那一次刻骨铭心的挫败、痛下决心的整改、最终回归平静的释然，我就不可能在初三一整年都稳居年级第一，不可能坦然面对高三一诊和二诊的重大失败，不可能在高考前达到彻骨的平静，不可能在清华以健康的心态面对竞争。那么，说不定就不会有我的今天。并且，说不定，在面对将来的人生当中越来越大的风浪的时候，我也无法继续笃定。

因此，唯有感谢，唯有感谢。应该感谢的人实在太多，我实在无法一一列举。我至今记得十五岁的生日，那是我到目前的短暂生命中最荣耀的一个生日。在那一天，我经历了体考，那曾经让我感到慌张——我至今都记得立定跳远死活过不了2米46的恐惧——但最终，好像有主角光环一样，我得了初三一整年的第一个满分。记得那天，我收到的生日礼物，是用超市里的那种手推车推回家的。但我更记得，在那一天之前，我早早地给这里每一个我想要感谢的人买了礼物。这是我的生日，而我要送给别人礼物，因为我实在过早地贪占了他们对我的好。我送了唐老师一副红色皮质的拳击手套；送出去了一套《张爱玲全集》，结果发现人家家里早就有了更全的馆藏；给喜欢昆虫的玩伴送了昆虫琥珀……我深感，在我与别人的相互馈赠之中，一种“共同善”在以圆融的姿态流动。

我曾经回忆七中林荫，称其“不是孕育，而是安放”。七初亦如是，她像珊瑚礁上的枝一样，揽住了洋流中如我一样随机漂浮的生物，然后用三年的时间，让我把这里的方寸天地刻在虹膜上、骨肉里。

七初，七初，学生感念您。

心之所向　一往情深

□2019届6班　余朵

几年前，我和爸妈刚搬家到七初的周围，总能听到周围的亲戚朋友念叨几个词“七中、七初、厉害”。每每从七初门前的街道走过，我总会忍不住往里面多望几眼，看看里面的红砖白瓦，晃一眼那件红白校服，也记住了带有“7”的银杏形状校徽。或许从那时起，七初就已经在我的生命中埋下了梦想的种子。

记得，第一次进入七初是在报名的时候。我漫步校园，满眼都是生机盎然的绿色，那转角时被太阳映得金黄的墙、那无限延伸的幽幽小径、那笔直高耸的银杏树……这些美景使我的内心瞬间充盈着一股对七初的期待。我对爸妈说：“我喜欢这个学校。”

打开时光机，我回到了刚入学时，再次回顾这两年的时光，我与七初一起经历了多少动人的故事……

2016年8月31日　学前教育

班主任：“我们学校名字的英文是什么？”

同学们：“Chengdu No.7 Middle School.”

班主任：“你对我们学校的认识是怎样的？”

稚嫩的脸庞，紧张的表情，一张张可爱的笑脸。我看见那时的我们刚和七初见面，害羞又期待，兴奋又胆怯。

2016年9月1日　入学典礼

今天，是我正式入学第一天，想想还有点小紧张。刚刚认识了新同学，见了新老师，就被带到体育馆参加入学典礼。第一个环节是老师出场。每一个老师出场时，对应的班级就会响起尖叫和雷鸣般的掌声。为了不输气势，我和周围几个同学商量着怎么助威。初入七初时的我们、亲爱的老师、可爱的同学们，仿佛就在眼前啊！

2016年9月24日　军训准备

早晨，背上背着比自己高出半个头的军用书包，手里提着大水桶。12辆大巴车早已等候多时。我们挣脱父母的怀抱，准备迎接即将到来的挑战。2019届全体同学就这样浩浩荡荡地出发了。

向着军训出发！

2016年9月25—29日　军训

跑圈、俯卧撑、深蹲、站军姿、匍匐前行……一个个挑战接踵而至。训练之余，各科老师前来探望，为我们送上鼓励的拥抱。泥泞的操场上洒下的是我们努力的汗水，一个个脚印是我们留给成长的记号。

2016年10月18日　运动会

这是我在七初参加的第一个运动会，我的心中充满了激动与期待。开场是2019届女生耗时一个月排练出来的伞操。整齐划一的动作、快速准确的走位、无与伦比的表演效果，是对我们辛苦排练最好的肯定。这次运动会，我报了一个女子短跑100米，虽然成绩不佳，但同学们在一旁的呐喊助威，是比成绩更让我珍惜的礼物。

2016年12月31日　元旦晚会

元旦晚会，是七初一年中最盛大的活动，毕业的学长学姐们回来交流心得、表演节目，引得阵阵喝彩。老师们也不落后，用漂亮的舞姿赢得了大家的掌声。第一次感受到七初如此巨大的热情。2016年在同学们的欢声笑语中落幕，进入七初的第一个学期也在学校摇曳的灯火中画下句点。

过去的每一年，我们都在拼搏。所以，此刻，迎接新一年的到来，我们无憾！2017年，在我们的庆祝中到来了。科技活动月、合唱比赛、国际交流节、干部竞选……我们正在用自己的努力去换得每一朵花的绚烂绽放！

时光机回到现实，我们还在奋斗的路上，马不停蹄。

七初没有超人，只有超人的意志！

七初的同学教会我坚持与拼搏，七初的老师教会我责任与担当。

七初不是制造学习机器的工厂，而是一个对学生进行人文滋养的圣地。

七初对于我来说，是成长路上最重要的一枚徽章。

未来的路还很漫长，我与七初的故事，未完待续……

笔记大自然
格林童话
名人传

锦上花红　千年不谢的梦

□2019届11班　刘瑞洋

遇见是最好的开始。在墨香氤氲的七初，我翻开了青春的扉页，收藏着流年里的故事。　——题记

花期尚远

“重要的不是什么都拥有，而是想要的恰好在身边。”

2016年的7月，所有2019届的同学都面临着小升初的问题，我幸运地遇见了七初。那时的我，间歇性地成熟稳重，持续性地幼稚天真。

在进入初中的第一学期，一切都显得那样仓促而茫然。小心翼翼地打量着周围陌生的一切；随波逐流地参加各种竞选，却从不知如何从容面对；无法承受陌生世界里的那份孤独，茫然地游走在友谊的边缘；有些麻木地度过一日又一日……幸好，在我青春的花期来临之时，我遇见了你——七初。

在这里，你用你豁达的胸怀包容每一个孩子的懵懂与无知，你用你的智慧开启每一个孩子思维的窗，你用你的思想引领每一个孩子走向深邃……走进你，我明白了奋斗是人生最美丽的姿态，也明白了“七初没有超人，只有超人的意志”。你有着青春故事里的那份坚韧，有着人生路上不可或缺的那份热情，更有着让梦想生根发芽的那一片肥沃的土地。

一切都顺其自然，我行走在少年必经的成长的路上，等待花期的来临。

花期渐近

“为了看到阳光，我们来到世上；为了成为阳光，我们存于世上。”

七初四季的风景变幻万千，而在万物有灵的春天，坐在靠窗的座位上，感受着透过银杏叶洒下来的一缕缕阳光，总能触及人们心中最温柔的角落。这是整个初中最欢乐的时期，同学们早已熟络，活动日渐丰富，而功课却不是很繁忙。我想在每一个活动中都充分展现自我，如同一个小太阳，给予自己光芒的同时，也给予他人光芒与力量。恰同学少年，风华正茂，如果连最美好的青春时光都错过了、忽视了，那我们的人生便少了许多光彩。为了看到阳光，我们来到世上；为了成为阳光，我们存于世上。这个男孩会继续追逐他的梦想，不负青春韶华。

不止一次地询问自己：幸福是什么？它来源于哪里？自从进入了初中，我的集体归属感就特别强，仿佛没有了平时的嬉戏打闹、欢声笑语，一天就会过得十分平淡与漫长。七初的校园是集宁静与喧闹于一体的，当内心浮躁不堪，我就漫步在无人问津的小巷，与花草做伴；而当内心空虚无比，我就叫上几个好朋友一起打球，一起欢乐。这种简简单单的满足都会让内心十分温暖。我似乎已经对这座校园产生了依赖的心理，这并不是因为我必须身处其中，而是我总能在这里找到幸福的感觉。这种感觉和在家里的那种亲情的幸福感是截然不同的。其实幸福就是一种傻傻的坚持，带上一颗简单的心，不带太多期望上路，一路上不断去发现惊喜，不管到来的是好是坏，都去接受和欣赏，并为之感激。而七初带给我的，不仅仅是幸福，还是一种成长的力量。

花期正浓

“愿你眼里总有光，活成你想要的模样。”

刚刚进入初二，有那么一段时间，我一直处于低迷的状态中，自己有一种深陷泥潭的感觉。每次考场上的失利，都让我倍感压力。然而我并没有很好地调整过来，最后连老师都发现了我的不对劲。于是她找准时机，把我叫到了她的办公室，并把我父亲也叫来了。依稀记得，那是我上学以来第一次被请家长吧。其实请家长也不是一种惩罚，而是家校共同努力解决问题的方式——及时地打一支止痛药，然后制订接下来的计划。老师问得最多的问题是你想成为怎样的人，你将来要干什么。的确，学习

并不只是学习，而是要为今后的人生打下基础。我相信，那是我第一次被请家长，也是最后一次。愿我眼中总有光，活成我想要的模样。老师与家长也只是在旁边推波助澜，真正的决定者，还是我自己。那一刻，我开始了对自己人生的考虑，把我的思想推到了更高的地方。

每次跑步的时候，耳边都有风呼啸着吹过，而风的方向总是和自己跑步的方向相同。因此，无论我跑到哪里，风都一直守护在我身旁。即将入团的时候，我十分光荣与自豪，因为我的身份改变了，我成功地从一名少先队员成长为一名团员。团支部的老师叫我们每一个人立一条自己的人生格言。我思索良久，人生格言是要伴随自己一生的，并且每一刻都能化为动力支撑着自己继续前行。我突然想到了我跑步的情景，于是我拥有了自己的人生格言："当你不知道该往哪里走的时候，那就先跑起来，耳边有风，风就是方向。"七初的环境把我淬炼成了一个有目标、有担当的人。

尾　声

一个人回不去的，必是他穷极一生去重温的一个梦，必是他辗转天涯海角后仍深爱的一个魂。而这些，是我能够轻轻诉说出来的故事。就在七初，一个有我与它的故事的地方，宛如锦上的花红，是我心里千年不谢的梦。

绿叶对根的情谊

□2011届3班部分学生

粗略一算，作为成都七中初中学校2011届首届毕业生，从母校毕业，已有七载。人们都说，感情难过七年之痒。但我们对七初的感情却愈发浓厚，感激中闪烁着骄傲。

回忆将我们带回了2008年那个橙黄橘绿的金秋，伴着浅秋的风，藏着几分夏末的余温，我们第一次踏进了七初的校门。那时候的七初，到处都还在修修补补，空气里是混凝土的味道。七初校园的一切都是崭新的，我们就如同校园中刚栽种的树苗、花草一样一起接受春风雨露的滋润，在知识的海洋中茁壮成长。于我们而言，我们在刚刚经历了小学的懵懂以及2008年地震带来的悲痛后与七初邂逅。那时的我们又怎会知道，七初将带给我们多少惊喜与感动。

十年前，七初是一所崭新的学校；现在的七初，是一所很优秀的学校。当然这两个形容词并不冲突，但是回想起来，从开校典礼到之后的三年时间，是七初如同新生儿牙牙学语般试探物质世界的阶段。在这三年里我们经历了第一届运动会、第一次文艺会演、第一次元旦晚会、第一届中考，等等。多少学生能有这样的经历？和老师共同摸索，并且这些共同努力摸索出来的活动都被延续了下来，被时间赋予了更多的仪式感。作为七初的第一届学生，我们感到无比骄傲与自豪。

七初的开校典礼还历历在目，人生中能够参与一次这样隆重的盛事是我们的荣幸，穿上红白色的七初校服是我们的幸福。典礼上杨斌校长所传达的"审是迁善，模范群伦"的校训在三年的七初乃至高中、大学生活中都一直伴随并影响着我们。这是身为一个七初人才能听懂、感悟的话，每当说出口的时候多少也会带着骄傲。校训让我们深刻地领悟到无论是学习还是生活中都要不断审视自己，不断完善自我。七初人不仅要追求"优秀"二字，更应该引领潮流。

三年时光中最难忘的是我们同学之间，学生与老师、学校之间已如同亲人般的感情。这种爱并没有随着毕业时光的延长而渐渐消失，而是化作对七初的爱永远留在了我们的心里，留在了校园的每个角落。在七初的生活中，同学之间的相处是单纯的，大家互帮互助，共同进步。第一届只有六个班，我们是3班。七初的每个角落都充满了我们3班的回忆。教室门走出来正对面是几个空房间，杨斌校长告诉我们，以后那里将是我们的图书馆，还会有喝咖啡的地方；坐在教室里听讲，时不时往窗外望去，一排银杏树是这三年的记忆；下课铃一响，出门往右就是操场，我们自创了一种名为“街霸”的游戏，欢声笑语好像就在昨日。直至今年同学会，我们班的同学都在互相打趣，3班，2011届3班，是会被载入七初史册的。班上不乏优秀的学霸，但是调皮起来也是皮得真真切切。那些课堂上把老师气得团团转的拍桌起哄，在后来大家学习生涯中也是闻所未闻。幽默的，不受束缚的，坦然的，倒是造就了我们对初中的回忆中别样的感受。

七初对我们最直接的影响自然是源于我们的老师们。他们始终坚持把七中所秉承的“创造最适宜学生的教育”作为教育追求，兢兢业业。3班的每一位老师都把我们当成自己孩子一样对待，无论是从品德、习惯还是学习上都对我们进行耐心和细心的教导，对我们的调皮给予包容，让我们在“博学、审问、慎思、明辨、笃行”的优良学风中洗礼三年。当时的我们还太年轻，没意识到学校在这方面的诚意有多深。在我们3班，罗志英老师和刘家永老师不仅都是我们的班主任，而且也都曾是七中林荫的老师，可以说都是各自领域的佼佼者。罗老师常常可以带我们从更高的角度看待数学；刘老师一直在各个方面都严格要求我们。但那时的我们还体会不到刘老师的良苦用心，总感觉刘老师很严厉。其实现在想起来，刘老师正是以一个七中人应有的品质来要求我们的。非常感谢3班所有老师对我们的照顾，对我们的细心辅导和鼓励，我们永远铭记在心。

七初的每一个角落都写着两个字——自由。七中之所以是七中，她优秀的成绩自然是一个保证，但是最重要的还是因为七中自由包容的氛围。七初秉承七中的传统，一直着眼于学生在综合素质上的全面提升。每周的选修课，我们可以在课堂上讨论自己喜欢的歌曲；跟随欧阳唯能老师“走遍中国”（欧阳老师随手画的中国地图真绝了）；我们也能在美术课上做出自己心仪的陶艺作品。在学校开展的丰富多彩的校园活动中，我们的才艺都得到了充分的展示。

在每一届的运动会中，为了班级荣誉，我们积极地训练跳绳、拔河，在同学的辛苦比赛后给予掌声与鼓励。

在军训中，我们相互鼓励、相互打气去完成每天艰苦的训练，汗水与泪水中仍然

充满着我们班级的欢声笑语。

在厨艺课上，我们第一次拿起了厨具，那种对做菜的好奇心让我们学会了一点点做菜的基本技能。这些记忆犹新的活动，丰富了我们的校园生活，让我们在多姿多彩的活动中得到了锻炼与成长。七初真的给我们提供了无限的可能。正如杨校长常说的那句话："你有多大能耐，七初给你多大舞台。"

忆往昔，桃李不言，有风雨话沧桑；看今朝，厚德载物，更续辉誉五洲。不要问我们到哪里去，我们的情牵着你。无论我们停在哪片云彩，我们的眼总是投向你。片片绿叶，含笑谓根之情谊；句句贺词，情聚祝母校华诞。寥寥两千字道不尽我们对母校的感激之情。七初，你深厚的影响成就了今天的我们，自信自为，追求卓越；七初，你博大的胸怀将容纳我们的精彩，桃李芬芳，群英荟萃。在七初十周年之际，2011届3班的全体同学，祝愿我们永远爱的七初十岁生日快乐！

一生的守望

□2017届3班　李林泽

时光远逝。但为何从初一到初三，再到现在，仿佛所有的酸甜苦辣、悲欢离合，与同学、老师共同经历过的日子都历历在目？找来日历翻了翻，换算一下单位，我才惊讶，不觉自己已经与七初分离了401天了。

我与七初的故事，从这里开始。

那个稚嫩、懵懂的少年，背着空荡荡的书包忐忑地走进了七初校园——一个神圣庄严的地方，听着老师的安排，走进了让他终生难忘的教室。看了看周围52张陌生的脸，惊慌、满足以及一系列的感受一一显现在他眼中。

那时候觉得七初不像是家，只是一个学习的地方罢了。于是对七初谈不上真正的热爱。就这样，恍恍惚惚，半学期过去了。

故事依旧继续着……初一下学期，因为前半学期的恍惚不定，成绩一直都很糟糕。现在回想起来，平时大大咧咧的自己其实都是装的，其实我很在乎自己的成绩。我不止一次问过自己想要干什么，自己的目标是什么。不断地批评自己，不断地提醒自己。可就是虚荣心在作怪，不希望别人看到我的努力，只希望他人看到我的成功，希望老师夸奖我“聪明”，希望同学用可望而不可即的眼光来看待我。到现在才发现，天才很少，至少我不是天才，而且很笨。在学习方面，我确实得承认自己很笨。可我又是那么幸运，在我最无助的时候，遇见了七初的老师。我想要好的成绩，但却不想被人知道我在努力，这一切仿佛早已被我的班主任兼数学老师钟老看穿。她并没有伤害我的自尊，虽然我知道自己很差劲，但她仍鼓励我、暗示我不要失去信心。就这样，一步一个脚印，她陪我走过了最艰难的初一下学期。

现在看来，那段时光如同白驹过隙般，转瞬即逝。

初三下学期，浮躁渐渐被收敛。周围的同学都投入到紧张的冲刺复习中。这段时间很苦，但现在想想，真的挺美好。这也许就是七初留给我的最宝贵的一笔财富。每当我想要放弃的时候，看看周围都在埋头苦战的同学，以及七初的校园给初三同学营造的轻松但绝不松懈的氛围，便会觉得这一切都是值得的。在初三下学期的时光，我最喜欢到校园里走走，就是觉得自己还没把七初的每一寸土地看够。每当我早上走进七初校园时，便会看到“审是”两个大字，仿佛在七初的每一天都是从看到这两个字开始的。不需要用刻板的意思去翻译它，因为它所表达的不仅仅是七初人应时刻铭记的校训，更是七初对你的深爱。

已经深夜了，这是我离开七初的第402天。很喜欢学姐的一句话：七初很小，小到站在音乐厅的阶梯上，就可以一眼看见围栏外喧嚣的马路；七初很大，大到一辈子也走不出她的情怀。

千帆过尽，归去仍少年

□2017届1班　田野

亲爱的七初：

见信如晤。

此刻的我，刚刚结束了我的期末考试。去年的今天正是2017届的毕业典礼，时光倒流，我的青春里镌刻着七初的光影，一切都像是昨天，它温热的怀抱装着一个少年最美好的记忆。

遇见那一场九月的雨。

九月还没有褪去夏日的闷热，蓉城笼罩在沉重潮湿的苍幕之下，在一场淅淅沥沥的小雨的缠绵中，我迎来了我的七初，或是七初拥抱了我这个懵懂的孩子。临窗的位子清亮静怡，同桌的女生有一张圆圆的脸，笑起来眉眼弯弯，眼睛眯起，她问我叫什么名字。我的心似在湿漉漉的雨丝中开出一朵花来。青春做伴，和一群少年在七初相遇。

在银杏的光影里拉长了记忆。

教室的窗外有几棵银杏，七初的食堂外有一行银杏。夏天的银杏在毒辣的阳光中耷拉着脑袋，一到深秋时节，层层秋风便带着金色的思念在校园中铺开。我们就在这潇洒的银杏雨中大笑着一路奔跑。四五个女孩子在宽阔的操场上并排坐着，一边吃着饭一边有一搭没一搭地聊着天，傍晚的凉风拂过青春年少的面容，白云在湛蓝的天幕里懒懒地爬着。

我很想念你。原谅我在这将近一个学期的时间里都没有给你写信，这几个月的时间说起来也不长，但我似乎找不到自己的方向了。

或许我不是一个很好的记录者，但我比任何人都要喜欢回首自己来时的路。我不断地回首、驻足，然而时光抛下我轰轰烈烈地向前奔去。我想也许这是生活筛选我们的方式，它会在某个时刻给你带来一片黑暗，再从黑暗中去甄别我们。那些已经放弃

的人永远也不会知道默默等待的下一秒会出现什么，而对执着等待的人，生活总会为他升起一轮红日。现在的我已经圆满地结束了自己的高一生活，而我想要与你分享我的喜悦。

去年的今天，我记得在典礼开始之前大家都聚在教室里，和朋友说笑。不知道是谁喊了声“老师来了！”全班安静了片刻之后一同大笑出声。我真正感觉到自己毕业了，不是在领到毕业证书的时候，不是在走毕业红毯的时候，而是在毕业典礼结束，我走出校门，翻开手中的那一本班级纪念册的时候。那时我拿着那本纪念册，翻开来一页一页地看，然后抬起头来看看校门，就像小学时候抬头看着头顶的篮筐，心中有些伤感地想着：我和你的故事，是不是就只剩下这一本小册子了呀？

人生是一场又一场的告别，但时光也擅长给予人礼物。青春的热血、奋斗的激情、挫败后的坚强、日渐生长的友谊与温情……走着走着就变成了过去，但是却铸就了一个不后悔的今天，乃至明天。

我站在一年的光阴之后静静眺望，盼着风的微笑，盼着这颗心温暖到老。感谢有你——七初，东风过境，记忆在梦里悄然开花。愿所有七初的孩子，千帆过尽，归去仍少年。

爱你的学生

2018年6月28日下午6点

最是橙黄橘绿时，青春好景在此处

——七初学子的青春故事

□2019届10班　秦涥森　　2019届11班　张前

十年砥砺，一路奋斗走来，七初的校园里诞生了太多美好而温暖的故事。在七初，每一个老师都是摆渡人，用耐心和智慧把学生送至知识的彼岸，用心血和汗水把学生送至人生的顶峰，莘莘学子在这里放飞梦想，成就自我。今天，我们就一起来认识一下2019届的两位七初学子——秦涥森、张前，一起听听他们的故事。

最是橙黄橘绿时

我的学校成都七中初中学校坐落在成都市高新区寸土寸金的地段，七初师生们于此地闹中取静。且看精致小巧的校园，在“审是迁善，模范群伦”精神的映照下，散发出独特的魅力。从我踏入七初校园的那一刻起，我就深深地爱上了她，我爱她深厚的文化底蕴、浓郁的书香氛围，爱她先进的教育理念、强大的师生团队。在这里，我得到了最适宜自己的全面教育。每一天我学到的新知识都内化并融入我的成长中，正如春风化雨，润物无声，我在一点点发展自我，成就自我。但若仅仅只有学习，那初中生活将多平淡无奇。所以，七初还为我们提供了最适宜学生的全面教育：课堂上的深度延伸以及课外的实践拓展，小小的墨池辐射大大的世界。在这里，我如鱼得水，我依赖、更深爱她。

竹杖芒鞋轻胜马

课堂的延伸源于自信。我们的课堂是开放的，不必说语文课开讲文学史和名篇经典，也不必说数学课讲授建模和超前学习思维，单是英语课敢翻转课堂，让学生掌握课堂，就充满“霸气”。我们曾就是否应该取消奥数考试而展开热议，来了一场想讲就讲的辩论，既锻炼了我们的英语应用能力，还提高了大家的演讲能力。我还喜欢政治课小讲坛，由同学们上台讲授“朝鲜问题”“伪科学”等专题的情景历历在目。

课外的拓展在于开阔眼界。七初行走课堂的拓展实践活动，是我们学校的特色教学活动——在行走中学习，在行走中探寻真理。我参加过暑期生物实践，和同学们一起赶赴成都大熊猫繁育研究基地担当志愿者，深入卧龙保护区进行野外考察，我们学习研究的活动还受到了四川电视台的专题采访。行走的课堂让我在青山绿水间印证知识、识别花草、认识昆虫，受益匪浅。最后，我有幸作为学生代表，在课博会期间，向全国专家精彩展示活动心得，获得专家的一致好评。

一蓑烟雨任平生

厚积而薄发，有了课堂的积淀，自然让我在课外的表现光芒四射。出于强烈的求知欲望，和许多同学一样，我利用课余时间，参加英语剑桥国际课程的学习，也参加了奥林匹克数学竞赛的培训，不断充实自己，拓展自我。

金秋十月，为了开拓我们的国际视野，为我们提供多元的成长空间，学校选派了包括我在内的几名学生到英国名校兰德福瑞学院进行游学。我们在学习异国文化的同时，还将中国的优秀文化传播到当地，我们牢固的知识系统、敏锐的思维和流利的英文，让英国同学钦佩无比。我在当地的宗教课上获得表彰，至今回想起来仍自豪不已。在万里之外，在国际视野里，七初学子展翅翱翔，收获梦想。

学校还通过承办高水平的全国中学生学术辩论与演讲联赛，让热爱英语演讲的同学有施展才华的舞台。我校参赛同学在平日学习中的积累终于取得了回报，在四川区域决赛中囊括演讲比赛前四名，我也有幸在本次比赛中获得了亚军。

在学校鼓励学生发挥主体作用的背景下，出于对生物的热爱，我申请建立了生物社团，得到学校老师的大力支持。不久“宏与微，人与自然”生物社团顺利开社，我担任了首届社长。在老师悉心的指导下，我们不仅有了自己的实验室，还开发出了自己的课程体系，并轮流上台授课。我以课程设计为题的论文，获成都市青少年科技创

新大赛奖项。

也无风雨也无晴

如果整个初中是一场比赛，那么三个学期后正好是上半场结束。我在上半场的收获是丰厚的，我的学习取得了长足进步，学科成绩总体保持前列；担任了中队长和大队部干部，锻炼了自己的实践和组织能力，也结交了许多志同道合的朋友，并获“校年度十佳少年”“优秀学生干部”等荣誉；学习之余，我还取得了全国中学生英语能力竞赛（NEPCS）初中七年级组全国一等奖、全国初中数学联合竞赛初二年级组二等奖，以及美国数学竞赛AMC 8级别24/25分等不俗成绩。

我充分发挥自己的特长，多次在运动会、艺术节等大型活动担任主持人。我积极参加各种活动，写剧本、当编导、任指挥，在英语舞台剧、合唱表演等活动中和同伴们一起收获最高荣誉。我还在校园戏剧节班级戏剧《威尼斯商人》中担任主演，并获评“最佳主角”。当然，我也注意体育锻炼，在运动赛场上不断突破，个人获得过跳远和100米年级亚军，取得4×100米接力赛团队第四名，还代表高新区参加成都市初中生综合田径运动会，获得50×30接力一等奖。是七初陪伴着我，见证了我的成长，我想说的是：如果没有七初给我的舞台，我永远无法绽放出如此耀眼的光芒！

下半场即将开启，我又将踏上新的征程。回首往昔，是鼓励和鞭策；放下成绩，方可再接再厉。新年，我在自己的心愿卡上写下了新的目标——从优秀到卓越。我在七初的下半场一定会更加精彩！

秦浡森同学的奋斗历程振奋人心，奋斗的青春最为美丽！但青春的美，还在于不同的人有不同的颜色。接下来我们就一起来看看张前同学的故事有着怎样的精彩吧！

我见七初多深情，料七初见我应如是

我是张前，是成都七中初中学校2019届11班的一分子。

我喜欢阅读，喜欢写作，喜欢主持，喜欢旅行。我欣赏过祖国的大好河山，也领略过大洋彼岸的异国风光。江南乌镇的烟雨情怀、英国古堡的威严肃穆，于我而言，都蕴含着天地大美不言的深情。

在学校，我是社团联合会主席、戏剧社社长；在班级，我是班长、小组长和语文课代表。同学们喜欢叫我“前哥”，因为我的真诚与善良、努力与付出，总能感染身边的同学们。良好的学习氛围、优秀的集体，激励着我不断前进，追求卓越。

我与七初 · 励学修业，春华秋实

作为一名七初学子，我深感骄傲。在七初良好的学习气氛和浓厚文化熏陶下，我勤奋学习，多次在学校大型考试中位列前20名，被评为“高新区优秀学生干部”。我曾荣获全国创新作文大赛一等奖、夏青杯朗诵大赛全省三等奖，在全国中学生学术辩论与演讲比赛中晋级全省三十强。进入初中后，我曾两次赴美研学，共计两个月，并完成论文《从暑期游学看中美文化差异》。

2017年9月，我与学校另外20名同学去往英国兰德福瑞学院交流访问，并作为小翻译官先后接待了澳大利亚青年领导项目及澳大利亚葛斯顿中学校长的来访。

今年5月，兰德福瑞师生回访，我作为接待小组长陪伴外国友人们度过了充实而有意义的7天。广泛的国际化交流，让我的视野更加开阔。在四川省课博会上，我精心准备的报告《从七初走向世界》受到一致好评，我在文化的交融中增长了见识，也越发热爱祖国，更加感受到中国文化的源远流长、博大精深。

我与七初 · 以梦为马，无问西东

在七初志愿者服务活动月，我多次参与志愿者活动。我参与组织班级爱心Market，为需要学费的困难家庭筹集善款，去年的“七初 · 春”系列、今年的“七初十年”系列文创产品都令老师、同学们爱不释手。我们总有一天会毕业离开七初，但这样的纪念品却承载我们在七初的温暖记忆。或许那一沓沓笔记本我们并不舍得翻开使用，但留存纪念也是一种七初情结。把募得的善款捐给家庭困难却需要大学学费的哥哥，看望空巢老人，送患老年痴呆症的老人回家，随手拾起地上的垃圾，关上还在滴水的水龙头……在为他人的付出中，我走入社会，获得了一种殊为难得的喜悦感，也尝到了人世间许许多多的甜与苦。这教会我热心热情，甘于奉献，不求回报。

我与七初·墨池烟润，七初情澜

我在七初两年，最深情的语句皆是为七初而写。我撰写的新闻稿多次被发表在学校微信公众号和官网上，我成为老师们口中的“御用写手”。

我在学校艺术节主持人大赛中连续两年拔得头筹，成为学校各种大型活动的主持人。我先后主持了学校升旗仪式、国学诵读比赛、高新区十佳颁奖仪式、学校六一合唱比赛、课博会文艺会演、元旦迎新晚会、班级才艺展示等。还记得活动最频繁的时候，每天晚上排练到很晚，可七初的灯火却一直亮着，学工部的老师们一直陪伴着我们，那是我记忆深处最温暖的画面。也正是在一次次活动中，七初教会了我细致严谨、耐心负责。

作为社团联合会主席，我以身作则、细致严谨地完成每一个任务；耐心与伙伴们沟通交流，善于听取他人意见。我带领社联的同学们出色地完成了每周安静校园检查、教师节系列活动、课博会系列活动、运动会志愿者服务、艺术节器乐比赛的布置与协调等任务，我的工作能力受到老师们和同学们一致认可。我也曾为时间紧、任务重而焦头烂额，也曾为一个个任务穿梭在七初校园，也曾为收获成功而自豪喜悦，这一点一滴，都是我人生路上宝贵的财富。

作为2019届11班文娱班长，我尽己所能，为班级服务。我曾担任班级国学诵读比赛的主持、英语剧比赛总导演、班级才艺展示总策划、爱心Market总策划、元旦迎新表演主演……我充分发挥自己的才能，为建设优秀集体贡献力量。运动会上，我参加跳高、100米、4×100米等项目为班级争光；教室美化中，我贡献自己的创意为11班打造更好的氛围。在班级需要我时，我总愿意挺身而出，挑起大梁，因为我知道我的付出，能使11班凝聚得更加紧密。我的努力，为11班这个大家庭添上一笔又一笔的辉煌；而越来越团结、越来越优秀的11班，也不断地激励着我为之拼搏、努力。

还记得初一趣味运动会，同学们练完“袋鼠跳”，满鞋是沙却毫无怨言；练习“车轮滚滚”，头发凌乱却仍然坚持，屡屡失败却保持冷静、仔细分析。初二趣味运动会中，我们自行组织，根据同学们的特长分配项目，最终拿下总分第三名。

还记得运动会女子4×100米，我们挥汗如雨，在操场上奔跑练习。记得我们站在跑道上叠起双手，对着天空大喊加油，彼此承诺一定拿第一时的样子；也记得后来得知差一秒就破纪录时泪水夺眶的样子。还记得本学期的女篮比赛，教练一边“批评”我们，一边又细心地纠正着我们投篮的姿势，一边还被投偏的球砸中。好喜欢我们11班在阳光下并肩奋斗。洁白的校服上，留下的不只有我们的汗水，还有泪，有信仰。这就是带给我们无限感动的11班，这就是七初教会我的团结友爱、深情付出。

太喜欢那一句“身为七初人，总有无尽的感动，我们走过的地方，是那么情深义重”。七初带给我的是无数宝贵的机会，是青春的茁壮成长，七初是我生命中不可或缺的感动。七初很小，小到站在音乐厅的阶梯上，就可以一眼看见围栏外喧嚣的马路；七初很大，大到一辈子也走不出她的情怀。墨池清香，银杏金黄，七初的红墙白瓦是我一生的眷恋；“审是迁善，模范群伦”，七初的校训是我永远的追求，永不改变。感恩七初，感恩我成长路上陪伴着我的亲人们、老师们、同学们。我将砥砺前行，不负韶华，不负梦想，不负期望！

山高水长也走不出你的情怀

□2019届7班　王晨宇

“和我在七初的校园走一走，直到所有的灯都熄灭了也不停留……”熟悉的旋律想起，一幕幕往事涌上心头：老师的关怀、同学的打闹、学习的快乐、3D打印的惊喜、参加机器人比赛的艰辛、管乐队比赛的感动。

在丹桂飘香的秋天，我走进了七初校园，漫步菁菁校园，在实验楼里发现了一间3D打印教室。“什么？3D打印？”我愣住了，在那时，3D打印对我来说是在网上看到的那些“高大上”的技术，小学时从来没有学过，没想到在这里遇到了。

第一次社团招新，我就想去参加DIY社团，因为自己毫无3D打印的基础，连面试都没有通过，“顺利”被淘汰。我下定决心，一定要进去。我开始自学3D设计，渐渐地学会了在iPad上简单建模，一个精致的飞机模型被我设计了出来。我兴冲冲地抱着模型去找信息组的郑刚老师，拿给他看，蒲胜文老师、夏小刚老师都过来了，老师们都鼓励我，我就更来劲了。认识的老师越多，得到的指导与鼓励也就越多，我的各项创新能力也不断提升。老师们一致同意我中途进入DIY社团，就这样，“半路出家”的我还成了DIY社团的社长。

在老师的指导下，我自己琢磨出了许多小发明：lightning接口保护套、汽车尾气过滤器……制作与研究的过程是辛苦的，而老师们都不遗余力地帮助我。夏小刚老师帮我改报告，刘丹老师对我微电影的肯定，蒲胜文老师对我电教工作的肯定与对我的信任，郑长宏老师对我未来的期待，还有郑刚老师每一次见到我时的表扬，这些鼓励、支持与关怀，让我的心暖暖的。

这一次参加2018世界青少年机器人邀请赛，是七初给我的一次机会。通过这次机会，我结交到了新朋友，感受到了与世界各国同学们交流的快乐。当然，其中的准备过程也是对我的一种历练，我想要把这次集训比作军训，每天工作15小时，累，但很有成就感！

从3D设计到智能硬件再到机器人，跟随创新的脚步，站在七初这平台上仰望星空！

在七初这几年，除了这些，我还有与乐团的一段美好时光。从初二上学期开始，我进入了七初的管乐团。本来，照理说，我不是艺体生，不能进入我向往的管乐团，但音乐组蒋珂老师听乐团的同学说我会吹萨克斯，就亲自来找我。当听我吹奏了一曲萨克斯*Ross Roy*的solo后，他微笑着对我说："王晨宇，你来我们七初管乐团吧！"就这样，我加入了管乐团，参加一次又一次的排练，即使它占了我的社团、选修课，还有自习时间。不知道有多少午休时间，我都在音乐办公室与蒋老交流乐曲。我们成立了艺术节管乐比赛团，参加成都市中小学艺术节器乐比赛，并获得了初中组的第一名。

从辛苦排练到乐团感悟再到音乐享受，跟随艺术的脚步，站在七初这平台上仰望星空！

"在那段人生的旅途里，我从未忘记你。七初，带不走的只有你。"旋律声再次响起。我想说：七初，我爱你！

故事里的事

□2019届11班　张前

墨池的清香，银杏的金黄，七初的红墙白瓦，是我们一生的眷恋；审是迁善，模范群伦，是我们永远的追求。　——题记

这是故事里的事。时光里有段青春的记忆，而你是记忆里最美好的名字——七初。

“滴，刷卡成功！”门禁系统的辛勤工作伴随着校门口微笑守候的身影，成为迎接七初学子的第一缕温暖。无论是冬日的萧瑟寒风，还是春日的绵绵细雨，七初的清晨里，总有那一番风景。

走进审是楼，便能依稀看见一楼拐角处的办公室。半掩着门，里面埋藏着时光里深深浅浅的足迹。两年来，学工部见证着我点点滴滴的成长。站在窗外隔着玻璃，看见老师们一如既往认真工作的身影，便忆起四季的轮回里，那曾令我泪目的深情。也许一年以后，两年以后，许多年以后，这一间办公室里的故事，仍会是我对七初最深的眷恋。冬夜里久久不熄的灯盏，讲述着在这里，我与七初的故事。请君为我，倾耳听。

与孙老的初见，还是在她接任我们班主任时。记得那时的我，刚刚经历了申请进入学生组织的失利，竞选班委也未能如愿，由于各种不适应，成绩也处于低谷。而在她接任班主任后的班委改选中，我又一次鼓起勇气走上讲台，终于当选了班长。后来，我才知道孙老这样形容我们的初遇：“她个子不高，声音不大，但吐字清晰。”

国学诵读比赛中，孙老让我担任班上节目的主持人。我不会敬礼，不会拿话筒，不会找站位。孙老就那样，一点、一点地教，从怎么上场，怎么调动全场气氛，到如何赋予每一个字不同的情感。还记得第一次沐浴掌声时的激动，第一次面对耀眼灯光时的紧张，第一次随着主持人上场音乐走上舞台时的心潮澎湃……从第一次的生涩，到后来能够淡定自若地面对话筒没声音的突发情况，能静静地等待帷幕缓缓拉开，都得益于孙老

的指导。记得第一次主持升旗仪式后，强装镇定地走下主席台，小声对孙老说：“我好像从来没有这么紧张过。”后来，我也渐渐走上了合唱比赛、十佳颁奖仪式、元旦迎新的舞台，习惯了和孙老一起彩排到很晚，一起在QQ上反复推敲主持稿。

经过两年的相处，我们已然超越了师生关系。在我考试状态不好时的细心建议，在我遭受挫折不禁流泪时的一声声安慰与鼓励，在我班级管理有困难时的指导等都是孙老平日里对我的帮助。也许是因为每次写稿都会请孙老帮忙修改指导，所以孙老对我的写作风格十分了解，总是能一眼认出我写的文章，永远那么“料事如神”。

每次在后台准备主持时，经验不够丰富的我总是那么不让谭老省心。上台之前我总要紧张地不停问谭老：“是不是走到中间红色标记的那里？”“这个夹子要不要带上？”“是不是该上场了？”……还记得课博会文艺会演彩排时，第一次近距离接触干冰的我抑制不住好奇，悄悄溜到舞台边上感受干冰的“奇妙”，谭老在身后焦急地喊“快、快、快回来！”然后连忙把我拉回去，幸好，帷幕还没有完全拉开。

何老一定是学工部里当之无愧的“最可爱”的老师，于我们亦师亦友的她，总是能细心地看出我们的烦恼，带来太阳一般的温暖。她的第一节历史课下课时，有同学调侃说历史是“副科”，何老笑着说：“你说得对，历史是‘富科’。”她微笑着走出教室的那一刻，我不禁在想：这么温暖可爱的老师讲深厚悠远的历史，将会是怎么样一种感觉呢？

冬夜的月亮早早挂在空中，守候着大地，正如八九点了还未吃饭，只为确保万无一失而一遍遍彩排的张老。“我没事，可以不吃饭。”张老的语气，即使在多么疲惫的情况下，都是那么地温润如诗。尽管平常和张老交流并不多，但在那段活动较为频繁的日子里，我也见证了他超常的付出、他的不辞辛劳。

认识森哥是在初二上学期，那时他接手指导社联的工作，而我也刚刚成为社联主席。当时的我们彼此不熟悉，对社联也不算太了解。于是，与他一同面对社联工作的种种困难，也成为我青春的一段美好记忆。新一届的社联招新，我们提出要把招新时间提前，不采取以前社长自动生成社联的方式。在图书馆简短的商量后，当天中午我们就进行了招新。对于一年一度的社联总结，我提出用更加诗意的方式来进行，这与前几次的社联总结方式完全不同。森哥和我们一起考虑了许久，最终决定以诗朗诵的形式总结社团活动。森哥带给我最大的感动，不是反复排练时他对每一个字发音的严格要求，而是他永远给我们最大的支持，做我们坚强的后盾。

我们班的第一节体育课就是刘老上的，黑板上苍劲有力的书法是他给我们的“见面礼”。至于写的是什么内容，如今已忘却，只记得当时悄悄地问了同桌一句：“课表上没写这是书法课啊！”戴着眼镜，挂着口哨，一身体育老师标准运动装，却又写得一手好书法，刘老着实令当时的我惊奇不已。后来，我才更深地认识了一个不管是在田径场上，还是在学工部里，都那么平易近人、热心热情的刘老。

以前上体锻课，一圈圈地跑步时，总觉得王老很“坏”。也许是从我们班级篮球比赛惜败，他轻轻拍着我的肩膀时；也许是从我训练时不小心摔倒，伸出手拉起我时，才“发现”一个充满温暖的王老。后来，看到他在烈日下给校篮球队训练，一声声呵斥里既有严厉，也有无尽的着急与用心；班级女篮比赛时，他耐心地教我上篮的技巧；而当我参与篮球队训练、觉得自己效率太低而没有信心时，他告诉我“不急的，这需要一个过程”。

在学工部里，曾经历与伙伴们一起“火花碰撞”，也曾与老师们结下深厚感情。在这里，我从一个普通的同学成长为社联主席，从11班的讲台走向音乐厅的舞台。在七初，每一位老师都是摆渡人。感恩在七初遇见的每一位无私奉献的老师，更感谢一直爱着我，也被我爱着的学工部的老师们！

这是故事里的事。时光里有段青春的记忆，而你是记忆里最美好的名字——七初。

磨砺，成就了破茧成蝶的美丽

□化学组　陈月科

时光荏苒，岁月如梭，七年时间转瞬即过。“七初没有超人，只有超人的意志！”这是跨入七初参与新教师培训课上的第一句誓言。它时刻在我耳边萦绕，给坚守中的我增添力量，给困境中的我指明方向：默默无闻、教书育人，勤勤恳恳、琢玉磨人，这不正是师者应尽之道吗?

七年中在七初走过的每一段路程都值得纪念，都有深入内心的感动。但最让我难忘的还是课例研修那段日子。那是2013年的深秋，课例研修刚在国内兴起，很多人都还不知道课例研修是什么。李笑非校长邀请国内专家带着大家一起做、一起学。化学组由以李校长为核心的高新区名师工作室成员组成，我被安排执教初三化学上册的《质量守恒定律》。课例研修模式如下：由一名授课老师讲课，多名听课老师听课；

授课老师的每一句话、每一个教授环节，听课老师都要做详细的记录，并提出本节课的不足及修改建议；授课老师根据听课老师的建议重新备课、改课件、准备学生的学习资料及课堂所需的实验器材，优化后再次授课，最后还要写教学反思及个人感悟。

本次课例研修为期三天，原计划每天一节课。但在最后一节课上完后，大家“意犹未尽”，觉得还不够完美，还应该有更好的效果。于是在第三节课讨论会结束后，授课老师再加上第四次课，而本堂课取得了非常好的效果。课例研修期间，李校长要求大家每晚12点之前，上交课堂实录（授课老师的每个字、每句话，都是大家用键盘敲出来的）以及反思、改进方案，她每天都会在收到大家的资料后立即合并、整理并提出建议。大家每晚加班，但都很开心，因为每一次课都能看到授课者的进步。课例研修像一面镜子，让我看到很多教学中的不足，也获取了改进、提升的方法和路径。在随后的几年里，我在努力中不断成长。

七初曾流传着这样一句玩笑话：“珍爱生命，远离课例。”因为课例研修确实是件苦差事，劳神、劳力又劳心，大家每天要工作16个小时以上。但课例带给我的是一名教师在专业技术上的快速成长。经历风雨，方见彩虹，现在我正向着名师的方向不断迈进！七初——疯狂的教育者团队，为热爱的教育事业戮力前行！

感谢七初，感谢与我共同成长的七初人！

一场头发的“战争”

□2014届1班　范峻弋

望着窗外火辣的太阳，今年的三伏天真是格外地热，我决定把头发剪短。坐在理发店里面，望着镜子里自己的头发一束一束被理发师剪掉，我仿佛又回到了六七年前，那时的我刚刚踏入七初的大门。

一进初中，我们都自以为长大了，心中挺臭美的，男生之间总流传着这样一句话：“血可流，头可断，发型不可乱！”其实，对时尚我们并不了解，只是坚定地认为：寸头是丑到爆了的！可是七初有严格的校规：男生头发必须为寸头，检查的标准就是五指插入后，没有头发超过指面。这条规定在一般的老师看来，只要做到了后面一半，那么便问题不大了，但我们的班主任王翔宇老师却一直坚守着它的最高标准。

入校第一天，王老师便在全班宣布了学校的规定，并补充了班上的规定：明天希望同学们都与校规所要求的一样，仪容仪表合格，不合格者，王老会亲自给他剪头发。我虽为男生，可当时却留了一个妹妹头，长长的刘海快要把我的眉毛遮住了，可我偏偏觉得自己的发型很帅，还有抚摸自己刘海的习惯。

当天回家，我压根就没有想要剪头发，心想王老只不过是吓唬吓唬我们的。于是第二天出门时，我用水把刘海往旁边梳过去了。别问我为什么不用发胶，我那时哪里懂这些啊！到了学校，走到初一1班的门口时，只见门口站了一排男同学，王翔宇老师正在挨个用手插进同学的头发检查长度：“你，合格，进去。”“你，不合格，旁边站着。”看到这一幕，我心中就凉了半截。

果不其然，我没能成功地溜进教室。虽然我一边走一边用手把刘海往旁边拨，却还是被王老一把拽到了一边。站在这群面面相觑的男生中，看着不断加入的新成员，心中逐渐放松了一些：这么多人头发不合格，这个“叔叔”总不可能全部一起罚吧？

但事实证明，我们王老就是王老，永远坚守七初的标准，这次他更是不按常理出牌。他将头发不合格的男生带到楼道的垃圾桶旁边，又不知从哪里变出来一把大剪刀。看到这把金刚大剪时，我忽然意识到，事情可能不会善了。

王老师将手插入前面同学的头发里，然后拿剪刀一丝不苟地将冒出来的头发剪掉，虽然剪得不太好，但至少不会太毁形象。“王老，我错了，我回去剪吧。”“王老，我放学就去剪。”“王老，这么多人，我们就不麻烦您了，我们一定会剪的。”……不断有同学向王老求情，说的人多了，王老自然不耐烦，于是乎，后面的人便遭了殃，王老不再用手量着剪了，而是直接拿剪刀往我们头发里面一插，再狠狠一剪刀下去……于是，各种“创生型发型”就这样诞生了。当天放学后，大伙儿纷纷到理发店剪成了大平头。

第二天来到学校，嘻嘻嘻嘻，所有男同学都是一个发型，别提多精神了！虽然我们男孩心中不爽，可也只能臣服于现实啊！心中是一万个不服气：等着吧，只等头发长出来的那天，我等可以重回帅气！

于是乎，每当到了检查的日子，我们便会想尽一切办法让自己的头发看着短一点：有用手不断沾水将头发往后抹的；有悄悄用发夹夹住头发的；也有早早便涂了一层发胶的；实在没办法的，便会在检查时不着痕迹地避开王老的目光……我们与王老的这场关于头发的“战争”就这样悄悄持续了三年。初一时想着到了初二就会好，到了初二又会觉得初三就可以熬出头。现在想起来，真的很有意思。总之，在这场“战争”中，同学和老师各有输赢，没被查到，便又可以“潇洒”一段时间，被抓到了，又会被“打回原形”……

我就属于输多赢少的那类人。那时在班上，我算是存在感最强的几人之一，因此被查的次数也很多，经常被叫回去“整改”。于是我第二天就换个发型来，妄想王老师会忘记这件事情，可是让我侥幸逃脱的次数几乎为零。

时间如白驹过隙，转眼间四年便过去了，如今的我已经是中国民航飞行学院大二的飞行学员了。未来的几年里，基本上没有人再对我的头发这样耿耿于怀了。可是时间一久，我却常常回想起以前在七初的日子，班主任王翔宇老师的面容也常常浮现在我的脑海里。此刻，看到镜子中剪发后神清气爽的自己，我更是懂得了他的良苦用心，他严格、真诚，既像严父又似慈父，让我永生难忘。

树一帧风景

□2019届2班　黄一煊妈妈　刘晶

穿着旗袍和十厘米高的高跟鞋，站在这十三个女孩子前面，带着她们和着音乐节奏一摇一摆地盈步婀娜，我都佩服自己的勇气。要知道，我的日常着装就是休闲舒适的平底鞋，跟孩子们一样，身上这件旗袍是人生第一件私人制订的衣服。

在七初戏剧节上，孩子们要表演的是《金陵十三钗》。自从剧本确定下来，我们便开始在心里打鼓。不论是时代背景，还是人物角色，都和她们的年纪、阅历相距甚远。更何况，还要求她们穿着旗袍、踩着高跟鞋，摇曳生姿地在舞台上完成角色演绎。如何驾驭如此厚重的戏？难，真难！

为了孩子们能够最终表演成功，家委会不惜重金聘请专业老师给孩子们做剧情介绍，组织表演集训。“十三钗”的家长们自费给孩子订制表演旗袍。这期间，孩子们真的很辛苦，却没有落下过一节正课，没有少交过一次作业，学习强度没有减少一丝一毫。因为热爱表演，每个孩子都倾情投入。排练中，我和孩子们一起穿着高跟鞋，陪着她们走位，指导她们姿态。排练结束后，我和孩子们互相展示着自己被磨破皮的脚时，我分明感受到的是愉悦和自信。

真是越努力越幸运吧，最终我们班的《金陵十三钗》获得了戏剧节全场唯一特等奖。看着激动不已的孩子们，我由衷感叹：我愿做春泥，静待花开！

十年相守　砥砺前行

□数学组　卿立华

七初十年，以严谨的治学态度教生育人，也在潜移默化中培养出一个认真负责的教师团队。感谢七初，以其如山般深厚的历史底蕴、如水般纯粹的人文素养感染了我，影响了我，让我成长为一名优秀的职业教师。

那是2010年春，学校为了提高初一数学备课组的整体教学水平，打磨数学组的团队意识和协作精神，决定在初一备课组开展以“全等三角形复习”为主题的同课异构的赛课。要求有三：①组上老师不能相互听课；②自己制作PPT和学案；③周五抽签决定赛课顺序，接下来一周内赛出结果。

组上的老师们接到任务后便开始认真准备，我也不例外。还清晰地记得，无数次修改备课初稿，包括这堂课的板书。对于PPT中的图形、字体、颜色、动画，甚至标点符号都再三斟酌。接下来就是无数次面对镜子的“试讲”。还记得一个傍晚，全组老师不约而同地留下来备课，每位老师都在忙自己的事情。许久许久，我终是有些倦了，踏着如水的夜色归去。在校门口回望，偌大一个校园，只有那小小一隅，灯火通明！赛课后李校长、张校、左老师给了我们很多宝贵的意见和建议，组上每位老师都收获颇丰。

那次赛课后，我才明白，这是七初对常规课的要求。此后，我对自己的常规课要求也提高了很多。每一堂课，我都坚持认真阅读教材教参，精心备课，认真上课，课后认真总结、反思。所以我的数学课课堂效率很高，学生听课效果极好，教学效果也一直很棒。

感谢七初，愿你传承墨池千载，铭刻十年砥砺，再铸百年辉煌！

回眸一瞬，深情长留

□2017届10班　胡舜华

我是2017届10班刚刚毕业的帅气学长。七初是我们梦开始的地方，是我们心成长的地方，更是我们情长留的地方。一年艰苦的高中生活，更让我怀念七初的温暖与幸福——那里的人、那里的景、那里的事，在断断续续的梦境中久久挥之不去。网盘里一百多G的点滴记录，似乎都还发生在昨天。

七初人的温暖团结，早已在心中深深扎根

还记得2014年8月28日，我第一次跨进七初的大门，第一次见到另外五十三张稚气的脸庞。开学前的训练口号响彻明亮的大厅。训练的具体内容早已随时光飘散在不知名的角落，但那两瓶沉甸甸的矿泉水，绝不会轻易褪色。两瓶水，从五十四双手上一一传过，无一遗漏。每一片干渴的嘴唇，都得到了甘露的滋润。班主任妈妈看着空空的瓶子，笑了；同学们互相看看，也笑了。

学习上的困难，人人都经历过。有了疑惑，随意问，因为同学只要懂，就一定会热情地为我讲解。体育课不慎摔倒，定会有人陪伴我去医务室。同学聚会，定是一呼百应，即使刚刚躺下，也会翻身跃起，兴冲冲地赶赴现场。七初的三年，浸在友谊与信任的海洋中，愈发香甜。

最适宜学生的教育，七初的不变追求

ICMC、音乐厅、生涯规划、金融实验室、3D打印、小花园等一个个建立起来，三年之间，七初竟有了这么大的变化；书香校园、选修课、社团等一个个开展起来，为了我们的全面发展，七初可谓殚精竭虑，费尽了心血。神圣的课堂永远安静，思维火花的铿锵碰撞，是课堂上最精彩的乐章；多彩的活动让我们都全情投入，在大胆尝试

与突破中寻找真正的自我。初三的自习课，没有人随便讲话，和谐的氛围推动着所有人向着自己的目标大步前行。

七初尽其所能，让我们真正绽放属于自己的光芒。“你有多大能耐，七初给你多大舞台”，为了实现她的庄严承诺，所有人齐心协力、不遗余力地艰苦奋斗。七初十年，她的努力有目共睹；她的容颜和内涵，也在我们脚踏实地的奋斗中显得更加沉稳深邃。她不甘于原地踏步止步不前；她在荏苒岁月里坚定前行，用行动诠释了她的目标与决心。

人格的培养，信任的力量

七初最宝贵的，还当属她的真。身边的每一个人，从同学到老师，从校领导到清洁工，都值得信赖。有了苦恼，拉上三两好友，或是寻找班主任妈妈，一吐为快，畅诉衷肠；有了喜事，和家长同学一起，开个庆祝party，不欢不散。体考前夕，随处可见互帮压腿的人；篮球赛上，各司其职分工明确；大型活动中，不用担心搭档故意拖延时间，妄图偷懒；运动会上，全情投入，为班级的荣誉献出自己的力量。没有尔虞我诈，没有虚情假意，洋溢的，永远是满满的团队精神与明媚正直的人格。

作为七初学子，永记校训：

审是迁善，模范群伦！

记忆中的光影

□2014届9班　刘书恒

“七初”这两个字，于我而言是有温度的。所以，不愿堆砌赞美学校的陈词滥调，只想写下我与七初最真实的记忆。

盛夏，2011。初识七初时，一切都很新。

赤色的跑道散发着淡淡的塑胶味；足球场亮绿的人工草坪还很松软；教学楼的外墙是纯白的……学校的一切都在告诉人们“我很年轻”。正如年少的我们，满怀期待与兴奋，走进七初，准备迎接在这里的三年芳华。

七初的老师们是亲切而可爱的。

我从来都不是一个乖乖生，而且还属于班上最调皮的那几个之一，所以很多回忆都和闯祸与挨骂有关。初二时学校组织了三年唯一一次班级篮球联赛，我们9班一分未得，以14分之差落败，但从此却激发了我对篮球强烈的热爱。记得那是初三的一个正午，几天后就是国庆节，阳光即便被窗帘遮挡着也毒辣得很，五挡的电风扇转得摇摇欲坠也驱散不了半点教室里的闷热。同学们都趴在桌上午休。那时的我精力旺盛，不知何为困意，料想老师们应该也在午休，便溜到操场打篮球，真打了个酣畅淋漓。哪知抱着球回教室时恰巧被班主任曹老师撞见，“人赃俱获”，被送回家停课反省。十一国庆表彰是七中的传统，停课在家的我本该无缘那次活动了，但在表彰当天，曹老师竟然通知我去接受三好学生的表彰。老师在严惩我错误的同时，也坚决承认和维护我的荣誉。这种教育态度，至今也让我记忆深刻。从那以后，我更深切地体会到胜不骄败不馁和是非分明之道，更明白了老师们对我们真情实意的爱与责任心。记得队列训练时，谢老师大汗淋漓，为我们一勺勺地盛绿豆汤；军训时聚精会神地为同学缝补衣裳……老师们的用心，让我体会到爱的温度。

七初的凝聚力是惊人的。

在高中每每碰到七初的同学，我们都会像对暗号似的异口同声地说："审是迁善，模范群伦。"最能体现七初凝聚力的便是每年的元旦晚会了。一到元旦前夜，校门口就会出现穿着各色高中校服从四面八方赶来的学生，而老师们则站在校门内迎亲般地一个个把他们领进来。还记得去年元旦节，为了回七初参加元旦晚会，我偷偷翘掉了高中晚自习。但无奈下班高峰期打不到车，我直接从七中林荫骑小黄车到了七初。虽然现在的晚会改在音乐厅举行，远不及当年的气氛好，但踏入七初的那一刻，伴着节日的彩灯，一种羁绊与回家的感觉顿时涌入心头。

说实话，仔细回忆这些往事对我来说已经有些费力了，细算已是六七年前的日子。转眼间，当年一切崭新的七初也已经历十年风雨。

十年，七初真的变了很多，选修课用来种菜的空地已盖起了宿舍；午间用来展示班级才艺的湖心舞台变成了室内音乐厅……十年，七初也真的没变，每次回校，看见老师对学生们始终如一的真诚，初中生活又历历在目，一种温暖又在身体中流淌。

还记得刚领到校服时的那种激动与骄傲，周末我都舍不得脱下，故意穿着校服去上补习班，无声地炫耀着我背后的四个大字。套用一句我校的经典语录吧：希望学弟学妹们以七初为骄傲，明日七初必以你们为骄傲。

最后，祝七初十周岁生日快乐！希望七初在未来的无数个十年里依然朝气蓬勃，天天向上，审是迁善，模范群伦。

眷爱

□2019届11班　周钰淇

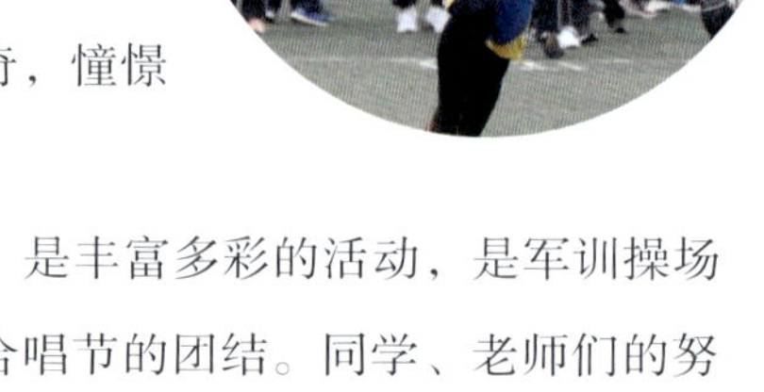

时光静静地来，静静地去，无言。　——题记

七初，一个让我永远眷恋和无限留恋的地方。

与你邂逅，我就深深地记住了你的教诲："你有多大能耐，七初给你多大舞台。"那时的我对你充满好奇，憧憬着日后与你相处的朝朝暮暮。

后来初一，给我留下深刻记忆的，是红墙白瓦，是丰富多彩的活动，是军训操场上一个个弱小却坚强的身影，还有运动会的拼搏、合唱节的团结。同学、老师们的努力刻苦与精益求精使"审是迁善，模范群伦"深深地镌刻进我的脑海。

后来初二，你变了样。新建的七里香长廊、翻新的教学楼让我看到了你的新面貌。"七初十年，大美天成。"你的美，流淌在古典与现代之间。银杏大道、墨池书屋、楼墙那宁静的深红，让人感到一股来自时光深处的厚重；但你又与时俱进，金融实验室、3D打印工作室无不展现你引领潮流的气魄和一马当先的风姿。

然而你并不只有丰富的活动。"没有活动走不过明天，没有成绩走不过今天。"十年来，数以千计的优秀人才从你的大门走出，门口的石墙上记录了一批又一批的优秀学子，你以丰硕的成绩向社会展示了深厚的底蕴。

我们也在悄然成长，你却依旧温柔。戏剧节，花心思，费精力，只为在你面前展现最好的自己；职业体验，用心悟，感身受，只因不想浪费你提供的每一次机会。

七初，感谢你的慷慨无私；

七初，感谢你的谆谆教诲；

七初，七初。

戏剧人生的无悔青春

□2019届2班　曹诗琪

进入七初已经两年了，从初进校门的懵懵懂懂，到现在的驾轻就熟，我在这里不断地挑战，不断地突破自己，实现了从少年到青年的精彩蜕变。我与七初有太多的故事，而迫不及待地想与大家分享的是我戏剧人生的精彩一幕。

在七初，有一个让每一个初二同学都向往的节日——校园戏剧节。听着学姐学长们的介绍，大家都心驰神往，跃跃欲试。

今年五四青年节，班上戏剧节表演的节目是《金陵十三钗》。当班主任王老师定好节目告诉全班以后，同学们叽叽喳喳议论开了。班上有28名女生，“金陵十三钗”

意味着只有13名女生能当主演，其他女生只能演学生。到底哪些同学能当主演呢？一直以来，我在班上都不是一个主动表现的人，心里暗暗猜测：肯定没有我。但是，我的内心对主演却又是那么向往。导演林老师让全体女生一一在她面前过目，在反复的比较权衡后，主演的名单终于确定了。“曹诗琪！”这个名字从林老师口中念出的时候，我心里一惊，喜悦、犹豫、忐忑，各种情绪涌上心头：既高兴自己被选中，又担心自己演不好影响班级的荣誉。

回家后，我把自己的担心告诉妈妈。妈妈看着我的眼睛，认真地说：“你长大了，这是你的事情，还是你自己来决定吧。不管你怎么决定，我们都支持你。妈妈只希望你不要让自己的青春留下遗憾。”妈妈的话给了我力量，我要好好地利用这个机会，突破自己，大胆尝试一下。

从此，在完成了当天的学习任务后，我开始了紧张的排练。读剧本，背台词，练习走台步，进行形态训练……

经过紧锣密鼓的排练，戏剧节那天，我们穿着旗袍、高跟鞋闪亮登场。当悲壮的音乐声响起，我们在舞台上款款走来，台下响起一阵阵雷鸣般的掌声，我的泪水也止不住滑落。为了那段悲惨的历史，为了这段时间辛苦的排练，为了穿高跟鞋磨破的脚跟，为了老师、家长的辛勤付出，更为了自己的戏剧人生……

感谢七初，在紧张的学习之余，为我们提供了丰富多样的舞台，《金陵十三钗》让我享受了戏剧的魅力，更增添了奋进的自信。只要你敢想、敢做，你就能突破自己，长成你想要的模样。

咬定青山不放松

□物理组　周厚文

山峰在那里，所以我们攀登；星空在那里，所以我们遥望。

七中，在四川乃至全国，是一种怎样的存在，每一届对其心驰神往的本地及外地学生最有说服力。作为一名教师，我能进入“七系”的学校，进入“最七中”的七中初中，是多么荣幸和荣耀！

今年，七初十年了。回想七初峥嵘岁月，点滴泉涌心间。问渠清许，为有源头。

还记得入职七初时高新区和学校的层层筛选考核，标准严格而规范。然后是漫漫等待。过了几月，就快放弃了。但幸有坚持，咬牙终到七初。

到了七初，才感受到七初的文化，明白了七初的标准，见识了七初的同事把工作做到极致的态度。尚记得，为上好一堂研究课，多少天挑灯夜战，多少次推倒重来，多少遍磨课研讨，多少回山重水复，及至呕心沥血，才有柳暗花明。尚记得，为做好每一次发言、每一场讲座、每一个活动，为成就每个学生，大家都殚精竭虑，咬牙坚持。

咬牙是一种修炼，它体现了坚韧，蕴含了担当；咬牙是一种智慧，它挖掘了潜力，迸发了能量。

唯其艰难，方显勇毅；唯其艰辛，更显珍贵。

七初美好，我们经历；百年七初，我们期待。我愿咬定青山不放松，再咬牙，为在七初成为最好的自己而努力。

一片冰心在玉壶

□数学组　徐丹

第一次听到成都七中初中学校的名字是在2010年，在经过层层考核筛选后，我终于来到了这个看起来很小的学校。学校给我的最初印象是小却精致，所有的人都充满了理想和热情。他们以兄弟姐妹相称，真真切切地让你感受到家庭的温暖。虽然工作辛苦，但大家齐心协力。

在为期一周的新教师培训上，我真正体会到了“头脑风暴”。这是我从未经历过的高强度培训。从教育专家的讲座到优秀教师的引领，从教师技能的培训，再到教师团队的合作，我很惊奇地看到一群新教师就这么在短短的几天中快速地凝聚到了一起，逐渐体会到校训的含义，逐渐理解了七初的“超人”精神，明白了七初的高标准、严要求。我心里暗暗地感叹这个学校校长的智慧和教师群体的强大。

在接下来的工作中我有幸与这样一群人儿一起努力工作，共同进步。为了搞好课堂教学改革，我们在上海教科院研究专家王洁老师的带领下进行了课例研究，我作为被观察对象进行了课堂教学。研究的主题是透过学生的学反观教师的教，全组及部分理科组老师都参与其中。每位老师每天除了进行正常的教学外，还要听课、参加课前会议。前测组老师要对学生进行前测，我则要进行课前说课和授课。课堂上老师们被分成若干组，从不同的维度来观察课堂，观察学生和教师。课后要对学生进行后测。然后每个老师都要针对当天的课写研修日志和教学实录。这样的工作量，确实太大了。这两次课上，每个学生都被仔细观察，我在课堂上说的每个字都被同事们通过反复看录像一字不差地记录下来。大家开玩笑说，平时听你的课觉得挺干净利落的，怎么一做实录发现话那么多呢？上完第一次课的那天晚上，我就等待着每个老师发来课堂实录，结合着前后测的结果，修改自己的教学设计，期待着第二次的课。终于我们圆满地完成了这次课例研修，形成了两天7226字和9132字的教学实录。我也完成了

13731字的课例研修报告，有了修改多次的教学设计、课件和前后测资料。经历了这样的磨课，我真的是脱胎换骨。从教学设计到教学语言，再到临场的应变能力，我都有了很大的提升。教学的观念也完成了从“以教定学”到“以学定教”的转变。就是通过这样实实在在的教研活动，教师的教学水平得以迅速地提高。我们就是这样，用自己的实际行动践行着七初的精神！

时值七初十年校庆之际，写下这些文字，记录我与七初的共同成长。感慨时光飞逝，但我们的理想依旧：创造最适宜学生的教育。愿七初越来越好！愿七初的孩子们越来越棒！

最好的我们

□历史组　何鑫

十年前，我刚毕业，是一名被反复打量的新班主任；

十年后，我是一名被孩子们喜欢的班主任。

十年前，我的书柜里放着《给年轻班主任的建议》《班主任兵法》《与学生家长"过招"》……

十年后，我的书柜里多了几本《孩子，你怎么了》《孩子，挑战》《非暴力沟通》……

十年前，我害怕与家长面对面交流；

十年后，我享受着家校教育指导的美妙时刻。

十年前，我的心里住着听话的学生；

十年后，我的心里多了个性成长的学生。

十年前，我对学生只有满满的热爱；

十年后，我对学生，除了爱，还多了些教育的智慧。

十年前，学生喊我"何老"；

十年后，学生称我"鑫姐"。

十年前，学生写给我的卡片是这样的：我们知道您是爱我们的，却又常常因为我们而生气。虽然我们常常克制不住自己，但是我们会努力，会再乖一些，让老师少生气。

十年后，学生写给我的卡片是这样的：您是我们最亲切的老师，最喜欢看到您可爱的包子脸上洋溢着美丽的微笑。您总是努力用生动的语言为我们讲述有趣的历史，您总是用温暖的教导为我们讲述人生大道……

七初十年，成就了最好的我们。

用心做的教育最能动人

□2020届6班　李杰妈妈　任家玉

女儿在七初已经度过一年，收获颇多，我和孩子也一起成长。如果问到七初给我和孩子留下印象最深刻的一句话，当然是学校的校训“审是迁善，模范群伦”。然而还有一句话却给我带来了满怀的感动，至今想起这句话来我还会怦然心动——“孩子的事没有小事。”就是这样一句质朴的话语将伴我和孩子在七初走过人生精彩的三年。

我们将时光回溯到今年四月，学校开展了一场别开生面的趣味运动会，每一个孩子都积极地参与到活动中。一向积极主动的女儿自告奋勇，承担了初一年级的运动会新闻稿的撰写工作。孩子回家的第一件事就是忙着写新闻稿，几经修改终于完成了，赶紧发给班主任曹登勇老师。曹老师很快就转发给学校老师，同时还表扬了女儿：“写得不错！”女儿知道后自然喜滋滋的，心里期盼着自己的文稿能很快在学校微信公众号上推送。

第二天一放学回家，女儿立刻打开学校的微信公众号，满怀期待地查看自己的作品。我们发现孩子的脸色像成都夏日突变的天气，由晴转阴，脸上全是失落和委屈。原来推送的文章没有标注孩子的姓名，她感觉自己的劳动成果没有受到肯定。我估计是工作人员疏忽了，不是什么大事。于是我和孩子爸爸轮番开导孩子，但孩子的情绪还是比较低落。看到孩子这样，我心里也有点难受。女儿小学成绩优异，到了这里，班上优秀的孩子很多，她不再是拔尖的那个，心里有些自卑。而她认为自己最拿手的就是写作，觉得这是她一次难得的展示机会，结果不是她想的那样，难免失落。这在我们大人眼里也不是什么大事，可在孩子眼里就是天大的事。

看到孩子这样，我万般无奈之下只有求助于曹老师，请曹老师开导和鼓励一下孩子。令我万万没有想到的是曹老师马上就和学校专门负责微信公众号的老师说了，很快，老师们就回复了：他们会撤销之前发的微信，重新发一次，署上女儿的名字。学校对待这件事情的态度让我很感动。更让我意想不到是曹老师的一句话："孩子的事没有小事。"这句话一直在我脑海里回放。放下手机的瞬间泪水溢满了我的眼眶，心里一个声音一直在说：学校和老师真的太好了。这样的一件小事让作为家长的我特别地感动。

当我把这个消息告诉女儿的时候，她开始很惊讶，她没想到学校和老师会这么重视她的问题，而后是深深的感动，脸上也露出了惯有的开心笑容。看到女儿高兴的样子，作为孩子的妈妈，我感到非常欣慰。一所学校能够一直把孩子放在第一位，这是真正地站在孩子的角度去看待和处理问题，是真的在用心做教育。

女儿能来到七初，真的无比幸运，我很庆幸当初的选择。孩子在这样一所学校里只会越来越好，一定会成就最好的自己。

这件事虽然过去了几个月，但是它一直感动着我，感动着孩子，它将陪伴孩子在感动中成长。

感谢七初，感动有你！

遇　见

□生物组　冯霄月

我想，一切都是最好的安排。当我第一次独立地展开羽翼，我遇见了你——七初。

这是我工作的第一年，也是我加入七初的第一年。毕业前，我总在期待，自己选择的这份工作，会带给我什么呢？我把工作以后形成的文件、图片都放在一个文件夹里，把它命名为“和七初在一起的日子”。今天，我打开这个文件夹，看到和孩子们在一起的照片，发现原来在这一年里，我做了这么多自己喜欢的事情。

上学期，带着孩子们利用微生物发酵的原理做酸奶、做苹果酒、做馒头。有一天，一个孩子告诉我，他回家后又做了一次馒头，超级好吃。看到他骄傲的小表情，我也跟着开心。

下学期，和孩子们一起去了耿达大熊猫基地、长隆野生动物园和珠海海洋王国。在耿达，孩子们调查了当地浮游动物的多样性。在采水样时，孩子们谨慎细致，生怕因为自己的疏忽影响实验结果，他们对科学的态度，让我感动；室内鉴定时，他们会因为找到标本欢呼雀跃，一个孩子拿着鉴定书兴奋地问是否鉴定准确，我仿佛看到了刚开始学习标本鉴定时的自己。孩子们对生物的热爱也让我心中的小火苗越燃越烈。在长隆，我第一次在现实生活中见到考拉，兴奋不已，孩子们非常“鄙视”我，然后炫耀式地给我“科普”考拉的相关知识，他们的知识储备量让我惊喜，我不由得连连竖起大拇指。

翻照片时看到孩子们做面包虫实验的照片。这是他们初中接触的第一个实验，实验过程可谓是状况不断：一米七的大男生被一个小姑娘手上的面包虫吓得泪流满面，调皮的男生拿着面包虫满教室吓唬人，胆大的孩子拿着尺子说要把虫儿切来吃……现在想起这些场景，仍是无奈又好笑。

开学时，我告诉孩子们，生物学是以实验为基础的学科。孩子们问我：“那上课

时会做很多实验吗？”我说当然啦。回头想想这一年，应是没有辜负孩子们的期待。这一年，我学会利用实验现象帮助孩子们建构重要概念，带着他们看细胞、认植物、做解剖实验，孩子们从中认识到不一样的生物世界，而我也乐在其中。初一下学期为了学习人体各项生命活动，我给孩子们解剖了猪脑、牛脊髓、猪肾等。期末考试前，一个小姑娘给我说我再也不是她们心中那个温柔的小姐姐了，我说为什么，她说因为我拿起了解剖刀。说完这句话后，她又笑眯眯地说：“下学期请保持这种状态，我们很喜欢。”她的这句话让我觉得搞笑又感动，孩子们的肯定让我动力满满。

和七初在一起的第一年，还可以用一个词总结——“高大上”，体现在哪儿呢？比如平板电脑上的各种APP、实验室的数字化设备等。这一年里，和孩子们一起用数码显微镜看浮游动物，一起玩转ESS……这些设备既有趣又能使知识呈现更直观，我想这就是“学生开开心心学，老师开开心心教”的初体验吧。

遇见，从此心中有更多的惊喜和期待！

点　亮

□2019届11班　黎宇昕

从前，我是一个默默无闻的女孩，很内向，很害羞，在人群中永远是那个庞大的基数和安静的分母。和很多女孩一样，我喜欢跳舞，尤其是拉丁舞。虽然拉丁舞是一个充满激情的舞种，但胆小的我从来不敢在同学们面前跳，甚至很少提起我学习舞蹈的事情。

直到，我来到七初。对七初的认识，最初仅限于传说中的“作业不少”“食堂很棒”“活动超多”。记得刚入学的时候，教室背后的黑板上有这样一行字——“你有多大能耐，七初给你多大舞台”。这是七初学子最熟悉的话之一，当时的我却并没有把它记在心底，毕竟，我是那么普通，那么平凡。我固执地认为，这句话只和我所仰望的那些十分优秀的同学有关。

后来的事实证明，我错了，错得很厉害。入学后不久，初一的我们迎来了第一个大的活动——校园艺术节，艺术节最隆重的赛事就是舞蹈大赛。我有些心动，虽然平凡如我，但也渴望站在音乐厅漂亮的大舞台上为全校师生跳一曲热情的拉丁舞。可我又觉得自己不可能从高手如云的比赛中脱颖而出。正在我无比纠结的时候，一回头，瞥见教室黑板上那行字“你有多大能耐，七初给你多大舞台”，一瞬间，仿佛拥有了莫大的勇气。我报名参加了比赛。

接下来便是每天艰苦的练习，我特意请教练帮我编了一支新舞，每天放学后跟着教练一个动作一个动作练习，一个节奏一个节奏踏准。我是多么渴望能在舞台上完美演绎。但刚上初一的我面对比小学多得多的学习任务还在适应中，再加上高强度的舞蹈训练，压力扑面而来，心里好几次冒出了放弃的念头。或许是班主任孙余老师注意到了我每天在学习和训练中慌乱挣扎，她有意无意地和我聊起怎样提高学习效率，如何坚持人生理想……我焦虑而浮躁的情绪终于平复下去，慢慢地，我在学习和训练中也找到了平衡点，一路过关斩将，顺利闯入决赛。

记得决赛那天，音乐厅的舞台被灯光点缀得美轮美奂，凝视着这偌大的舞台，就如小小的我面对大大的梦想一样，我忍不住慌张起来。我能跳好吗？我会不会因为太紧张忘了动作？和那么多高年级的学姐一起比赛，我能为班级争取到好名次吗？我不停地在心里问自己。越想越紧张，一个人站在后台有些瑟瑟发抖。这时我的好朋友龙睿思和张前来后台找到我，给了我一个大大的拥抱。她们说这是刚做完大手术还在医院里的原班主任王利华老师专门打电话给她们，让她们替她抱抱我，给我加油！就是那个大大的拥抱，好像把老师和同学全部的力量传递给了我，刚才还在哆嗦的我觉得全身温暖起来，看向舞台的目光也不再那么胆怯了。

音乐缓缓响起，我自信地站在了渴望已久的音乐厅的舞台上。幕布徐徐拉开，追光灯瞬间照亮了舞台中央的我，台下响起同学们为我加油呐喊的声音，还闪烁着同学们用iPad拼出的“黎宇昕加油！”几个字。原来孙老带着全班同学来给我加油助威来了！我心中的梦想瞬间被老师和同学们的热情点亮，我仿佛变成了一个舞蹈的精灵，在舞台上尽情地挥洒着自己的热情！最终，我获得了一等奖。全班同学欢呼起来。后来听说，在屏幕的另一端，我们班同学的家长们也一直紧张地关注着QQ群里孙老的“直播”。当最终结果公布时，家长QQ群里高兴得炸开了锅，因为这是我的成功，更是属于整个班级的荣誉。

这就是七初的舞台，她为每一个七初的孩子准备着。这舞台不仅仅搭建在音乐厅，更根植在每一个七初孩子的心里。这是一个爱的舞台，有老师的谆谆教诲、循循善诱、时时牵挂；有同学和家长的默默鼓励、休戚与共。这个舞台给了所有七初孩子爱与温暖，成为我们生命里一抹明亮的底色，在现在，在将来，一路陪着我们前行，点亮七初学子们的一个又一个梦想！

长风助力 梦想高飞

□2019届11班 敬双与

“怦怦，怦怦……”心中好像有个调皮的小精灵在不停地跳跃着，稿子也被自己手心的薄汗微微润湿。主持人发完言后，周遭片刻的安静、头脑瞬间的空白，都提醒我该上场了。今天，我将在全校师生面前做第十届科技活动月开幕式的演讲。我深深地吸了一口气，默默对自己说：“加油！”心情竟然奇迹般的平静了下来。我迈着沉稳的步子，微笑着走上发言台，自信从容地开始了我的演讲……

几周前，郑长宏老师通知我准备学校科技活动月开幕式的发言稿。当时的我一片茫然，面对这突如其来的挑战，刹那间，胆怯、退缩、犹豫，挤满了脑海，拒绝的话几乎脱口而出。但回想起几位经常上台主持发言的同学那淡定自信的表现，羡慕之情瞬间又流露出来，心中最后的那丝渴望和勇气让我接受了这项挑战。

接下来的日子，我在完成作业之余开始了准备工作。认真地搜集资料，酝酿文章结构，并逐字逐句仔细推敲，力求写出贴切通俗的稿子。在孙余老师的指导下，我反复修改，终于拿出了满意的演讲稿。因为没有接受过主持方面的专业培训，我只好用自己的办法抓紧时间练习。一遍遍地熟读，运用轻重缓急的语气，抑扬顿挫地表达，似乎一开始很多困扰我的难题迎刃而解了……当我在上千双眼睛的注视下顺利完成演讲后，看到同学们和老师们肯定的眼神，我知道，我的内心更加自信和强大了！

春生夏放，秋收冬藏。在不知不觉中，我已经在七初学习生活了两年。两年的时间，让我从稚嫩渐渐走向成熟，也让我明白在高手云集的校园，机会只会眷顾更努力更优秀的人。刚迈入初中的我，还没来得及适应节奏，很多活动都没有参加。当看到学校里大放异彩的同学们时，我逐渐意识到，机会要靠自己把握和争取。于是我积极地参加了英语演讲联赛、AMC8数学竞赛、科技创新大赛等一系列活动，不断地历练和提升自己。

亦师亦友的七初老师们说过："你有多大能耐，七初给你多大舞台。"七初总是在鼓励着、激发着我们拒绝平庸、追求优秀。所以尽情地展示我们的才能吧！成长就是破茧成蝶的过程，多一份努力，就会多一份成绩，多一点执着，就会创造奇迹！

红运当头更奋进

□2019届7班　秦梓轩

她，拥有美丽的环境；她，拥有良好的师资；她，拥有丰富的活动……她，就是我在读的学校——成都七中初中学校。

第一次进七初，是在我小学六年级的时候，当时学校组织我们去区里有名的初中参观，我们班来到了七初。这里环境优美，建筑大气，设施齐全。跨进学校大门，右侧立着一块大石碑，上面写着红色的大字——审是迁善，模范群伦。我一下子就感受到了浓浓的七初精神。红色的教学楼四周绿树环绕，教学楼内安静整洁，楼道角落里的书架上排列着众多的书籍。教学楼后面有音乐厅，可以举行各种活动。运动场在教学楼的右侧，场地宽阔。当时我就想，如果能在这里学习该多好呀！

上天真是眷顾我啊！小升初摇号时，我居然摇到了七初！当听到同学妈妈传来的消息，我真是开心极了！我的家人和亲朋好友们都为我高兴。开学那天，我穿得整整齐齐，精神抖擞地去报到。我被分到了7班，那天第一次见到了我们和蔼可亲的班主任——肖丽萍老师，还有班里的49个同学。领着校服回家时，我的心情还是万分激动。一进家门，我就迫不及待地穿上白红相间的校服。站在穿衣镜前，我的自豪感油然而生——我现在已经是成都七中初中学校的正式学生了！

在七初生活了两年多，我经历了很多：印象深刻的少年军校，让我们7班人引以为傲的国学诵读比赛和篮球比赛，还有戏剧节、英语文化节、风筝节、科技活动月、趣味运动会、新年联欢会，等等。当然，还有盛大的田径运动会，这是我们学校最振奋人心的活动了。

七初不仅课外文体活动多，更有丰富多彩的选修课程，让我们开阔视野、发展特长、增长才干。我在初一学的信息学奥赛，初二选了逻辑课程“谁在说谎”等，能体验不同课程的感觉挺不错的。行走课堂是我们学校的一大亮点，八年级下学期，我选修了肖老和孙主任主持的“一带一路”活动，我们去了青白江平行进口车市场，了解了国内平行车的情况。

一转眼，我已经进入初三了，就要迎来我人生的第一次大考——中考。为了不负上天的眷顾，更为了七初的荣耀辉煌，我正在努力学习，拼搏奋进。今天我们以七初为荣，明天七初以我们为骄傲！

无　题

□2015届3班　吴越

与七初的故事从哪里开始？到哪里结束？

哦！从这里开始。脑子里响起以前杨校敦厚有力的声音："今天你们以七初为荣，明天七初以你们为骄傲。"如今快十年过去，也不知道现在的自己是不是真的成了七初的骄傲呢。

沉静下来回忆在七初的三年，思绪竟真像潮水般涌来；旧事鲜活，如一帧帧定格的拍立得画面在眼前走马灯似的放映。时间有限，仅摘取其中一二，与各位讲讲我和七初的故事吧。

如果给我一次重来的机会，我大概会在光哥提出"愿意当班长的同学请举手"的时候再多斟酌三秒钟。想起那时那个棱角分明、性格张扬的我，那个不可一世冲上讲台一通自信演说的我，啊，年少轻狂不顾后果的模样，真是太美好了。虽然冲动的"代价"就是，这个班长，我一当就是整三年。我想用"痛并快乐着"来形容班长对我的意义，痛在它曾给予我无穷的压力，让我抓狂，让我烦躁，让我泪流满面甚至一度想要放弃；但毕业六年多，同学们都还愿意叫我一声"班长"，这个中滋味，又怎能不让人心动感恩呢？

现在，就让我回到那年盛夏，用那时钟爱的回忆体和超长排比句继续下面的故事吧。

还记得当上班长的第一天，黑板槽里的粉笔灰忘记打扫，光哥怒斥我们，还让我和另外一个班长在全班面前用直尺把凹槽清理干净；还记得自习课时，我负责纪律而在黑板上写了男生的名字，光哥要批评他们，我却觉得不妥而起身为他们打抱不平；还记得处理班级的事务时，在办公室待到晚上8点，走出大楼抬头望见的皎洁月光；还记得帮每个同学分析学习科目的优劣势，一张成绩单上画满了各种只有我看得懂的形状；还记得我在班里受了委屈，在跨年的当天当着大家的面哭得梨花带雨；还记得班级大扫除，几乎每一次我都会留下来打扫。我妈那时候常说，我要是在家有在学校一半的勤劳就好了。说来奇怪，我本天性懒惰，却能在这里激发自己所有勤劳细致的美好品德。

在七初的三年，我没有考过一次年级第一，被称为“千年老二”的我总是因为失误与第一名的荣誉失之交臂。光哥后来聊起，当初选择我当班长的原因之一也是我成绩还行。如今想来，真的是感谢当年那个愿意努力学习的自己。

那时候的世界真是单纯得可爱。大家都愿意拼命学习为班级的各科排名贡献力量；我也愿意拼命奔跑为班级挣得唯一一个运动会第一名的荣誉；女生们忙前忙后选衣服、排曲子，就为了实现班级三年合唱能拿一个一等奖的愿望；男生们尽管当时调皮胡闹却总在日后向我提起当年老师们的好。我喜欢食堂外栀子花开的香气，喜欢在食堂里看着男孩子们因为某顿饭有鸡腿而大快朵颐。那个时候音乐厅所在的地方还是一个小小的水池，每周都会有班级在那里进行会演，我现在都还记得一位师兄演得兴起掉入了水池，才发现池水只没到他的膝盖；以前学校还有一个“神秘组织”，在周三、周五下午放学后，你总能看到一个老师带着一群学生在操场疯狂跑圈，而带头的老师有时候还光着脚；每周二的下午是全体的体育锻炼课，姑娘们总是想要站在队尾，这样可以看到另一个班那个长得高高瘦瘦的帅帅的男生；做完课间操还要跑圈呢，光哥总爱让迟到的人在最外面的水泥地上跑；篮球场边画着立定跳远的标尺，还记得那年我们年级有两个不用摆臂便能跳两米五的男生；男生的头发不能太长，女生的刘海不能太长，邱校长曾经点名表扬了6班男生，因为虎哥让他们全都剃成了平头；运动会有两个整天的时间，看“体委”在最后不断刷新自己的跳高纪录是三年中的保留项目；周四中午的艺术鉴赏，有时引人入胜让人欲罢不能，有时却又能够无聊到爆炸；听说周五下午还有各种选修兴趣课，不过被“神秘组织”选中的人并不能享受这短暂的快乐时光；每学期期末的班级总结总是让人头疼，班长在家长会上的发言也会消耗掉我几个宝贵的夜晚；那时候的终极梦想，就是去林荫，终极梦想的终极梦想，就是去林荫的理科实验班。

现在我以一个成年人的视角，去审视在七初的三年，最感谢的是七初为我们营造的良好氛围。If you want to do something， just do it. If you want to be someone， just try to be it. 七初的各类活动制度都与成都七中完美地衔接，老师们也愿意以对待一个独立人格的态度去对待每一位同学。尊重，友爱，动力，热爱。

到哪里结束?

哦！镌刻进人生底色的七初精神与我的生命同在。

在这里，让我遇上最好的自己

□2019届4班　刘倚君

在入学前，七初于我而言，是一座未知的殿堂，神秘中带有几分沉稳。我也知道这学校有一句话："审是迁善，模范群伦。"但是我不知其中的含义。于是我跨进了七初的门槛，准备慢慢走近它，理解它。

七初教会了我谦虚。刚升入初中时我经常与同学谈起自己在小学时很厉害。但是就在第一次数学周考完，我便清醒地意识到自己并没有想象中的那么厉害，与班级里的同学比起来我都不算什么，更何况和年级其他班的同学比。在和妈妈交流后，我便下定决心，要做一个谦虚的人，埋头做事，低头做人。正如老师所说，只有放低自己的位置，才可以吸收接纳到更多的东西。不会的题我主动去问老师或同学，对任何问题都不一知半解，而是寻根究底，探求真实的结果，慢慢地我感受到了成长的快乐。

七初教会了我努力。初一时我认为自己的英语特别好，于是作业随便做，上课时不时说会儿话，发现了漏洞不去解决，老师布置的任务不及时完成，结果我的英语成绩每次都考得不理想。半期考试后英语老师便找到我说："你有这个底子，就是不知道努力。"就那句话点醒了我，从那以后我开始思考什么是努力。慢慢地，我找到了答案：把每次听写做到满分是努力，把每篇课文背到流利是努力，把每一道有价值的错题收集起来是努力。就这样，我的英语成绩提上去了，我也喜欢上了英语这门学科。我现在一直在坚持努力学习，因为我喜欢努力后收获的感觉。

七初教会了我负责。由于我在学生会是新闻社的一员，所以上学期的运动会新闻稿由我与初一的学妹承担，并且老师要求必须当天写完。知道这个消息后我有点崩溃，开始做这件事情时我更崩溃。当天在参加完班级项目后我回到看台上开始写新闻稿，嘈杂的声音和刚运动完的状态让我完全无法静下心来完成这项任务。但是我不断告诉自己：既然答应了就一定要负责到底。就这样，我从六点多放学开始，花了一个多小时写新闻稿。校园渐渐地冷清下来，只有外面的灯开着，我曾不断地想放弃，或想草草了事，但是那份责任感让我坚持到了最后。我们与发稿老师不断地交流，对稿件不断地修改，最终在八点半完成了工作。

七初还教会了我乐观、大方、自信、自律和自我规划，让我更加理解七初校训的含义。谢谢您，七初，是您成就了如今的我。接下来的生活中我还会不断努力遇见更好的自己！

七初十年，积淀底蕴，砥砺成钢；七初明天，迈向新程，再续华章！

阳光和暖　静候花开

□音乐组　杜森

七初的社团活动课自2015年9月至今，已经走过了三个年头。每周三下午第三、四节课，是孩子们最快乐的时光，因为在这段时间，孩子们可以暂时放下课本做自己最感兴趣的事情。社团活动的开展，让学生交流思想、切磋技艺、互相启迪、增进友谊，不仅活跃了学校学习氛围，还提高了学生的自主管理能力，丰富了学生的课余生活。为培养“审是迁善，模范群伦”的优秀七初学子而不懈奋斗着。社联不仅传承了不畏困难、奋勇前进的精神，还创新了工作方法与理念，将社联日常工作细致化。我们积极开展活动，发掘优秀人才，完善自己的工作，真正做到开头不错，过程流畅，结局完美。同时吸收新鲜血液，保证社联时时有新方法、好点子，形成生机勃勃的氛围。一段段回忆是我们最美好的祝福，随风散发清香，永久珍藏。

冬日午后的寒风瑟瑟，冻不冷社团联合会干部们炽热的心；银杏叶稀疏地挂在枝头，摇摇欲坠，社联干部们充满斗志的心却没有随之落下。在过去的一个学期里奋斗与拼搏，有过许多美好的回忆。在上个学年的末尾，我们举办了本学期的工作总结会议。在社联各部门分管同学总结之后，各位社长针对本社团进行了工作的梳理汇报，为上学期的社联工作画上了一个圆满的句号。新的目标、新的任务孕育着新的希望。我们会在新的一年中携手奋进，我和这帮孩子们又开始新的路程，迎来新的一届社联班子。故事便是与可爱的孩子们一起走过，岁月静好，有你们的陪伴。

王同学，社联里非常喜欢热闹的一个人，作为DIY社和管乐社两个社的社长，他经常希望为社联做些什么。他热爱科技，喜欢去创新，在社联里成了一名“技术宅”。社联像家，这里有温暖，这里有欢笑，这里大家一起努力。他自己经常说在管乐社里，他带大家一起玩音乐，一起演奏出更加美妙的音乐，在DIY里他带大家动手制作，去突破思维屏障去创新。他参加了管乐比赛、机器人比赛……带来太多的历练、感动与艰辛。他就是这样一个小男孩，积极向上、敢于创新，热爱生活。

刘同学，是为数不多的在社联中低调的男同学之一。他是有担当且多才多艺的小帅哥。他自己曾风趣调侃说“进入社联乃是我人生中的一个全新的阶段。如果说以前，我是一个很内向、沉默寡言的人，但渐渐地，我意识到我其实并没有自己想象中的那么普通，这是一次最重要的觉悟。对于一个人，回不去的，必是他穷极一生去重温的一个梦，必是他辗转天涯海角后仍深爱的一个魂。我希望自己用种善意的眼光观看世界，用一颗热忱的心来面对自己与他人，却也偶尔思考人生，得到一些自己尚不了解的感悟。我喜欢和朋友们一起拼搏的汗水，但我也愿意待在一个安静的地方，偶尔传来几声鸟鸣，夹杂着万物生长的气息。在学业上我总是把对自己的期望值抬到最高，得到一次教训才能摸清自己的真实水平。喜欢收集一些细小的东西，每一个都能勾起一段回忆，间歇性地剖析别人高尚的灵魂，从中也能获取一些真谛，尝试用自己的爱心友好地对待每一个人。梦里，花落花开，我寻得最曼妙的一朵，取名流芳；夜里，风起风落，我追逐风遗留的痕迹，伴着雾萦。”

玥是社联的副主席，喜欢音乐更喜欢读书，大才女一个。她有高调大气的一面，也有低调有内涵的一面，她温文尔雅、体贴顾家，顾的是社联这个大家庭。我让玥写一个自我介绍吧，便有了下面这段文字：“予乃天府锦城人也，姓刘名雅玥。求学于墨池书院，亦称七初。予不拘小节，不甚细谨，本不成大事，幸得诸师赏识，任社团联合会副主席一职。承蒙抬爱，予敢竭鄙诚，定司予之职。暇日予好读书，经史者、志怪者，上规红楼二国，下逮散文小说，皆有涉猎。琴棋书画虽不样样精，俱可清谈一二。犹好音律，工胡琴提琴，吹拉弹唱亦能登堂。虽小有所成，不过抛砖短引，是所望于群英。请洒潘江，各倾陆海云尔！”

张大主席，一个“日理万机”的社联主席、班长、社长。不管是班级、社联或是社团的任务，她都会尽全力做到最好。她能在繁忙的工作与学习的压力下找到平衡，有着坚韧不拔、永不言弃的性格。她热爱运动，对游泳、篮球情有独钟。她喜欢朗诵与主持，用声音对每一个汉字赋予感情。还喜欢执笔写作，用文字记录下生活中点点滴滴的感动。她热心公益，为爱付出，本学期暑假参加了内蒙古支教、爱心Market等活动，用爱心点亮别人的心灵。张大主席的名言就是“我愿用自己的汗水，挥洒出青春岁月最美的色彩”！

到了四、五月，一年一度的社团总结就成了社联工作的头等大事。而今年的与往年的不同，既要激励学生也要勉励自己，就是“要做一个豪华版的社联总结”。因此这次活动对于我和我身后优秀的团队都有极高的要求，也带来了些许的压力。回想这一届社联，从不曾墨守成规。从招新的改革，到全新的管理模式，唯有创新，才能为社联源源不断地注入新能量，才能为七初十年添上与众不同的一笔。作为社联与社团总结的负责老师，我也曾为此辗转难眠，千番思索。看到过去几年的总结稿后，我更加坚定了我的想法。对于刚刚成长起来的社联，每一点进步的背后，都是许许多多不为人知的努力，是汗水的灌溉、更是不懈努力的沉淀。社联，不仅仅是理性的，更是感性与诗意的。我告诉孩子们、不妨可以考虑一种形式由你们来主打总结，我给大家敲边鼓。我们都上！主席后来告诉我：“我想我永远也不会忘记那个晚上，提出用诗朗诵的方式总结，杜老在考虑过后，给我四个字的回答：完全可以。这也许就是社联的魅力所在，杜老永远给我们最大的支持，做我们坚强的后盾。”形式定下之后，就是紧锣密鼓地分配任务。那个大课间，社联的骨干们聚在学工部，我拿着一张纸，一支笔，简单做下笔记。“文稿分这几个部分……”“你们俩一起写这部分，你负责PPT……”简单的讨论，大家认真地听着，提出自己的建议和想法。我们把所有文稿、PPT、视频的上交时间定在一周后，面临考试的压力，其实时间并不充裕，但没有一个人表示反对。很快，所有任务分配完毕”。每组同学完成自己的任务后，再分别找我过关。几经修改，最终成型。整个准备过程大家很低调，也很高效。副主席玥因为身体原因无法上台，就一直在幕后修改文稿，从未有过一句怨言。PPT制作者——副主席老华，为了收集每个社团照片，费了不少心思。不太擅长朗诵的副主席小畅，不停地请教其他同学，只为能有更好的效果。视频制作者王同学，以前在社联一直很低调，却在关键时刻挺身而出，精益求精地剪好每一分，每一秒。写文稿的周同学，用自己对文字的热爱，反复斟酌一字一句。还有在后台放PPT的刘同学，全程配合我们排练，牺牲不少休息时间，为了找到合适的背景音乐，几乎听遍自己收藏的所有音乐。总结前的那个午休，我和孩子们还在不停地打扰孙老，请教一个又一个的细节问题甚至每一个读音，真心感谢孙老耐心地解释与温馨地鼓励。孩子们和我面对观众，站在聚光灯中心时，心中充满了自豪与欣慰。看见校领导们在领导席上举起手机拍照时，我感恩自己的选择，感恩社联同学的团结、优秀，与永远如初的执着。最后还出了一个小插曲，话筒的电量不够导致无法扩音，使整个舞台如被冷冻了一般，一秒、两秒、三秒。在台侧的我看见主席与其他三位同学做了一个眼神交流，孩子们立即围向了一个能够扩音的话筒，如同暖泉的声音扩散出来。这就是凝聚力，这就是社联的孩子们，从没有一成不变、教条呆板；社联就是这样，所有人都愿意献出自己的力量，为同一个目标不懈努力。

孩子们经历这样的过程便已经是最好的结果，最美的结局！这是我与孩子们的又一次成长。秋风起兮白云飞，草木黄落兮雁南归。但在这金黄的时节中，充满了欢声笑语。一个好的故事就是一种教育，一旦教育形成一种强大的、孜孜不倦的、创新的、争优的磁场，这种文化和环境的影响将非常巨大。而我希望，这一影响能够支撑着每一位孩子往前走。

十年
2008–2018

情韵

锦水漾漾，银杏苍苍。有一个地方是我们晨起奔赴的方向，有一个地方是我们笑泪交加的回廊。在这里有真诚的相伴，在这里有浓浓的情韵。爱的声音不变，情的回响掷地有声，默默的坚守，换取初心不改；真情的培育，赢得春色满园。

心在哪，智慧就在哪

□政治组　孙余

同学们，古训有云：“有志者立长志，无志者常立志。”在这四天的“立志成才”集中教育中，我们听到了校长们对我们的谆谆教诲。我们认识了怀着一颗报效祖国之心，胸怀大志，并做出了杰出贡献的颜华老师、刘老师；我们认识了地震专家洪时中老师；我们认识了成都飞机设计研究所年轻的刘栋梁学长，也了解了中国和世界通天之路的发展情况；我们还聆听了新东方十大著名演讲师之一的周涛老师的精彩演讲，领略到了新东方英语教育的无穷魅力。映秀、水磨镇一日的参观，让我们感受着生命的脆弱与顽强，让我们在肃穆与思考中感受着人与人之间互相关爱的温暖，感受着祖国的强大、人民的伟大……

四天的时间不长，给我们的启示却很大。同学们，这四天里你们表现出了七中学生应该具有的基本素质，展示出了你们的热情，展示出了你们对知识和成功的渴求。“立志成才”教育活动接近尾声了，同学们都有哪些体会呢？

今天我想先给大家讲一个故事，为什么要讲这个故事呢？听完，你应该知道答案了。

有一位昆虫学家和他的朋友商人、老师一起在公园里散步、聊天。忽然，他停住了脚步，好像听到了什么。“怎么啦？”他的商人朋友问他。昆虫学家惊喜地叫了起来：“听到了吗？一只蟋蟀的鸣叫，而且绝对是一只上品的大蟋蟀。”

商人很费劲地侧着耳朵听了好久，无可奈何地回答：“我什么也没听到！”

“你等着。”昆虫学家一边说，一边向附近的树林小跑了过去。

不久，他便找到了一只大个头的蟋蟀，回来告诉他的朋友：“看见没有？一只白牙紫金大翅蟋蟀，这可是一只大将级的蟋蟀哟！怎么样，我没有听错吧？”

“是的，您没有听错。”商人莫名其妙地问昆虫学家，“您不仅听到了蟋蟀的鸣叫，而且听出了蟋蟀的品种——可您是怎么听出来的呢？”

昆虫学家回答：“个头大的蟋蟀叫声缓慢，有时几个小时就叫两三声。小蟋蟀叫声频率快，叫得也勤。黑色、紫色、红色、黄色等各种颜色的蟋蟀叫声各不相同，比如，黄蟋蟀的鸣叫声里带有金属声。所有鸣叫声只有极其细微，甚至言语难以形容的差别，你必须用心才能分辨得出来。”

他们一边说，一边离开了公园，走在马路边热闹的人行道上。忽然，商人也停住了脚步，弯腰拾起一枚刚刚掉在地上的硬币。而昆虫学家和老师依然大踏步地向前走着，丝毫没有听见硬币的落地之声。

三人继续前行，经过一个茅草屋，老师突然停下脚步，这回他的耳朵竖起来了：那里传来了琅琅的读书声。他正想给另外两个人说说他的感受，回头一看，商人和昆虫学家已经走远，对茅草屋的读书声却浑然不觉。

这的确很奇怪。为什么只有昆虫学家听到了蟋蟀的叫声？为什么只有商人发现了钱币的掉落？为什么只有教师听到了儿童读书的声音？三人都经历了心醉神迷的过程，但为什么有如此大的差异？

三人职业的差异只是表面现象，在根子上，是因为三人的心思摆放的位置不一样：昆虫学家的心在昆虫那里，商人的心在金钱那里，教师的心在儿童那里。正因为如此，三人的生命体验就有了迥异的表现。

这个故事给我们的启示是：心在哪，智慧就在哪。

所以，我很想问大家：你的心在哪儿？也许你已经找到，那我祝福你；也许你还没找到，但你是否已经开始用心去寻找了？

不知你是否留意过，自己为什么会偏科呢？你的心思是在自己最擅长的学科上，还是在最不擅长的学科上？

你是否留意过自己也许在很多方面都不如意，但在某一个方面却似乎特别聪明，为什么呢？因为你用心不同。

我常常在想：你们的脑子里经常在想些什么呢？你们喜欢学习吗？你们真正地在乎学习吗？这两天，我也不时地会想：对学校精心安排的"立志成才"教育，你们真的用心在接受吗？你们都有发自内心的收获和感悟吗？我很想听到你们内心里真正的声音——这样的声音一定是有思想的，有主见的。

小时候，我们会写《我的理想》这样的作文，你们写过吗？如果写过，你还记得自己是怎样写的吗？我至今还记得初一写的自己理想竟然有三个：运动员，因为我喜欢运动，自己感觉排球、乒乓球、跑步水平都还不错，却从没考虑过它的可行性；作家，因为我喜欢看书，感觉自己的作文还写得不错；最后一个是老师，因为我们家老师太多，总觉得老师这个职业挺神圣的。

后来高中毕业，我真的进了师范院校。因为喜欢，我从大学到工作从来没有轻看过老师这一职业，也从未想过要跳槽。我在大学实习时，花了一周听课、写教案、试讲后就开始走上讲台，自我感觉良好地上了一个月的思品课。学生好喜欢我，我颇为得意，临走时他们送了我好多卡片，我一直留着，后来不知怎么就丢了，好可惜！那会儿还信誓旦旦地告诉我的指导老师：我一定要当老师，而且要当班主任，这样才有意思。指导老师感到奇怪，我却在不知不觉中践行着自己当初的誓言。工作这么多年，只有第一年和生小孩的那一年没有做班主任。做得特别心累时也想过要放弃，但一想到一位当了一辈子班主任的地理老师说过的一句话，"人这一生只要带毕业

10届，你就应该退休了”，我便又有了前进的动力。我还能带多少届？我要好好珍惜啊！

不知为什么，我就是喜欢自己的职业。刚毕业在私立学校，有老师劝我出去闯，我一点儿没动摇，一直坚守着自己的理想与信念；年轻时和学生一起哭，一起笑，那会儿常被年长的老师羡慕：年轻真好！可以和学生走得好近。如今的我在面对我的学生时，已经是妈妈级别的老师了，心里多多少少会有些失落，但这样的传承与延续将是永恒的话题。我一直在努力，我想看看自己到底能坚持多久。

现在的我还常常能接到以前学生的电话，他们会跟我谈心，会跟我提起或记得或已忘的一些话语、一些行为，甚至有学生还一直保留着我批改过的周记，并视若珍宝。那种时刻，心里那份自豪与满足是无法用言语形容的。从带第一届学生开始，我就一直坚持着这样的教育理念：如果我的学生离开我独自飞翔后还能在某个时候记起我曾经说过的话、做过的事，我的人生足矣。所以，在我和学生待在一起的三年，我会哭很多次，但他们毕业之时，我决不留恋与不舍。因为我的使命已经完成，他们需要更大的舞台去展示自己、发展自己，我衷心地祝福他们！

一直有个梦想，当我退休时，我一定要完成这样的心愿：看书，旅游，写东西（写过去，写现在），我坚信自己能做到。回忆这么多年的经历，我在每一个阶段的梦想都能一一实现，虽然有过波折，但一直很顺，常常觉得自己很幸运。我深深地知道：这份幸运只是因为自己心中有梦，只是因为自己脚踏实地地一路用心走过来。

我很自豪我是一名老师，也很高兴地和我们2013届的全体同学一起成长。当老师真好啊！我真诚地希望你们也能自豪地对自己说：当学生真好！当七中初中学校的学生真好啊！因为心在哪，智慧就在哪。

立志不是挂在嘴边的口头禅，也不是贴在墙上的座右铭，而是一种刻于心间而后现于行动的大智慧、大境界。希望同学们在今后的学习生活中，胸怀大志，并且做行动的巨人。希望学校这种活动留下的精神像一盏明灯，始终照亮你们每一个人前进的道路。

（本文系孙余老师在2013届学生“立志成长”集中教育上的讲话稿。）

星河浩瀚，汇聚情缘

□历史组　张力生

浩瀚夜空，如果只有一两颗星星，是耀眼；如果群星闪烁，必定是璀璨而壮阔。

记忆中的学校，还是那个三环路以外的适宜读书的世外桃源，远离了喧嚣与繁杂。记忆中的学校，似乎总是停留在灰墙白顶的模样。学校第一个年级，班级很少，孩子们在这个世外桃源里学习生活。虽然学校的各项活动没有现在那么多，但在当时看来，也非常充实。你有多大能耐，七初给你多大舞台，孩子们在这个天地里尽情展示着他们的能量、天赋，修炼着他们的技能。充实的学习、多彩的活动，让人感觉七初的孩子似乎每天都在“穷开心”。但那个时候他们欢乐的身影，似乎还充不满整个校园，学校还是一幅相对安静的画面。

这一群老师都来自天南海北，为着同一个目标走到了一起。他们各具特色，风华正茂。最初，连续十多天的教师集中学习培训让我感受到了七初与其他学校的不一样。教研备课工作量之大，甚至远远超过某些高中学校。夜幕降临，常记走廊灯光昏暗，各个办公室灯火通明。没有空调的日子里只有风扇呼呼地吹着。办公室里、走廊上，很多学生坐着、趴着、相互倚靠着，围着听老师答疑解惑。为了让孩子们坚持学习，很多老师都准备了小点心和小糖果，随时激励孩子们。十年的坚持，确实让孩子们感受到七初的不一样。

在“云班”多年的教学实践中，曾有无处下手之痛苦，煎熬过也挣扎过。深刻认识到云教育技术是一个强大的联系工具，起着纽带作用，它联系师生、生生之间的学习与情感，联系课本的有限知识和网络的无限信息，对教师的业务进修、成果共享、专业发展、可持续研究都会产生重大影响，有助于提高教师教学水平，进而提高学生的学习品质。经过一段时间的实践与磨合，课堂小组成员之间越来越了解，越来越默契。他们各自在查阅资料、梳理信息、制作媒体材料（有可能是iMovie）、介绍发言等方面的优势逐渐为人所知，慢慢地形成了各自在小组中的位置。有了分工，才有合作，因为了解，才会有高效率。后来，我们又加入了翻转课堂，虽然没有固定的模式，但老师选用了非常有利于学生课堂“创生”的历史微视频为切入点，既可以围绕一课之重难点，给学生介绍相应的背景知识、历史事件的经过、历史事件的影响等，也可以是老师站在阶段历史、大历史的角度，给出更宏大的或破除常规的、巧妙的思维引导。历史翻转课堂为学生提供了自主发展的空间、时间和技术支持，目的是让学生对自己的人生负责。

在常规课堂之外，在教材之外，还有丰富学科学习的多面平台。老师和同学们都沉浸其中，非常开心。历史社团活动课是学生演练的最佳平台。在“蓉城印象”“历史课本剧”等社团中，学生有足够的时间、资源来进行历史理解以及历史解释的深入锻炼，拥有其他时间和场合都不具备的优势。首先，社团活动相对于课堂、比赛等有更充分的时间；其次，社团中都是对相关历史活动比较感兴趣的同学，大家在一起实地探索、调查、探讨等，都会起到切实的锻炼作用；再次，社团活动中有老师专门的指导，学生活动的计划、实施和反馈等都有老师较为严密和科学的指导，能够有效地帮助学生进行有针对性的训练。

选修课，是学生在老师引导下的深入理解和解释。我上过的历史选修课主要是《历史钩沉——抗战风云》，引导学生要透过历史的渺渺尘烟，去探求真相，以聪慧的大脑、广博的知识、睿智的心灵和火一般的激情，把民族精神与自强意识渲染得更加艳丽。

“历史大舞台”是很坚实的日常学科活动，是频率最高的“牛刀小试”。每一节历史课的前5分钟，由各组学生来说一说历史上的今天或者历史上的这一周的重大历史事件。让学生挑选和再解读重大历史事件，必然会锻炼其理解和解释历史的能力。

学科活动之“历史故事”及“知识竞赛”，是集中展示的秀场。目的是丰富同学们的课余文化生活，激发同学们对历史学习的兴趣，锻炼同学们的语言表达能力，提升同学们的历史专业素养。同学们会在短时间内进行一场头脑风暴式的训练。

读万卷书，行万里路。博物馆课程，应该是最受学生喜爱的了。我们带着学生，多次造访省博、市博、武侯祠、草堂、青城山、都江堰。甚至带领历史研究学员赴古城西安，一览盛唐“昭昭上帝，穆穆下临，礼崇备物，乐奏锵金”之盛世辉煌。欣赏一下学员们的感受吧：

“三冬季月景龙年，万乘观风出灞川。”大唐芙蓉园花影绰绰，茱萸台上祈带飘飘，漫游唐诗峡谷，错肩诗人身影，吟诵千古佳句，啜饮悠远诗魂。莅临紫云楼，倒影娇比西子。同学们一览水上游廊，步履间，颇有红楼风韵。转步登上仕女馆，女皇武则天左傍太平公主，右辅上官婉儿，胸绣丹鹤飞舞，头缀金凤展翅。紫云楼内，栩栩壁画，真实还古，看昔日万国来朝盛世之景，让同学们舌挢不下，意犹未尽。观大唐西市博物馆，昔日繁华重浮眼前。青青石桥似有流水潺潺，深深车辙又闻卖炭翁声。驼队阵列诉说西域多少故事，锦绣绢纱秀出外商丝路传奇。大唐服饰一直是研修小组的聚焦点，造型独特的胡装再现盛唐“时装周”。明城墙、东长安门、西安定门、南永宁门、北安远门，四方旗鼓，气势磅礴。敌楼、箭楼遥遥相望，恍然间，仿佛哨兵凭风而立。冷兵器时代的防御体系，城墙的厚度大于高度，稳固如山，特殊的倾斜城面构造，更体现了能工巧匠的聪明才干。走进陕西历史博物馆，从商周青铜器、秦帝国兵马俑、盛唐百态服饰，再到大唐遗宝赤金走龙，国家级文物接二连三。兽首玛瑙杯三色奇彩、温润如玉，葡萄花鸟纹银香囊栩栩如生，让观者赞不绝口。大明宫曾是唐帝国最宏伟壮丽的宫殿建筑群，也是当时世界上面积最大的宫殿建筑群，是唐朝的国家象征。丹凤门旗风烈烈、豪放不羁，大明宫夯土犹似在谈古追昔。当年，武皇独身俯瞰长安，睥睨天下，今日，游学少年独立龙首塬凭高远眺，一览无余。

两天的游学细细品味，真切倾听历史的回声，感受古典与现代的交相辉映。

我们的课程真的不一样。

老师的情感完全融入学校的一草一木之中了。不管是因为当初学校人手不够，或是由于其他的原因，只要老师们能够抽出时间来都可能会被安排为学校采购这样那样的物资，参与后勤的工作。这种看似和教学没有直接关联的事情，后来才让我感受颇深。原来，我们已经把自己的付出和情感，都悄悄地种在了学校的花草和树木之间。当微风吹拂着教室的窗帘，你或许会看到自己的心动情地飘荡，因为这一个窗帘可能就是你参与挑选的。真是不一样。

七初的校园越来越漂亮，七初的学生也越来越多，但是七初的“不一样”永远不变。我们在这里等你，希望遇到最美的你。

遇　见

□语文组　曹登勇

有些遇见，就是一生。

八月的成都永远是这样闷热，全身黏糊糊的不说，还头晕眼花、神志不清，特别是八年前的这几天，更是让人抓狂！本以为过五关斩六将的公招后就是等待入职了，却接到七初教师发展部通知：参加入职培训。怀着点不满，更怀着点忐忑，冒着酷暑，来吧！

“归零！”这是我听到最多的一句话。已经有十二年初中和高中教学经验、十二年初中和高中班主任工作经验的我，一切归零，谈何容易！我不屑地转过脑袋，望向窗外，窗外的艳阳像是打了鸡血，涨红着脸，吐着火舌，让我心烦气躁。真想打退堂鼓了。

这天是李笑非副校长给我们讲七中的文化传承。

“不外乎就是各类办学理念！”我心里嘀咕着。

事实有点让我“失望”：没有引经据典，也没有长篇大论；

事实有点让我叹服：有的是七中的情怀，七中的奋斗！

李校长讲了自己和七中不解的情缘，她读书在七中、工作在七中、生活在七中。讲述过程中的那种自豪与满足像是给了我一记耳光，敲醒自得的自己！我也在比对自己曾经工作过的两个学校，一个学校待了三年，一个学校待了九年，时间也不短，我为什么没有像李校长那样自豪和满足？为何我此刻坐在七初的会议室？

我想，我以前没有的，或许是七中能给予的！

我开始羡慕起李校长的七中情缘，甚至是满满的嫉妒。为什么这一切美好没有发生在我的身上？夕阳西下，落日的余晖映红了会议室，阳光仍是火辣辣的，但是似乎多了一丝温存。望着台上侃侃而谈的李校长，看着面前的姓名牌，我好庆幸，终于投入到了七初的怀抱！这个八月真是美好！遇见，真是美好！

是的，我必须“归零”！因为七初才是我今生奋斗的起点，我爱我的七初！在这片神奇的土地上，我也要像李校长那样天天和七初在一起，书写属于我和七初的故事！我相信：有些遇见，就是一生！

舞中情

——记每年元旦迎新晚会教师舞蹈节目

□数学组　何明

我不是舞者，舞蹈却时常来寻我；我不懂舞蹈，舞蹈却教会我热爱！可以的话，我要一直跳下去！

2010年来到七初后，每年元旦迎新晚会的教师舞蹈都是我们的保留节目。尽管元旦前夕正是期末学习最关键的复习阶段，教学、学习任务重，但是这样的舞蹈总是让我魂绕梦牵。

记得生哥或翔子总是为了节目忙前忙后，为我们提供无微不至的后勤服务，有丰盛的晚餐，有时还有糕点和水果。记忆最深刻的就是每年的排练时光，其实每年刚开始的几次排练都是很有意思的，也是最搞笑的，老师们动作不到位，常常摆出不协调的造型，但在教练反复指导后，最终我们呈现给观众的绝对精彩。学生们特别喜欢看老师的节目，我们的节目一登台便会把整个晚会的气氛推到最高点。

这么多年来，藏族舞、彝族舞、蒙古族舞、维吾尔族舞，还有俄罗斯舞、西班牙舞伴随着我们在七初成长，这样幸福而有意义的工会活动已经成为七初的一道风景线，更让一年一度的元旦迎新晚会成为七初学子最最喜爱的校园活动，成为无数毕业生默认的“归来日”。这就是七初文化，这就是七初情怀。春常在，人未老，共祝愿，七初好！

匆匆十年　遇见最美好的自己

□英语组　吴晓霞

十年后，当我面对每天出入的七初校门，十年前的那个夏天历历在目。那时，同一道大门一角还堆着些许建渣，偌大的操场空无一人，暗红的塑胶跑道和碧绿的草皮在阳光的照射下散发出新生的气息，操场边崭新的运动设施安静地立在那里等着第一批同学前来触碰它们。这一切都在告诉我们：这里所有的一切都是新的。而随着我们的到来，这里的生气逐渐被点燃，并且燃烧得越来越旺。再后来，当2011届孩子们的身影和笑声充满整个学校的楼宇、过道、操场、教室的时候，当他们满怀着好奇在这里奔跑的时候，仿佛是在向所有人宣示：我，我们，全新的工作和生活的岁月在这里开始了。

非常庆幸，在七初开始的那些日子里，能与一群有教育理想的伙伴们在一起工作。和他们在一起，自己每天都是热血澎湃、精力充沛的。我们一起吃盒饭泡面，一起挑灯教研，我们一起交流在这个崭新学校开展教学的思路，我们交换着自己的经验，让思维碰撞出火花，形成宝贵的结晶，再实践到每一天的工作中，之后再次总结、碰撞、交流、改良，循环往复，精益求精。我们不光在工作上相互支持分享，也在生活中成为好朋友。当年我们都是七初这个新校的新人，下班过后偶有闲暇，我们一起搭伴外出踏青旅游，或是小坐谈天品茗对弈，生活中有了欢喜我们一起分享、庆祝，有了烦恼我们一起分担、互相慰藉。我们之间的关系犹如亲人，甚至我们的家人之间也建立了很密切的联系。

说起在七初的生活，其实也很简单，我的圈子里除了同事，就是孩子们。而在孩子们的口中，我是一名严师。他们说，我一方面让他们感到敬畏，一方面也给他们的初中生涯添加了不少色彩。后来，从回校看我的孩子处了解到，当初自己的一些言行被孩子们编成了段子口口相传，毕业多年之后他们都还津津乐道。每次听到他们复述那些被改编得有些夸张的段子时，我也会仰面大笑。他们带回来的是我们在七初的共同记忆，那个时候我正年轻，他们也正年少。

十年走过，最早那一届在七初这块草皮、在七初那些楼宇间奔跑的孩子们，现在都已经大学毕业，他们考研的考研，工作的工作。于我而言，那些与他们相处的一幕幕至今历历在目。在与他们的朝夕相处间，我们就这样互相浸润着、改变着对方。我现在跟年轻老师交流的时候常说一句话：“为人师表，我们不要小看自己语言的力量，我们的语言真的会改变一个人。”我永远都记得，那年在一次发英语考卷的时候，我将一张不令人满意的试卷递给一位同学，并且对他说了一句“加油，我看好你哦”！而就是我不经意说出的这句话，竟然让他从此对英语有了自信——他后来对他父母说：“我要努力学习，因为Miss Wu说她看好我！”同样，这个孩子也加深了我对“有教无类”的理解。

铁打的七初，流水的孩子们。往后的几届，生来生往，我一如既往。要说变化，有很多。我当了妈妈，儿子偶尔会来七初玩玩，有时还会安静地坐在教室后面等我下班。随着在七初的逐步成长，在教育上我有了更多的想法和经验，比如我们开始使用一对一数字化教学，比如在越来越多的培训中我的专业水平得到很大的提高。这些变化，使我从一名年轻人变成了成熟有经验的“老”老师，现在偶尔还会去做做交流和讲座，成了教学的中坚力量。

在七初与大家并肩走过十年，这十年在事业上是我奋斗的十年，我与七初一起前进，相互成就对方，我从青涩到成熟，从不断摸索到胸有成竹；在七初与大家并肩走过十年，这十年在生活上是我成家立业的十年，这十年中，我从孤身一人到成立幸福的小家庭，有了可爱的小宝宝。十年中，在七初，我们每个人都是微笑相待，平和友善，就像亲人一般相处，温暖备至。人生有几个十年呢？我的十年在这里，在七初，我遇见了最美好的自己。与七初一起走过十年，一切都还是“进行时”，而我眼里有这样的“将来时”：再过十年，我与七初的伙伴仍然在一起围炉畅谈；而后再十年，我们还在一起看到彼此平添华发；此后再十年，我们依然在一起，数着对方脸上的皱纹，感慨芳华易逝，但彼时我们依然笑靥如花。因为我们一起经历了那么多、体验了那么多、承担了那么多、感受了那么多、创造了那么多，七初与我与你，你中有我，我中有你。我愿意和七初，和可爱的你们一起走向“完成时”。

最美青春，无惧年华

□体育组　李中萍

最美的青春，是努力的模样；最美的青春，是奋斗的桀骜。

最美的青春，是从容的淡定；最美的青春，是无惧芳华逝去！

如果说时光只是一个不能重复的花季，那十年的过往便是一朵永不凋零的春花。十年以前，我是别人口中的妹妹；十年以后，别人是我口中的妹妹。十年七初，你是我心中的大舞台；七初十年，你是我心中永远的风景。

为了发挥专业特长，学习健美操专业的我从工作伊始一直带健美操队到今天，从最开始的健美操选修课到现在的艺炫斑斓社团课，跌跌撞撞，一路成长！还记得刚开

始为了把七中林荫教育研讨会的节目顺利完成，李笑非校长手把手地教我："妹妹，陕西街有表演服租售。""表演形式可不可以再多样化呢？"这些都让我记忆犹新。记得第一年想做出点成绩，便鼓起勇气主动请缨参加四川省健美操比赛，领导的信任与培养让我勇敢地迈出了第一步。艺炫斑斓健美操社团也一路成长为学校优秀社团、高新区明星社团。

这十年，站在七初这个巨人的肩膀上，上课从紧张到得心应手，教育学生从急躁到平和，教育理念逐渐上升到关注学生终身发展。点滴的积累让自己越来越热爱教育！有人说，十年如一日地教书育人是一件很枯燥乏味的事。然而面对一个又一个鲜活的生命，你能说枯燥乏味吗？你永远不知道学生的嘴里会说出怎样动听的话语，你永远不知道学生的眼里会流露出怎样暖心的眼神，你永远不知道学生的内心是怎样地喜欢你。极少化妆的自己偶有一天涂个口红，学生会大声夸奖你今天真漂亮，鲜少穿裙子的自己偶有一天"妖娆过市"，会引来学生阵阵围观！面对这么可爱的人儿，你怎能不热爱呢？

最美的十年，是洒满了一滴滴汗珠的运动节拍；最美的十年，是你我同框一个又一个三年珍贵的记忆；最美的十年，是你我共同奋力进取的样子；最美的十年，是与青春少年与共的十年；最美的十年，是与七初同在的十年。

爱，洒满阳光的少年；爱，芳华闪耀的七初。

因为爱

——写给4班的孩子和自己

□语文组　翁代敏

昨天晚上，为了找做毕业纪念册的照片，我把两年前用过的旧电脑打开了，看到你们军训时的照片——那时的你们笑得真开心。虽然在繁重的训练之后只能站着吃单调的饭菜，还淋着初秋的细雨，甚至还要住在车库的大通铺里，但孩子们，你们真让我骄傲！你们没有一个人哭着找妈妈，没有一个人生病倒下，你们所有的汗水最后都化作军训汇报表演的第一名。那时我想，能和这样一群孩子在一起三年真幸运，我也希望你们因为来到4班，觉得自己真幸运。为了这个目标，我要带着你们一起努力。

初一的你们还有一部分人和我一般高，天真稚气，但充满热情。还记得上《蝉》一课时，你们如花的笑容、如火的热情、如珠的妙语，简直惊艳了全场。看着你们笑着，甚至哼唱着歌儿离开，那时的我，觉得自己真幸运。因为你们的精彩造就了课堂的精彩，虽不曾预设，但却是那么真实地呈现在大家面前。

然而，生活并不总是掌声和鲜花，也会充满挑战，我就全当是考验我的耐心和智慧了。所幸，我有的是耐心，智慧嘛，只要有耐心去想办法，智慧不就慢慢积累起来了吗？

告诉你们一个小秘密，我有一个小小的“强迫症”，就是不喜欢和你们中的任何一位有隔阂。一旦批评你们，我会很难受，茶不思也饭不想！于是，为了我自己能够思茶想饭，你们会发现，一定会发现，那些被我批评过的人，总是会在一定的时候被我带走——或者在校园里散散步，或者在栏杆旁谈谈心，或者在书桌前聊聊天，10分钟，20分钟，30分钟，有的人笑了，有的人哭了，有的人平静了，乌云散去，彩云追来，我和你们都释然了！当然我也不是老顽固，只要有错，我也认，也改。“人孰无过，过而能改，善莫大焉。”我以宽容与爱待你们，你们也回报我爱与宽容。在你们面前我总有无限耐心，无限热情！你们是不是偶尔也会觉得我唠叨呢？特别是在某些人的那段逆反期。有一天你们是不是也会想念这样的一段时光呢？谢谢你们，4班的孩子们！有了你们，我的生活充满了辛苦和快乐，但这不正是生活本身吗？

在我小小“强迫症”的强大魅力下，在老师、家长、同学的宽容和爱中，我们的4班朝着我们喜欢的样子前进着。还记得初一时那个爱哭的WYK吗？只要他一回答问题，只要他对着大家转一圈，大家就会心领神会地很快安静下来，听他发表演说；只要他不见了，或哭了，就有同学跑去找他，安慰他。就这样他变了，老师们和同学们的耳边，经常有了他的声音，各种活动中有了他的身影，他的脸上也有了更多的笑容。还记得初一时的WLW吗？那时的他不怎么笑，对同学、老师都有一种戒备的心理。刚入校的他犯了错，大家都选择原谅并帮助他，他的脸上开始有了笑容，并且越来越灿烂。还记得我们初二的《黄河大合唱》吗？我们齐心协力，全力以赴，终于一洗前耻，拿了个一等奖。那种兴奋与激动，简直难以忘怀。最为感动的是大家为我举办的生日班会，甜甜的生日蛋糕配上你们快乐的笑容，还有我激动的泪水，我觉得那真是世界上最美的风景，因为这风景中有满满的爱与温情。爱你们，真的，也许我平时不善于表达，也许我平时作为班主任有些严厉，但此时此刻，我才发现我真的爱你们，爱你们中的每一个！

三年的历练过后，你们成长了，有了自己独立的思考和判断。尽管这个过程中有遗憾，但这也是生活。就要离开七初，离开4班了，前行的路上，别忘了4班，别忘了“自尊自信，静思笃行”的班训。让我们带着4班的爱与宽容前行，让我们继续做努力的幸福的人。

光阴碾过夏末，温暖如“初”

□语文组　唐霖勇

七初十年，学子莘莘。候鸟去来，芳菲依然。

这一行文字，讲述的是一个七初老班主任与自己的七初历届学生代表重逢的故事。

这一则话语，分享的是一个七初老班主任，也是每一个七初教育者的那点温润的情怀。

夏天，是一个远行的季节。许多学子背上行囊，眼里写满远方。

夏天，也是一个归来的日子。那些远行者回到母校得以栖息片刻。

源于一些小小的冲动和一点小小的情怀，

从2008年至2018年，整整十年间我所陪伴过的那些人儿。

今天，你们回到七初，我们在沙龙里，话叙我们的成长。

你们是大家的代表。你们的年龄至少相差10岁。

苦乐分享，共话成长——

让自己的经验有助于他人，让自己的遗憾有鉴于来者。

老师希望你们的成功能把更多人带向成功；

老师也想让你们走过的路和桥，翻过的山和峰能给更多人深思；

老师最想让你们获得更多的力量，更多的鼓励与安慰，更多的提醒与思考……

冯艺告诉学弟学妹她是如何叩开了耶鲁大学的门；

陈昱薇分享了复旦本硕连读的学习经验；

金杨婉笛分享了小语种的选择与学习经验；

袁博洋就学医的问题做了分享，并不失幽默地提醒大家慎重选择本硕博连读；

杨牧樵分享了高四生的心路历程和成功经验；

陈宸就心理学专业的国际性与大家交流；

钟鸣分享了自己的社会实践经历：从酒店管理到私募经理，从环游世界到剧本创作，再到纪录片拍摄，书中和眼中的世界都五彩缤纷；

鲁希玥、惠鲁茜与大家交流出国经验，提醒大家提前规划，做针对性准备，少走弯路。

七初十年，看着一个个你茁壮成长，高了，壮了，开始拥有自己的一方天地，能够独当一面了，我们为你骄傲。

七初十年，看着一个个你用努力的汗水和勤勉的智慧叩响一扇又一扇关于梦想和命运的大门，我们为你骄傲。

回首青春路，挥手自芬芳；

继续青春路，未来满芳华。

我们以自己的方式，

为自己骄傲，为七初十年喝彩！

我的幸福职业生活

□英语组　王利华

七初于我而言，不仅是一个工作的地方，更是一个有亲人、有欢笑、有温暖的所在。

2009年，我入职七初，任教2012届9班英语并担任班主任。那是七初创业的第二届学生。此后的三年是拼搏的三年，是付出汗水和智慧的三年，也是收获职业幸福的三年。在这里，学校的每一位领导和老师都倾情付出，走近每一个孩子，关爱每一个孩子。孩子们的点滴进步让我们欢喜，他们的些许青春小情绪也引我们关注。上至校级领导，下至每一位老师几乎都能叫出全年级每一个孩子的名字，孩子们体会到了这满满的爱与浓浓的关怀，他们也回报给学校和老师们纯纯的喜欢和深深的爱。他们亲切地称呼数学赖建勇老师为“赖哥”，在每一次赖哥进教室时欢呼，他们崇拜政治姜肖老师的才情，他们折服于语文许媛老师的优美文笔，他们感恩班主任的严格要求背后的良苦用心……他们记得每一位老师的好，模仿每一位老师的经典语录，戏谑中透着深深的爱。还记得快毕业的时候，一位学生对我说：“王老，以后我的孩子也要到七初来读书，到时候，我来给他开家长会。您还在上面讲，我还在下面听，好吗？”我

哈哈大笑调侃她想得真远，却心生欣慰。也是在临近中考的时候，一位家长对我说："不管这群孩子中考分数如何，有了七初这三年对他们的教育，他们的未来一定都不会差的！"第一次听到这段话的时候，我感动得泪眼婆娑。到今天，七初创建十年了！此后的几届中我又曾数次听到类似的话语，我骄傲我们初心未改，七初的理念、七初的追求、七初的用心也已经获得了家长们深深的认可。

在七初，我感受到了真真切切的职业幸福。

七初不仅有带给我职业幸福感的学生、家长和老师，更有与我相携相伴的亲人和朋友。2011年3月7日，我正在上课，爸爸打来电话，下课后我回电过去，得知妈妈可能患了脑溢血，出现了偏瘫症状；2013年5月13日，我接到妹妹电话，说她刚刚拿到父亲CT检查的结果，大概率是肺癌；2016年10月19日晚，给我拍CT的昔日学生告诉我我的肺部可能有严重问题，要我立刻到华西确诊……这几年生活给我的打击一个接一个，一个比一个猛烈。我能扛过这些天崩地裂般的心碎时刻，走出那些充满眼泪、无奈、无助、焦虑和伤心的日子，还能继续站上我热爱的三尺讲台，还能继续担起上养老、下抚小的家庭责任，还能如今天这般笑意盈盈地继续生活，离不开七初的这帮不是亲人胜似亲人的同事们。他们替我代课、代班主任，他们为我联系最好的医生，他们帮我照顾生病的爸爸、妈妈，他们助我料理爸爸的后事，他们在经济上接济我，在精神上安慰我、鼓励我，在生活上陪伴我、照顾我，直至今日。七初让我有了深深的归属感。这里是给了我温暖和可以依靠的集体，这里有我相亲相爱的同事朋友们。这里的一草一木、一人一花于我都是亲切的，这里是我眷恋的——家园。

七初十年，我和她相伴九年。见证了所有七初人用激情、智慧和汗水去精心培育属于七初人的结晶。我们仰望星空，向往星辰大海；我们也低头耕耘，脚踏实地。所以今天，十岁的七初已显出美丽清雅、出尘脱俗的气韵。2018，是七初又一个十年的起点。

此刻，身处这个时间节点的我，不禁要遐想二十岁的七初又会是怎样的呢？三十岁呢？四十岁呢？七初也会如她的前辈七中林荫一般被称为百年名校吗？关于这个问题，我曾在不同的场合，听到过李校长几次坚定的回答："不管世事如何变化，七初的明天一定会越来越好！"虽然我不十分清楚李校长的信心从何而来，但我清楚，这也是我内心的声音，也是所有热爱七初的人的内心之愿！我愿陪她"日日行，不怕万里路；常常做，不怕千万事"，直达理想的教育乐园。

七初，十周岁快乐！

暖人　暖事　暖心

□历史组　向秀红

芳草萋萋，夏荷亭亭！就这样一路看清风徐来已然九年！都说七初是优秀的，这优秀是一串串艰苦奋斗的脚印组成的！但若不是去年那个初冬的一场意外受伤，我也一直坚信奋斗就是优秀的全部内涵。

清楚地记得当我忍着疼痛一瘸一拐走进校门时，无数关切的声音立刻如潮水般涌来，当同事将我搀扶到医务室时，疼痛似乎瞬间放大了若干倍！当我不得不接受骨折需静养的医嘱时，自上班以来从没请过病事假的我内心是崩溃的。脆弱、忧伤、担心，各种情绪掺杂在一起，令人坐卧不安！

而就在这时，领导暖心的问候，工会贴心的呵护，同事真诚的帮助，家长关切的短信如春风沐浴着我！孩子们更是信誓旦旦："向老，放心！我们会乖乖的！"这一缕缕关爱的阳光就那么真实有效地粉碎了我焦虑的黑暗，除了感动依然是心心念念的感动！

回顾来时路上七初之点滴，这样的璀璨晶莹还少吗？还记得教研组为帮同事磨课而废寝忘食，为老师的精彩绽放而由衷鼓掌；还记得每逢节假日七初199微信群里互致的真挚问候与祝愿；还记得老师们随时与孩子们不倦的谈心；还记得每年的三八妇女节，学校总是想方设法地为女教师们安排节目，而男老师们自愿留守教室，孩子们也提前几天就开始准备送给女老师的手工贺卡；还记得每逢老师生日之时学校送上的迷人鲜花和巨大拥抱；还记得每年中考，领导和老师们身着耀眼红衣拥抱孩子们，送他们进考场，为他们加油鼓劲！这一切的一切无不彰显七初是一个有着无比温情的有爱的大家庭！这种大气磅礴、自上而下的爱的氛围怡然浸润着一批批老师、学生和家长！这温馨的情怀不正是七初人不懈奋进的源泉吗？我想，这才是支撑我们学校一路优秀走来的精神力量，这才是我们一届又一届毕业生对七初念念不忘的心灵归宿！

紫薇含笑，金桂吐芳，年年月月，感谢遇见如此美好的你！七初有爱！我爱七初！愿这绵长的大爱滋润七初永葆芳华！

一程山水一程情

□生物组　姜文思

有人说，光阴就是过客与过客交替的过程。寒来暑往，十载春秋。一路走来，我远赴天涯，却从未与七初分道扬镳。一个人的浮世清欢太过清淡，相伴始终的七初是我就职的第一所也是唯一的一所学校。我的身心烙印着七初的精魂，七初的历史书写着我的记忆。

“七初人”是我和学生们共同的名字。九年前，我预想到了自己青涩的年华会在七初绽放光彩，但没有料到是班主任这个角色让我快速地成长为自己喜欢的模样。当我顶着“最年轻班主任”的头衔与学生第一次见面时，强大的气场掩盖了我的稚嫩，但我依然发自内心地承诺：“这三年，我会一直陪伴在你们身边。”那时，我只知道班主任的主要职责是陪伴，可是心灵的陪伴，何止三年？

陪伴是最长情的告白。云聚萍散，山河轮换，而心境不变。我本不善言辞，说不出那些纸长情长的蜜语甜言，可若有心，又何须言语装饰？无论是知交，还是过客，珍惜每一次的相伴。看着同学们吃饭、上课、打球、自习，看着同学们开心、哭泣，我为见证他们的成长而由衷地感到欣喜。

我们的笑声穿透时光的阻隔，流淌进生命的骨血。无数个活动中前前后后忙碌的身影，同学们时而变身导演、艺术总监、文字/视频编辑、主持人、摄影师，时而又化作体育、美术、音乐老师的综合体……我们欢笑，我们喜悦，我们赞叹，我们鼓舞！我们之间的倾听与谈心，从不分白天与黑夜。

稚嫩让我有了些许顾忌，班主任的工作却让我逐渐释放了天性。那一声声“我最喜欢你们了！”“你们怎么这么乖，我就喜欢这样的宝宝！”“姜老永远爱你们哦！”不就是平凡日子里的美好生活吗？我们的爱和感动，这么不屈不挠，在清浅的岁月里，涂抹下生命的浓墨重彩，镌刻住生命的熠熠生辉——在七初这个，你我彼此陪伴的地方。

最是十年动心弦

□语文组　巫增金

一个朋友的小孩即将升入初中，最近他为了能找一个心仪的学校而忙得焦头烂额。好不容易约了个时间坐在一起，简单招呼之后他即刻切入主题："七初到底如何？"看着他期待又略有狡黠的表情，我瞬间明白了这个问题的实际内涵。他想问的是，在一些人来来去去之后，七初还好吗？

脑子里霎时掠过无数画面，我走过的七初十年，那是全情付出的岁月，亦有无悔忘我的情怀。我无意去向他追溯当初建校时大家伙的热情洋溢和竭尽全力，无意去畅谈平日同事间的齐心协力和兢兢业业，也无意去细数多元的校园活动和丰富的课程设置，更无意去炫耀学校创下的累累硕果和辉煌成绩，只是淡然又自信地告诉他，从无到有，从有到优，从优到强，七初，仍是这般美好。

这里的人胸有丘壑，我们的心里装着教育的理想；这里的人甘于奉献，我们为了孩子的美好明天而全力奋斗；这里的人博采众长，全国各地都有我们孜孜学习的身影；这里的人身怀绝技，在各种比赛中所向披靡、捷报频传……

有次和一位长者聊天，说起自己去过哪些城市出差，去过哪些地方比赛，去过哪些地区送教。他一脸怀疑，说一个初中怎么可能提供这么多的机会。似乎，老师就只能是三尺讲台上故步自封之人。其实从2008年至今，我也算得到了从校内到区到市到省到全国的各种荣誉证书和奖状，上面的名次和奖励固然是可喜的成绩，但是更大的收获其实是在心中：持续的进步、开阔的视野、个人的成长、自我的提升……这些无一不是源于集体的智慧和学校的支持。在七初，不论年纪大小，不管资历深浅，每个人都有展现自我、绽放自己的机会，学校也能不断提供这样的平台。毫不客气地说，七初，是教会我做教师的佳处。

在这里，一百多位亲人，各怀绝技、和而不同。我们既能彰显个性、高飞鱼跃，又能目标一致、凝心聚力。七初就是这样有魔力，它能给人一种深深的认同感。这十年的积淀，一点一滴，早就融进了血脉，化成了自觉。

一所学校的好，绝不会仅仅因为一个人，一些人。明月固然璀璨，但是给予它光辉的是炽热的太阳；星辰固然美丽，但是包容它们的是浩瀚的苍穹。七初人才辈出，是因为它拥有一个能够让所有人熠熠闪光的环境。在这里，它能让人愿意成长，能让人迅速成长，从而让所有人去努力，去践行，去拼搏，去收获更多的东西，去到达更远的地方。

十年弹指一瞬，唯愿七初更好！

沧海，群舟渡

□英语组　江缘

秋风吹黄了绿叶，吹去了炎夏的火热。不知不觉，来到七初已有一载。这一年，校园里卷边的红叶，渲染着我内心的兴奋与欣喜；墨池前淡雅的清泉，荡涤着我心中的迷茫与失落。点点滴滴，如人饮水，冷暖自知。这一年，身份转变，我褪去了学生时代的稚气，担负起了责任，在七初，去寻找我想要的模样。

总以为岁月无恙，成长是一件来日方长的事。怎知七初，时有良辰正好，美景正浓。在这里，我遇见了一些从未见过的"模样"：高标准的教学管理，高质量的教学设施，高素质的教师队伍……我不愿去枚举，因为这里，处处皆风景。能成为七初团队中的一员，我，何其幸运。

一叶知秋的美丽，从不是一片红枫所能书写的。在七初，我那可爱的同事们，充满热情，热爱生活，幽默风趣。每一次的集体备课、教研、培训都是我宝贵的学习机会，老师们的经验与创造力令人啧啧称赞。无论是在教学还是课堂管理方面，他们都给予了我很多帮助与鼓励，使我从"小白"成长为一名合格的教师。但我深知自己还需要加倍努力，才能够缩小差距。

去年今日此门中，渐冷渐远的秋风还未穿上雪白的正装。那时，我遇见了一群可爱的孩子。或有调皮三分，也有乖巧七分，再佐以蓬勃朝气，便裹挟着我，激励我不断向前，使我每一天的生活都点缀上不同的色彩。每当看到他们天真烂漫的笑脸，我便更加意识到身上的责任重大。任重而道远，未来诚可期。

教师是一盏灯，他的光不一定最耀眼，但一定能长久地照耀着人们前进的道路。朦胧岁月，云卷蓝天，感恩岁月里与七初的这份美好相遇；沧海悠悠，乘风踏浪，缱绻在幸福身畔，你我一同，直去远方。

你好，时光

□语文组　朱颖

山林之中，水雾缥缈，似丝带轻拂脸颊，心中回响起空灵曼妙的琴音。不知往哪里去，只是想着在这富有灵气的山石草木之中，遇见温文尔雅的你。　——题记

古人云“文画相通”。绘画以符号、线条、颜色映射人类内心的世界。而文学，无论古典，还是现代，无论文笔刚劲，还是柔美，传达的也都是人类的心声。

世间真是美妙，人与人之间可以用语言交流，甚至可以突破时空的阻隔。美妙的文字从古流到今，从一地流到万水千山之外。陌生的人，彼此从未谋面，从不相识，却能因文学而两心相通，近到可以触摸到彼此深处的灵魂。这简单而直接的感动，如同洗尽铅华后呈现出的生命原味。世间千变万化，人类内心本质的善与美却能永恒。是文学带给了我这样的认识，也是文学让我对这个世界充满感激。

2012年的初夏，当我来到这里，满树蔷薇绽放，微风穿越指尖。此时的校园，淡妆浓抹总相宜。一切，都恰到好处。这样的相遇，是命运的偶然，也是人生轨迹的必然。让我们在某一刻交会的，我想，应该是对美与善的追求，是对美好而开阔人生的期许。

花开心中，莲灿怒放。

还记得，代表学校在2013年四川省课博会上教授的那一课——《王几何》，给予我内心极大的触动，我的教学风格从这一课开始日渐清晰。赛课结束，我写下如下文字，以珍藏这一转折点：

昨天对抽到这个班的种种担心、怀疑、懊丧，都让现在的我难受。这群孩子是如此单纯，只是两天的相处，却对我这个“空降”老师赤诚相待。今天，在挤满了

半间教室的听课老师面前，我能感到最初的他们，和我一样有点紧张。但即使在这样的情况下，孩子们仍然极力地配合着我，怀着忐忑的心，一次次举起他们的手。渐渐地，我们好像把周遭都忘却了，只剩下我们的世界。我引领着他们，更重要的是，他们也用纯真的心打动着我。他们记忆深处的那位老师用爱温暖了他们，他们又通过文字感动了在场的所有人。最后一个孩子读着读着就哽咽了，我也哽咽了，但还是控制着自己的情感，把课上完。我看见两个孩子流着眼泪离开教室，一个女孩儿也哭着跑过来，抱住我……离开学校的时候，我专门去了他们的教室，想和他们合影，留作纪念。我还在教室外，一个孩子对着教室大声叫道：“你们最喜欢的老师来了！”孩子们看到我，高兴地鼓起掌来，还大声喊道“朱老师”“朱老师”……我说：“老师要走了，不知道以后还能不能和你们见面，你们都很有潜力，要自信，要努力！”有几个女生又默默地流下了眼泪。一个男生说：“老师，你把她们惹哭了，要哄好了，才能走。”我知道他想用这种方式留我。我心里也很难受，但还是强作坚强状，安慰他们：“人生会经历很多别离，不要哭了，今后到成都，可以来找老师。”接着，孩子们便涌到我身边，留下这些珍贵的纪念。当时的教室里，有孩子开心地笑，也有孩子默默流泪。可能他们和我的心情一样，都很复杂。离开的时候，一个女孩儿问我：

“老师，我们赢了吗？”我反问她：“你说呢？”她露出微笑，一点没犹豫，极其自信地说：“我觉得，我们已经赢了！”

孩子们，其实，赢得了你们的心，就已经赢得了一切！谢谢你们！

一堂好课，应是知识、能力、情感、境界的交融。一流的语文老师，必在知识之外，赋之以真情、深情。

如果说，文学，像一粒珍珠，一匹织锦；生活和生命，像蚌贝和蚕丝；我愿，不忘初心，用毕生的热情，做最杰出的采珠人和织锦者。

想为而不敢为者，终困牢笼。

源于七初不断超越自我的积极气氛，源于同事们的太过优秀，源于学生们渴求的眼神，源于对学科的热爱，我很喜欢设计与众不同的课堂。

曾经，在讲《论语》时，让学生演绎孔子讲授时的课堂情景。那些“临时演员”，对文字有极精准的把握，投入状态极快。演绎曾子的学生，是该班班长，微胖，应变能力极强，随手抓起旁边放的扫帚，认真地“弹奏”起来，那一副戏比天大的模样，极具专业精神。学生们忍俊不禁，课堂充满欢声笑语。

曾经，在讲《岳阳楼记》时，以纵横两条线，勾连整篇课文和整个单元，以立体姿态展现范仲淹之高尚境界。孩子们不知不觉为之感动落泪，内心涌起敬仰之情。烟波浩渺、湖山辉映的洞庭湖，在灵动处理下熠熠生辉。真正的伟大，不是在心里修篱种菊，而是明知前路荆棘，仍心怀天下，义无反顾，自投喧嚣。

曾经，以“一花一世界，一草一天堂”为题，设计以“炼字”为主题的课堂：这方天地很小，对象只在某些耐人寻味的字词上；这方天地又很大，大到可以包容一个生动的场景、一幅美好的画、一种不可名状的境界，甚至隐藏其间复杂微妙的、丝丝缕缕的情感。沉浸于这些不可小觑的“宝石”，你就能走进文学的世界，领略文字的美妙。这就是所谓的“一花一世界，一草一天堂”。

曾经，坚持在每周五设定一节阅读课，学生称之为“非主流课堂”。每期以一本书或一位名家为话题，整节课，就是一言堂，配着轻音乐，诵读文字，讲和文字有关的作者的人生，讲我的人生。有点像听电台节目，和平时的课堂很不一样。每周一，学生就开始嚷嚷：“老师，别忘了准备周五的‘非主流课堂’。”每次上完课，他们望着我的表情，总是一脸痴迷。

关于“非主流课堂”这个名字，我曾经和孩子们争辩过：“这节课哪里是非主流？很主流啊，全部是传统文学，我可是一个很正统的老师，不要乱取名字！”他们就笑着说：“因为和考试无关啊。这堂课帮助我们回归了爱上文学的原始状态，所以叫‘非主流’，所以老师，我们是在表扬你！初三不要忘了继续给我们上啊！”多么像年轻时候那个痴迷文学的我啊！好吧，那我就继续做那个让孩子们爱上文学的老师。

以思想为内核，以创新为形式，亦师亦友，多好！

毕业时节，学生们的赠言，让我欢喜，让我感动：

“小‘zhu’老师，走过了山山水水，脚下是高高低低，经历了风风雨雨，还是要寻寻觅觅，生活是忙忙碌碌，获得了多多少少，失去了点点滴滴，最重要的是开开心心（眨巴大眼睛，赞赏我吧……纯属原创，源自心灵最深处）。”

“回忆过去的时光，语文似乎给了我们最多开心。我们不会忘记，每天你一走进教室，大家的尖叫声。你曾告诉我们，语文带给我们的是如同风对灵魂的慰藉。我们有时也会厌倦文言文的枯燥，而你会鼓励我们，说它有时也会是有趣的故事。看过你开心地笑，也看过你开心地哭。渐渐知道，为什么我们班那么喜欢你，因为你和我们一样，还留着那颗纯真的心。”

…………

世间的歌舞繁华固然动人心弦，但唯有寂寞，让人受益匪浅。

2001年，那个一脸青涩兼傲气的小丫头，便时常在校园树荫下摇曳的细碎阳光里，手捧一本《古代文学鉴赏》，忘了身外的世界。

2005年，拿了四年奖学金，从中文系毕业，走上讲台。那时，台下的学生只比我小4岁。

如今，时光荏苒，岁月悄然。当年青涩的不知天高地厚的小丫头，在时光的雕琢下，已成为两个女孩儿的母亲。回首往事，不禁唏嘘感慨。这十余年间，有初上三尺讲台的不安，有废寝忘食的追赶，有茫茫然不知所向的焦虑，有不在自我掌控中的挫折、苦痛，也有投身所爱的满足、回荡其间的欢笑……

人生苦短，而生命的意义何在？

还记得，在七初“阳春诗文朗诵会”上倾情诵读的那首诗——徐志摩的《再别康桥》。这首诗，我曾在大学毕业时诵读过，那时的心情更多是即将展翅高飞的雀跃。如今，时隔十二年，再读，更多了几分复杂的况味。康桥，在我心中，已化作那段逝去的青葱岁月。生命中很多的人和事，都会在时光流转中与我们渐行渐远。无须失落、遗憾，把美好沉淀于心，洒脱地挥手作别。这，是对待过去应有的姿态。

还记得，台湾作家张晓风来到七初，来到我们中间，为校刊《浅草》题词："这是甲骨文的行，代表四面八方没有止境的远途。与七中人共勉。"掷地有声，醍醐灌顶。寥寥几笔，生命的价值就此延展。这，是对待将来应有的姿态。

还记得，读秦若水《一棵树的智慧》，作者写道："痛，谁也不会忘记。但黑槐们和牡丹不同，它们选择了继续开花，并且用开得更好更美的方式去抗议往年的不公……它默默地活好在自己的季节里，尽职尽责，按时开花。活好在当下，用最自然最朴素的方式。"这，是对待现在应有的姿态。

在这雅致的校园里，在可爱的孩子们中间，我经历着更为丰富的人生，看到了更为开阔的世界。并且，在迷茫、挫折、苦痛过后，似乎更加闲庭信步，内心世界日渐宽广，心之所向日益笃定。这一切，都必须来自于亲身经历过后，内心的寂寞与沉淀。

燕剪春风，鹰击长空，雁横烟渚，莺穿柳浪。一朵野芳，绽放出一个小世界的馥郁；一卷尺素，传递着一片小天地的声音。每一个寻常而又独一无二的小我，都是天地间无与伦比的珍宝。就像笑非校长说的那样，活成你喜欢的模样。也许，这就是生命的价值与意义。

我很清楚地知道，我的选择即我的所爱。赋之以深情，即使渺小如我，也能创造大宇宙，点燃孩子们心中的那一丝星火。也渐渐懂得，在时光荏苒里，种月耕云，淡雅绽放。

翰墨
成都七中初中学校
CHENGDU NO.7 MIDDLE SCHOOL
第9届艺术节
翰墨风雅
现场书法比赛
2016年12月2日

梅花女子，梅花香

□语文组　周文碧

梅花老师，成都女子，成都七中初中语文老师也。生于腊月，爱梅花，因以为号焉。春桃夭夭，夏荷亭亭，秋菊茂茂，然梅树绿叶蓁蓁，默默无闻。七初操场一角，有几树梅花，岁寒叶落，朵朵花开，暗香浮动，清风自来。

梅花老师好读书，尤喜古典文学，一书在手，便欣然忘食，每有会意，笔记所感，日积月累，已有数十本。枯坐无聊，辄默识古诗词，亦不觉时间漫长。

业余时间，习书法，练钢琴，著文章，自娱自乐而已。

爱旅行，语文书中内容，心之所向，必亲至之，所见所感，卒有所获。一进教室，全无高冷淑女之态，旁征博引，纵横捭阖，嬉笑怒骂，妙语如珠。七初教育年会，执教《梅香幽幽》，师唱生随，其乐融融；教学相长，融会贯通。

七初十年梅花香，墨池风流情意长。梅花老师在七初，已有九载。领导关心，同僚相亲，多受呵护，方能静心读书，潜心教学，饱食遨游，若不系之舟。

走　过

□信息组　郭建

七初十年，还好，五年有我！走过的时光定会留下我串串脚印！

邂　逅

2012年的冬天，我在西南大学接受了成都市高新区的教师选拔，我很荣幸被录用。一周后接到周密主任打来的电话，让我来七初实习。我其实很为难，虽然说大四对于很多大学生来说是最清闲的一年，但是对于我们计算机专业的学生来说并不是，我们还有很多专业课和选修课要学习，实习就意味着要向学院请假，还要耽误学业。但是转念一想，成都七中可是我们四川学子心中的殿堂级学府，能在七中工作是多么荣耀的事情啊！因此，我答应了周主任来七初实习两周。两周其实很短，对于现在的我来说简直就是睁眼闭眼的时间，但对于那时还没有毕业，没有见过世面的一名大四学生来说，七初两周的实习生活，可以用两个字来概括——震撼！每一个七初老师都是一种积极向上、乐于奉献的状态。那段时间刚好赶上七初课堂研修，我们信息组主要负责摄影摄像，在这个过程中，我看到了七初老师对教学的严谨和对专业的执着，这让我从心底里佩服。

相　知

2013年8月17号，我们开始了正式的入职培训，回想起来，那几天真的是让人喘不过气来。领导们给我们讲七中的文化、七中的历史、七中的精神，优秀的七初老师给我们分享七初的生活和教学的经验，专家教授给我们讲专业的教学知识，然后还要我们准备试讲的内容。几天下来我们欲哭无泪，有几个公招的老师在三天的集训之后，选择了退出，而我们刚刚毕业的大学生没有其他选择，只能选择留下。是的，我们没有选择，但也许这是上苍对我们最好的安排。几年下来，我要感谢七初，是七初教会了我坚韧，是七初教会了我坚强，是七初教会了我勇敢面对挑战。“七初没有超人，只有超人的意志！”这句话，我铭记于心。

相　守

犹记得，那是2014年的夏天，我带着四个学生去参加四川省的机器人比赛，那是我第一次带学生参加机器人比赛。为了不负期望，在比赛前的一个多月，我们几乎每天都待在机器人教室，学生晚上一直训练到近10点，而我在学生走了之后还继续研究，甚至有时候待到凌晨2点。机器人教室的蚊子很多，很多小飞蚊都落在了赛道上，机器人一压过去，蚊子都被压扁，形成了一道道由“蚊尸”铺成的道路。比赛结束后，当得知我们是第二名的时候，我和学生都欢呼起来，领导和同事们都送来了祝福。那是我第一次感受到成功原来是这样，这么让人刻骨铭心。是啊，就像歌里唱的一样：“把握生命里的每一分钟，全力以赴我们心中的梦。不经历风雨怎么见彩虹，没有人能随随便便成功！”现在，回想起来，已经没有了当时的那一份激动，更多的是对那一段时光的怀念！

期　愿

五年，对于一个人的一生来说，不算长。而对于我来说，这是参加工作的全部时间。我和七初走过了五年的时光，从一个初出茅庐的愣头青，到现在已近而立之年。这五年中，我在七初结识了很多的朋友和师长，他们都是我学习的榜样。人说优秀是可以传染的，我希望一直被他们感染。未来未可期，七初，我愿一直陪你走下去！

寻　梦

□地理组　蔡璐

走在一起是缘分，一起在走是幸福。　——题记

我与七初，七初与我，缘来缘聚。寻梦，撑支长篙寻来第一次的相遇，已注定彼此割舍不断的缘分。

与七初的第一次相遇，彼时，我还是一个青涩稚嫩的大学生，跟着指导老师的步伐，为了聆听一场公开课，第一次迈进七初的大门。行前，就已经从老师口中听到了诸多赞美，对七初的样子，开始有了模糊的轮廓。

也许真正被震撼到，是从那两节地理的展示课开始的吧。时间褪去，记忆会淡化，但精华却历经淘沙后更加深刻地印刻在脑海中，时至今日，我仍然深受那两节课的影响，每每想起，激动又会涌上心头，久久难以平息。那是第一次，颠覆了我

对初中教学的认识，让我意识到自己的不足。精彩绝伦的课程设计、高超娴熟的技术运用、聪明睿智的学生展示、妙语连珠的教师评讲，都让我重新定义了初中的地理教学，也让我对教学燃起了无限的热情和期盼。那时开始，七初，成了我眼中、梦中的方向。

至此一别，再会已是四年后，幸好，我，更成熟，你，更端庄。也幸好，这次我不再是游客，终变成了家里人，梦，有了安放的家。完成硕士学业后，我义无反顾地投身到了中学教育，这一次，何其有幸，我回到了梦开始的地方。为了去完成更斑斓的梦，我与七初又一次被命运之手牢牢牵在一起。不同的是，这次，我绝对不会再松手。成为七初的一名地理教师后，我眼中七初的样子，也开始被学校的草木、热情的同事、活泼聪明的学生填充得越来越丰满，轮廓有了血肉，我的心也逐渐沦陷，不能自拔。若说“一顾倾人城，再顾倾人国”，那七初定是那倾城倾国般的存在。

带着一份爱与七初相伴，我们一起变得更好。入职一年来，在温暖的地理组大家庭中，我度过了最初的慌乱，终于可以沉着地站在讲台上，向我热爱的学生传递知识。于是，付出有了回报，在课题组的精心打造下，我成功赢得了高新区、成都市、四川省初中地理赛课的第一名。光荣的奖状背后，我知道，浸润着七初的关怀、老师们的帮助、自己的汗水。我像这个大家庭里的每位老师一样，在用自己的努力与七初一起幸福地成长。

七初十岁了，她像一位褪去青涩的母亲一样，散发着成熟端庄的魅力，以她博大的胸怀，包容呵护着自己的孩子。我何其遗憾，没有能与她十年相伴，但又何其幸运，因为未来十年有我。走在一起是缘分，一起在走是幸福，七初，我们的故事，未完待续……

喜欢你的样子

□音乐组　蒋珂

七初是我这辈子最爱的地方。虽然我有时会对它产生不满，但是，它带给我的感动却远远多于抱怨。

初一，是丰富多彩的。在少年军校度过的时光，并不枯燥；第一次参加运动会时，为才相遇一个多月的同班同学们呐喊助威；第一次看见学姐学长们的班级才艺展示，感到欣喜；和同学们一起排练英语话剧，感到快乐。元旦的前夕，焰火爬满了夜空，台下的我们，和同学们在一起，看着台上的光鲜亮丽，感受在冬日寒风中的那抹暖意。初二时的“立志成才”，我们感受到了成功的力量在牵引着我们前进；和同学们一起走进“上下五千年”，品味国学，诵读国学；当自己在舞台上展示才艺的时候，看着台下初一的学弟学妹们，总是会想到一年前的自己。七初带给了我们无数惊喜。我们在这里遇见了最好的老师、最好的同学、最好的班级以及最好的年级。我不希望任何一个人来拆散我们，我们永远是七初大家庭。不管你是2011届还是2020届，不管你毕业以后到了哪里，都请不要忘记，你人生中最美好的三年，是在这样一个多彩的地方度过。

这是我学生在QQ空间里发表的一篇文章，或许文字不够优美、不够煽情，但这就

是我热爱的七初本来的样子。我喜欢你的样子！

我喜欢你告诉学生“你有多大能耐，七初给你多大舞台”。学生也深知全面综合发展自身素养是一件很重要的事情，并在众多的德育活动中充分锻炼、不断成长。不难发现，走过三年的初中生活，学生始终难忘的是那些陪伴他们成长的人和一步步走过的成长的日子。

我喜欢你告诉我作为学校德育活动的一线教师，尤其是计划、组织、开展音乐活动的一线教师，要给予学生最好的成长支持。记得元旦晚会中既表演又指挥，一会儿播放音乐，一会儿收拾服装，台前幕后忙不停的我；记得校园艺术节时从场地布置到评委点评，从初赛到复赛，忙里忙外的我；记得在班级合唱比赛、班班歌声、班级才艺展示、艺术鉴赏等活动，都留下了忙碌身影的我；还记得带领管乐团孩子们参加区、市、省器乐合奏比赛取得成功，奋力拼搏的我。也许我的教学工作充满着忙碌，充满着长期加班，充满着汗流浃背，但当我看到孩子们享受其中的笑脸、不断地成长，这一切都变得那么美好。

我喜欢你告知我们要做体面的老师。什么是体面？我想，体面是来自学生的认可，享受事业的快乐。而带着这一简单的追求去进行我们的教育工作，也许会光华不显，也许会不停轮回，但我们也会真正地享受这个职业带给自己的感动、快乐和尊严。

而这一切，七初你都能给我一个满意的答案，我是真心喜欢你的样子！

美丽相约

□数学组　刘晓维

坐在面朝大海的房间，想起要写一篇我和七初的故事，碧海蓝天中，我与七初的每帧画面渐次展开。

相遇是偶然，温暖是必然

2009年，因为孩子爸在成都工作已有两年，我几经周折，从德阳来到了七初。当时并不知道这是一所怎样的学校，只是想有一所学校能接纳我，能解决我们夫妻两地分居的问题就好。和七初初识还得从第一天面试结束说起。那天面试后已经黄昏，我出了校门等出租车。当时的天府长城人少，车更少，我在学校门口等了很久都不见车来。正当我焦虑时，两位从学校出来的老师很关切地问我去哪儿，说这附近不好打车，让我同行。现在回忆起来应该是石校和英语刘家永老师吧。就这样，我和七初温暖相约了。

很快，我熟悉了和我一同来到学校的老师。他们的优秀让我意识到这个学校标准不一样，他们的优秀也让我有了努力前行的动力。大约花了一学期，我适应了学校的节奏，虽然有很多困难，但一句句温暖的鼓励让我坚强地走过了在七初的每一天。

七初节奏，高歌前行

适应过后，我试着借鉴优秀老师高效的工作方法，学习他们精湛的教学技巧。一年以后，我成长了，慢慢地喜欢上了“七初节奏”。是啊，“七初节奏”或许真的只有七初人才能体会。从清晨到傍晚，从豆浆油条到炒饭面条，你会在七初校园的各个角落看到我亲爱的同事们嘴里谈论着，手里不停地做着，路上不停地小跑着，那都是关于教学、关于学生的事。“七初节奏”会让七初的每位老师憋着一股子劲儿，头也

不回地往前走；“七初节奏”会让七初的每位老师见面互相鼓励；“七初节奏”会让七初的每位老师心往一处走，劲往一处使；“七初节奏”不会让你随随便便在路边驻足停留太久，它会带你一路欣赏风景，一路高歌前行。在七初，你会喜欢上“七初节奏”，和七初美丽相约。

相约七初，爱之所在

相约七初，爱上七初，不仅仅因为初识的温暖，也不仅仅因为“七初节奏”带我前行，还因为在七初有着我喜欢的孩子们。孩子们说七初是梦开始的地方，也是他们一辈子守望的城堡。大家说七初的孩子温暖，七初的孩子有灵性，七初的孩子有着不一样的品质。我说七初的孩子能让你每天看到希望，让你每天都乐呵呵、美滋滋地工作和生活。

七初和我的故事也是七初和你的故事。那些渐行渐远的日子里，带着无关风月的喜欢和爱，只期待着能永远相约、相伴。

十年情，情深醉

□物理组　帅建明　　数学组　梁艳华　钟懿

一情，一暖

时光缱绻，在我的心田，浇灌出一潭碧绿的清泉。时间追溯到2013年10月，那是我刚到七初上班的时候。回家路上，遇到了我的学生，他们在公交站台等公交车。昏黄的灯光下，三位同学趁着等车的闲暇，拿出了书和笔，开始认真学习。作为路人，看到这一幕，你是否也会感动？

七初人不仅追求卓越、自信自为，更用他们的努力、踏实、奋进，让七初变得更好，成就自我，成就七初。

曾经小小少年，到如今风度翩翩，依然那张娃娃脸，心从来，未改变。

刚到七初工作时，我发现周围的同事都非常优秀，所以我更加努力工作，如饥似渴地学习。我听遍组内所有老师的课，学习怎么上好一节物理课、怎么做好物理实验、怎么和学生交流、怎么培养学生的科学素养……两年下来，我感觉到了自己的成长，也收获了学生、家长、同事的认可。

但是，我并不满足，我更加专注于研究教材，力争每一堂物理课都有所创新。借助七初的高平台，我开始向成都市优秀的物理老师学习，开始借助全国青年教师赛课和全国名师课的平台去向更优秀的老师学习如何上好国家级展示课。终于在2016年11月，我收获了自己人生第一次参加成都市青年教师赛课的机会。在七初的支持下，在组内老师的群策群力下，我收获了成都市青年教师赛课第一名的成绩，并于第二年代表成都市参加四川省青年教师赛课获得一等奖，获2018年全国赛课资格。没有经过七初常规课的打磨，我是上不了公开课的。而且，只上公开课，是无法立足于日常教学的。流年繁华，感谢七初一路陪伴！

七初毕业的学子都是难忘七初的。学生一毕业就开始怀念七初的生活，因为他们很难再遇到那么负责的老师陪伴左右。

七初也是心系毕业学子的。因为七初每年元旦都会为在校学生和已毕业的学生准备“七初春晚”，大家共度良宵。

七初的老师是珍爱七初学子的。他们兢兢业业，不求回报，为了教育的理想，始终坚持七初的标准，认真教学，踏实做事，让七初的每一个学生都自信自为。

七初的学子也是敬爱老师们的。每年教师节、元旦节还没到来的时候，远飞的“群雁们”就开始积极筹划“组团”回七初看望老师，回忆当年峥嵘岁月，共话当下学习生活。

七初是一行诗，是教师学生共同谱写的最娟丽的一首！（帅建明）

一语，一恋

洒落心头的月光，带来清丽的旋律。晃眼间，七初十岁的生日也是我入职第八年的纪念日。两千多个日夜，不长也不短，我从一个刚毕业什么都不懂的大学生成长为一名基本合格的人民教师。七初教会我很多很多，从怎么备课，到怎么上课，从怎么把控课堂，到怎么管理学生。

此外，七初还在生活上给了我很大的帮助。记得刚毕业的时候我什么都没有，吃住都在学校。因为家在北方，没有什么亲戚朋友在成都，办公室和一个组的姐姐哥哥们走到哪里就带我到哪里，让我在熟悉工作的同时也慢慢熟悉成都这座让人来了就不想走的城市。

如今，我已经在成都成了家、立了业。所以，在某种意义上，进入七初已经成为我生命中的里程碑。我与七初的情缘还很长，那些美好的记忆会让我一直陪着你，去迎接你更多的生日！（梁艳华）

一心，一醉

曾记得2009年的那个夏天，我已在工作岗位上“心境如莲”。当在朋友那里了解到成都七中在高新区创办了一所初级中学时，我的心中涌起了一股执念，希冀着能有一个机会让我展望自己的新未来。

七初的诞生，无疑像 盏明灯，给我的前行指明了方向。在认真准备了自荐材料后，我第一次走进了七初的校园。刚进校园的我就被一股浓浓的书香气环绕：早上琅琅的读书声，下午安静的自习课；楼梯间学生们主动礼貌的问好，走廊里老师们迎面灿烂的笑容……都给我留下了深刻的印象。后来，与七初相伴的每一个日子都证明着我的选择没有错。

学习之路，漫漫修远。在七初的九年时光里，我感到无论你多么敬业，这里都有比你更敬业的老师；无论你课上得多好，这里都有比你上得更好的老师。在这里，我有了一次又一次的成长。我是多么幸运，既见证了七初辉煌十年的完美收官，又将成为缔造七初下一个辉煌十年的参与者！（钟懿）

七初的鸟兽虫鱼

□语文组　李延刚

七初的小径，是适合蹑足前行的。

夏日午后，绿树氤氲，我信步走到后校门附近的一棵山茶树旁，那里有一点突兀的黑色。走近一看，竟是一只黑色的鸟儿。生人走近，却也不怕？它似乎受伤了，看到我并不“怒而飞”。我看准时机，一把抓住它，生平第一次做了“捕鸟”的恶人。这次“捕猎”倒也轻松，“猎物”没有过多地挣扎，竟也让我颇有些失望。捉罢，我火速离开，直奔生物组办公室。冯老师告诉我，这只鸟儿是受了伤，但没有大碍，可以把它放到喷泉前面的灌木丛里，它可以自己进食、疗伤、飞翔。或许，这只翠鸟，在未来的某日，会又停驻在喷泉旁的桅杆上，用它透亮灵活的眼睛四处张望呢。

几年前有只猫，是食堂的“常住居民”，喜欢蹭老师的腿，然后“喵喵喵”叫着，示意给它喂肉。结果几年下来，幸得这位朋友的大力宣传、呼朋引伴，校园里又多了几只跟它相近的猫。或是它在这里繁衍生息了？又或是亲朋好友们都来此处定居了？不管如何，大家仍然相安无事。只是这猫过于大方，常常用它的毛发抚摸着你，不厌其烦。四目相望，它的眼睛里映着星辰，映着皓月，也映着七初的花草树丛。

去教学楼的路上，会途经我所喜爱的地方——池塘。池塘里的鱼儿大多是又小又不珍贵的鲫鱼、鲤鱼，和长不盈寸的金鱼。在夕阳欲颓时分，竟也能赏玩到沉鳞竞跃的美景。树枝上，常有一只漂亮的翠鸟在好奇地张望，转动自己美丽的眼眸，那眼神看起来也颇为熟悉。二楼花架下，是个甜蜜而又危险的场所——一群蜜蜂几年前在木板下面筑了巢。每次走过，都觉得自己像小熊维尼，小心翼翼，同时又“居心叵测”：里面应该非常甜蜜了吧？一阵蜜意上心头，办公区飘香萦绕。

在七初，鸟兽与三四点碧苔交相辉映；虫鱼与一两个黄鹂相得益彰。而我们在叶底，自然且美好。

荏苒十年，勤栽芝兰玉树

□2015届1班　黄雨

款款秋风今又是，顾盼，晓拂微香一季。夕阳横斜，鸿雁归来，在岁月微波里，泛出一抹翠波白浪。轻啜香茗，遥望岁月，流逝纷纷。手执这份上海交通大学工科试验班录取通知书，且以满腹思念为笔，轻书心笺，共赏那年，七初岁月，荏苒物华。一叶木落，白驹过隙，六载春秋如一瞬。刚进七初的那一天，不觉已是六年前了。如今，我即将踏入大学的殿堂。窗格下，一番秋意正相浓，片片枫叶红初透。这轮回的季节里，潜藏着我深沉的梦、不变的思，那里更有七初赋予我的，生命的辉光里最美好的瞬间。岁月悠悠，细雨清风，七初三年，这生命中高洁的菁华，滋润着我，一次又一次前行。

缘　起

小学的我，一介懵懂小儿，辗转巴中、深圳、成都各地，流转于二三流小学间。加之贪玩好耍之气，却也将一腔梦想封锁，投诸深渊之中。谁料，祸不单行，几次小升初考试竟全然落榜。或许，命运使然，我竟能柳暗花明又一村，来到成都七中初中学校。这新的开始，是我走出尘封的日子。面对这突如其来的希望，我心底欢喜，却也暗种希望的种子，向远方，遥望我的梦想。

迁　善

独处一隅，犹记，入校时的三个数字——333，那是我的名次，是我未曾有过感触的数字。一个人远行，一个人静思。屡次考试，数次徘徊，也无非介于200至300名之

间，沉浮。一个人流泪，一个人孤寂，前路漫漫，遥遥无期。那无坚不摧的心灵呢？那与我生死相拥的梦想呢？那与我并肩而行的斗志呢？天涯路，漫悠悠。所谓“三人行必有我师焉”，所谓“择其善者而从之”，所谓七初校训“审是迁善，模范群伦”，几个人摸索，几群人拼搏。在一群同行人的帮助与鼓励下，我开始对成绩有所期望，尽管开始只是短暂的进步，但心怀憧憬，定当“会挽雕弓如满月，西北望，射天狼”。流光匆匆，压力在我的血液里幻化成了最强的动力。

素　养

清风和明月相伴的日子，是人间最美的时光。在七初，除了学习，还有更多有趣的活动与我相伴成长。诗词朗诵大赛、风筝大赛、降落伞比赛、合唱比赛……比赛的酸甜苦辣点滴在心头；元旦迎新晚会、班级才艺展示、趣味运动会、立志成才、图书义卖……活动的开心喜悦燃烧在脑海。忽而，一眼凝眸，想起那句“你有多大能耐，七初给你多大舞台”。回首初中三年，尽管风雨横流，却所幸，我在茫茫人海中牵起了你的手——七初，是你让我在广阔的天空翱翔。无言诉说，无法书写，一思，一念，你便成了我这生的倾慕。

师　道

俗语常言：种花容易树人难。教室里，书桌旁，寒来暑往；粉笔畔，台灯下，春夏秋冬。多少个日日夜夜，你们相伴我们左右；多少个风雨初霁，你们叮咛我们身旁。我亲爱的班主任姜老师、语文朱老师、英语孙老师……你们的点点心血，孕育了我的新芽初吐。“我就不信了，你黄雨就是不行吗？能不能考一次证明给大家看！”姜老师在我临考前的鼓励，振聋发聩，言犹在耳。从那一次开始，我的成绩奇迹般地突飞猛进，从年级两百名一路过关斩将，冲进了前二十。七初，还有很多同样优秀的老师在任教，他们春风化雨般的教诲如冬日和煦的阳光，让我们变得自信昂扬、拼搏向上、友善坚定。多少年过去了，当年七初老师们的话语至今仍然对我的人生产生着积极的影响。在七初，时光的绒线编织出了适合我一生受用的暖衣。静心守候这份感动，轮回里，秋花正盛！

从未想象，我能做到静候光阴，与时光做伴。窗口，微风悠悠，又是独我一人，此刻，不再是孤寂，唯有内心的闲适与安宁。七初三年，教会了我简心宁静，落墨成花。七初，我生命里的感动，不论我远行到何处，我都为你花开，愿你精彩，为你祝福！

情深醇厚是归途

□2013届10班　毛一茹

我2010年入学的时候七初才三岁，可这所年轻的学校却早已融汇七中精神，带着初生牛犊的胆魄自成一格。七中传统的蓝白色校服在七初变成了更有朝气的正红色，也正是这抹正红色让这里的每一位师生员工都有着超乎寻常的活力与浩气。

回想起在七初三年的每一个活动、每一场讨论，若用一个字概括便是“正”。大到由学校举办的典礼，小到班级内由学生主持的班会，无一不在传递校训中的精神：审是。

还记得在一次“立志成才”分享会中，一位清华校友说“最好的学习方法就是听老师的话”。当如今每一个人都在寻找捷径一步登天的时候，也许脚踏实地才是实现目标最平坦的路径。这句话不仅助我顺利考入了七中林荫实验班，更让三年前初至英国的我得以在新的环境中快速地适应、调整，并且一直伴随我步入大学。外国的朋友总问我为什么看起来学得十分轻松，因为我知道只有走稳了每一步才能走得更远。

知过能改，有惑即解，是为“迁善”。少年，化蛹成蝶。记得孙老说过：“每天进步一点点。”年少的我渐渐学会发现问题、正视问题、解决问题，也渐渐明白只有什么都不做才永远不犯错，所以不要怕犯错。三年间，骄傲的少年蜕变成为有担当的青年，而这份直面困难的勇气让我有能力去承担自己日后做出的每一个选择，坚定地

走完脚下的每一条道路。

因为“审是迁善，模范群伦”不再只是目标，还是必然的结果。不知不觉中，我们早已把优秀当作习惯，我们从七初毕业，一路芳华。

最让我难以忘怀的还是七初纯粹的师生情。三年的相处让我感念当初把我们联系在一起的一切缘分，这不是个人荣辱，而是运动会上30人跳长绳的每一次集训、放学后操场上的每一遍队列训练、初三放学后的每一声“再见”、合唱比赛不尽如人意后的每一句鼓励和坦然的微笑。当我们可以一起开怀大笑、一起黯然落泪的时候，我相信这是心与心的碰撞，是情与情相互交换的美好。

转眼我已毕业七年，如今的七初已经十岁。十年来你创造的辉煌不必一一细数，十年后你一次又一次的蜕变更不必我牵肠挂肚，我只愿你，我最亲爱的母校——七初，洗净铅华，朝气依旧，砥砺前行，温润醇厚。

走不出的恋恋情怀

□2017届3班　张芯琳

七初十年，璀璨风华。在七初的十年里，我只经历了其中短短的三年；在七初莘莘学子中，我不过是普通的一人。七初还会有无数个我所拥有的这样的三年，也会继续荫庇熏陶无数我这样平凡的学子。可于我而言，七初的银杏早已明媚了我生命的记忆，柔软了我光阴的记忆。

七初三年，感七初之教诲

作为初一新生的我，朴实得像一张白纸。七初三年，墨池书院的馥郁书香滋养着我们，“审是迁善，模范群伦”的校训砥砺着我们，“七初没有超人，只有超人的意志”的格言勉励着我们。三年里，我们在七初习得知识，塑造人格，懂得协作与担当。秋水长天，在最后一次班级总结时，我竟发现，弹指之间，这样几十个人的小家庭经历了如此之多，又收获了如此之多。在七初的三年时光不足以磨成一剑，但足以为我打造一把合适的、坚韧的剑鞘，去包容、接纳宝剑的一切锋芒，并为其提供最坚实的守护。

七初三年，念七初之磨炼

在七初，没有什么事是轻而易举便得以实现的。无论是在学业上，还是在能力上，总会遇见比自己更优秀的人。随之远行吧，在七初不限制、不放纵的摇篮里远游吧。我们在竞争中得到的磨炼，会在每一个季节里婉转成歌，一曲曲，慢慢沉淀。

在七初，成绩不代表一切。学生组织也为我们提供了宽广的展示舞台。我在七初大队部工作了两年。工作与学习不全相同：学习是以个人为中心，而工作是以协同合作为第一要务。大队部的日常工作很简单，主要是检查各班中午的保洁和下午的大扫除。虽然工作简单，但日复一日地完成同一项任务，却让我学会观察细节，注重细节，落实好每一项简单的工作。我们在承办的各项活动中提升自我，在组织的每一项赛事中磨炼身心。从策划到实施，从全局把控到细节关注，我们收获的不仅是一次次精彩的经历，更有团结协作的智慧与能力。

七初三年，记七初之深情

要说七初的深情，不可回避的是每年元旦晚会的“归省”。作为一名毕业生，我会期待着为七初录制节日祝福的视频，我会期待着12月31日下午最后一节课的下课铃声，我会期待着在天环街199号与昔日同窗的美妙重逢。七初给予我们深情与共，我们也对七初饱含赤诚之爱。

别了，七初的日子。我依然感念着与你相遇、相知、相守的三年，仍旧磨不开你在我心中留下的一笔浓墨，晕不开你给我的人生带来的一抹色彩。我有深情，七初又何曾不念想着闯荡天涯，行走远方的我们呢？

常回家看看吧，这是七初留给我们最深最沉的期盼。

浅浅思念，优雅芳华

□2017届7班　邱秋

时光飞逝，变化的不只是季节，还有懵懂的自己。酿一坛九月的秋风，将浅浅的心事，在红叶上装订成册，让我为它署名——七初。一书一墨即为思，一琴一瑟即为念，丝丝缕缕，思思念念。天云间，一处相思，几处闲愁，如影随形，有始无终。在深秋的斑斓里，便寻一处清露相伴，沉醉在七初给予我的诗情画意中。

也许七初的模样已经淡出了我的脑海，但冰山融化只有一角，无数旧景经不起思念，便又浮现脑海。而今，我仍会一脸骄傲地提起那两排绚烂的银杏树——浴火而生的金色生命；在那无限静谧的小草坪，仿佛伸手就可以抓住稀疏的云朵；还有很多渐远的花香、果香……给予我最温情的爱恋。她作为一所初中，独自骄傲地美丽着，萦绕于十年间一届届学子的脑海中，幻化成我们心尖的一点朱砂痣。

这爱的家园里，还有更无法忘怀的那群人。他们如此不可替代，以至于不论时光逝去多久，他们在我们心中依旧眉目如故。

别看班主任胡老师常常因我们的淘气气得直说“不管你们啦”！她却又总在转身的那一刻，苦口婆心地细心关照我们；数学钟老师在课上虽一脸严肃，到下课便秒被“识破”，笑得像个小孩子；英语老师Annie的身上，总会有各种零食的香味，那分享零食的快乐是我们至今难忘的甜；物理周老师可爱的嘟嘴，让我们难以抵挡地爱上物理；还有，化学韦老的花式点名……想起了太多，念起了太多，七初恩师们，你们的每一寸用心都深深印刻在我们成长的足迹里。

沉醉在七初，情醉在七初。端一杯清香，抱一束友爱，让从不孤独的心带着岁月的火焰燃烧青春的热情。零食，我们一起分享；犯错，我们一同成长。古怪的同学外号，让我们乐趣横生；独特的班级口号，让我们昂首挺胸。回忆发了酵，任凭年华逝去，原本细细的清泉竟酿成了烈酒，有些辛辣，而不忍去品味了。时至今日，仍然心痛，能把握好在七初的每一分每一秒，没能把这珍贵的日子过得再精彩些。

不是每个音乐厅都可以大到包容下无穷的精彩和欢笑，不是每个操场都有一台LED显示屏来完美地呈现学子的风采，不是每所初中都能让莘莘学子为她骄傲一生，铭记于心。

我和七初，没有太多轰轰烈烈的故事。我对七初而言，只是莘莘学子中的沧海一粟，三年到头，便散了。七初于我，却烙印下了如此深刻的一笔——这是多么“不公”，却又理所应当。

秋日情悠，银杏夭夭

□2015届9班　曾偲

红尘中，梵音太少；俗世里，蜿蜒曲折。平坦、宽敞之处自可摸黑前行，而到泥泞、坎坷之处，若是没有提灯的引路人，那便只有蜷缩在深深的黑暗中，无法再向前一步。一曲相约，从幽深处飞扬，渺渺唱罢，岁月的幽香缠绕着灵魂深处的您。而您那手中的灯，是我生命中最亮的一盏啊。

每一次回七初看望您，我都带着难以排遣的苦闷和迷茫而往。但每一次我离开时，心中总是怀着希望和信心而行。

我常在想，这一切怎会如此神奇。您曾开玩笑说，若是让生在农民之家的您写文章，言语中定只不过是“土地”和“粮食”。土地和粮食带给您淳朴和阅历，自然也就凝聚出了无华智慧。我出身于城市中，或许站得太高，或许望得太远，却不曾发现脚下这片土地里的芬芳。这种馨香，只属于像您这样土地和粮食孕育的智者啊！

风拂叶动，心起微澜。那一天，我又带着困惑和忧虑前来。高中所遇之人皆是天纵之才，皆与我相隔霄壤，重压下，我带着迷茫与彷徨来到了您面前。那一日是初冬之末，草木萧条，寒风刺骨。不一会儿，您突然拉着我朝着一个方向踱步。

您问：“你仔细观察过学校那边的两排银杏吗？”

我远远地望见了那两排银杏，说：“教学楼前的那排银杏要绿一些，食堂前的那排银杏就枯败多了。”那是一片教学楼和食堂之间的空地。一排银杏长在教学楼前的绿化带里，另一排银杏长在食堂前用石砖砌成的一个个土坑中。

“那你觉得是为什么呢？”您问我。我不假思索地给出一个答案：“阳光吗？”

“不对，你看，太阳从东边升起。”您指了指那片东西走向的空地，“两排银杏得到的阳光是差不多的，而且食堂前的银杏距离食堂还要远一些，它的遮挡物还更少。”我点了点头，但仍然十分迷惑。

您继续说道："我专门问过学校的园丁，他说原因有两个。首先是因为教学楼一楼是教师办公室，而其外面的阳台上有拖把池。平时，拖把池里的水或多或少地流进绿化带里，成为这排银杏的养分。"

很有道理，我点了点头。

"你想想看，这些水，是不是像某种先天的，或者说你能利用的资源，或者……一种天分？"

我似懂非懂。

"其次是因为食堂前的银杏是从学校花园移栽过来的。"您指向一棵食堂前的银杏，"原来这些银杏中还死过一棵，现在的这一棵是后来种下的。而教学楼前的银杏自从运过来以后就种在这里，没有经历过移栽和重新落土，它们自然生存条件要好一些。所以，看起来是教学楼前的银杏长得要好一些，对吗？"

"嗯。"我回答道。

也许，银杏形貌之优劣确为客观的存在。类比于人，岂不是说，有着先天条件和幸运境遇的人就有着无法逆转的优势？这很现实，但也很绝望，因为即便是那些足够坚强的人，再努力也无法弥补这些先天与机遇的差距。

我已经下好了我的结论。

不过这时，您继续说道："现在下结论，为时尚早……"

我望向您，再一次陷入疑惑。

"你仔细观察食堂前那些银杏。"您指向树梢，"土坑中生长的它们，顽强地向着天空伸展，顶端都长了很多较长的分叉，而你再观察教学楼前的银杏，它们的树形已经在顶端收缩。园丁告诉我，顶端分叉多的银杏，几十年后才能够长成几人合抱的大树。"您指向另一片空地里的一棵银杏，"就像那棵一样。"

我顺着您的手望过去，一棵银杏盘虬而上，枝丫曲折旋斡，虽然还没达到几人合抱的程度，却也已经显出一点"巨人"的气象。

"你再看看教学楼前的这些银杏。"您将我的目光再次引回来，"你真的认为它们能长成那样的大树吗？"

我明白了，笑起来："它们的先天条件太优渥了，失去了拼搏的斗志。"

这时，我想到高中校园里也有不少参天大树，周围除了一些入不得眼的矮小灌木，再无其他大树与其争抢生长的空间。于是，树梢虽已达五六层楼高，却没有任何收束的意思，每年春风掠过，又是一片新芽冒出，肆无忌惮地向上，破云开天。

"其实你现在的境况是一样的，"您缓缓说道，"你没有那些优越的条件，也已经错过了很多机会。但是，只要你能自始而终顽强地向上努力，永远保持奋斗的动力，几十年过后，你的成就一定是别人无法相比的。"

明白了！我明白了您讲这两排银杏的缘由。是的，先天条件和幸运境遇的确能大大影响一个人的成就，但时间终究会平衡一切。数十年后，当初的一点劣势早就消失殆尽，而剩下的人中，还有着向上的动力和激情的，便能取得最高的成就。此刻，一切不安与浮躁都在心中沉寂了。

心结已解，我便再一次佩服起您的智慧。是呀，我站得太高、望得太远了，即便是面对两排银杏这样十余米的巨物，我的目光也只会跳过树梢，望向渺茫的远方。殊不知，答案，就在脚下。

七初求学记

□2019届11班　何文骁

时年戊戌，恰逢霜降，秋意渐浓。吾求学于七初两载有余。期间孜孜砥砺前行，今毕业在即，有感于此。

忆往昔，重学崇智，尊师守道。七初，乃吾人生求学之重地。吾与七初之故事，甘与苦，苦与乐，均拓吾成长之迹。求学七初，做栋梁学问，撰中华文章，解方程几何，思天文地理，期间所历，均可徐徐忆、细细品。此乃苦中带甘，甘中带苦，同窗情，师生谊，皆情深似海，皆铭记于心。

曾记否？吾偶遇一试，终不良，心甚悲。以为自此，吾遇试必不良，待中考时，何以得高分？愁有间，吾叹曰："此奈何也？向吾所为者也，不为徒劳？"幸哉？余师劝吾曰："汝可忘此试，何以悲之甚邪？"

"是也，愁之如此又何如？"

曾记否？同学与吾获舞台表演之机，父母皆器重，为此机缘，吾等学子之数苦又何如？乐哉，优哉！吾等学子之心血，心虽疲累，终斩获学校之殊荣，皆忘其疲累，开怀于心。

曾记否？恰逢少先队离别之仪式，感动于心，队旗中火炬与吾心之有感是也，吾国之强盛，需余等青年为之发奋也。吾校七初，引吾奋进也！

曾记否？余师于吾曰："若吾等人如此，国必强！"曾记否？吾师授《逍遥游》，一字一句，记忆犹新！曾记否？吾师授算术，一一点化生辉。

白乐天有诗曰："绿野堂开占物华，路人指道令公家。令公桃李满天下，何用堂前更种花。"此诗乃七初众师之写照，吾等学子均受之恩情，终生难忘。

七初似明灯，照吾一生之前行。

眷恋母校

□2013届3班　王雯钰

七初，这所我深爱的母校，这个让毕业了五年的我魂牵梦萦、无比眷恋的地方，她不仅是一所学校，更像是一个家、一个心灵的归宿。

我对母校最深的感触不仅是她极高的教学水平，更是她的人文关怀。她纪律严明却不死板，文化底蕴深厚而又充满活力。这是一个学风浓厚而又充满温暖、充满人情味的地方。校领导们和蔼可亲，尊重学生，循循善诱，善于感化；老师们认真负责，充满爱心，把学生当成自己的孩子一样；同学们团结友爱，就像是兄弟姐妹。在这样的大家庭里学习生活何尝不是一种幸福？

其实我是初三下学期才来到成都并转到七初上学的，在这里只度过了短短的一学期，但我对她的感情却是无法用时间衡量的。那时，刚来的我，清楚地知道自己只是一个借读生，所以并没有奢望能得到老师和同学的关注。没想到第一节英语课的时候，Miss Ren刚进教室就说："诶？怎么来了一个新同学？你们班主任怎么没有和我说啊！"下课后，她就把我叫到身旁，向我询问了一些情况，告诉我学习方法和规则。我清楚地记得她当时对我说："虽然你刚来，但我们都是把你当自己学生一样看待的，所以也会对你严格要求。"我当时很感动。这样的一句话，对于一个刚转来的新生来说是一种多么大的慰藉啊！后来，她又无数次鼓励我，给我自信，耐心地指出我的不足，给我讲解，并且在我懈怠之时语重心长地与我深入谈话。每次看到作业本上Miss Ren的批语，我都会开心很久，哈哈。在她的教导下，那时我的英语成绩一直保持在年级前列。记忆中，她明眸善睐，笑靥如花，温柔时让人如沐春风，威严时让人胆战心惊。她有种神奇的魅力，每次无论说什么都让我心服口服。她严格甚至严厉，但我们还是那样喜欢她。她总是充满活力，用她那干练果断的个性和认真负责的态度潜移默化地影响着我们。

钟老作为我们的班主任，可以说是最为我们操心的了。她一直既当“严父”，又做“慈母”，她严在学业，严在习惯，慈在生活，慈在鼓励。平日里，她总是严肃地要求我们遵守校纪校规，完成各种各样的任务。每天早上到学校，总能看见钟老写在黑板上的一句话，或警醒，或激励，引领我们开始一天的学习生活。每天中午当我们在食堂排队时，她一碗一碗地替我们舀汤。当我们端着打好的饭回到座位上时，总能满足地喝上一碗现成的汤，盛着满满的感动。每天下午翻开发下来的家校联系本，总能看到钟老对我的建议和鼓励。中考前，她为班上每个人都写了不同的鼓励的话，中考那天早上亲手交给每个同学。因为我是借读生，中考不和班上同学在一处考，钟老就特意把她写的便签条装进一个信封，提前交给我爸，让我爸转交给我。这些小细节真的让我觉得很暖心。毕业以后，钟老仍然牵挂着我们，高考之前还通过当年那个家长群向我们表达祝福。我们的班主任，当时天天教训我们的班主任，在我们毕业后挂念了我们几年。

语文老师何老是个非常和蔼、慈祥的老师。之前我和何老相互之间并不了解，直到中考前两天的那次谈话……那天早上我在去学校的路上遇到了语文课代表，就和她聊起了我的一些忧虑，比如因为教材不同以及课程进度不一样，我有很多篇文言文没有学过。语文课代表便很热心地主动提出帮我跟老师说说，看老师能不能帮我。何老爽快地答应了。那天放学后，何老给我把那些文言文都大致讲了一遍，连续讲了两个小时没有休息。我真的满心感激。她真的太敬业了！后来有一次回七初，她得知我还没吃上饭，心疼得赶紧把我带到她的办公室，给我冲了一杯藕粉，我们还聊起了《阿房宫赋》，感觉她就像慈爱的母亲一样，而我回到七初就像回到了家一般温暖。

物理周老师也是一个性格很好的人，有些同学私下叫他“厚文兄”。当时因为之前学校的教材不同以及课程进度差异，我有些部分还没有学过，所以存在一些困难。那时周老对我说：“只要你有空就可以来找我，只要我在就肯定给你讲。”

记得刚到七初时，参加开学考试，化学只考了六十几分。因为初三上学期对化学不重视，所以我的化学基础很差，和同学们有很大差距。一开始我虽然意识到了这个问题，但却并没有下定决心提高化学成绩。因为畏难情绪，我每次都把化学作业拖到最后才写，结果导致化学作业经常没做完交不了。直到三诊前，我才真正开始发奋，决心学好化学。那时教我们班化学的幽默风趣的张小金老师怀孕挺着大肚子，还一直坚持给我们上课，真的非常敬业。记得她某天在课上说：“无论你们现在化学是什么水平，只要从复习阶段开始端正态度好好干，中考都有可能拿满分。”当时化学极差的我震惊了、相信了，热血沸腾，暗暗下定了决心。虽然有了决心，但困难重重。爸爸也为我的化学成绩感到担忧，问班主任钟老有没有什么办法能帮我。钟老帮我和另一位化学老师陈月科老师沟通了一下，陈老让我每天放学去找她一次。每次她都温柔、耐心地给我讲题，讲得特别细致，并且经常关心、鼓励我。她年轻漂亮，温暖亲切，像姐姐一样。我每天都在放学前把化学作业完成，一放学就冲到化学办公室请教问题。就这样，我渐渐对化学产生了兴趣，学习从被动变成了主动，任务变成了乐趣。没过多久，我们的张老要回去生宝宝了，于是就由高山老师来接我们班的化学课。印象中高老优雅而温和，十分有气质。某天她上课说到一半时突然停了下来，朝我问道：“我说四川话你能不能听懂？”我回答：“能听懂。”她便继续上课。那天晚上我去办公室请教问题时，她似乎不放心，又问我一遍：“你能不能听懂四川话？”我说：“基本都能听懂，只是有时说快了听起来有些困难。”于是，以后每一次在我们班上课时，高老都用普通话，有时说着说着无意识地转成四川话后，又有意识地转换回普通话。每到这时，我都无比感动。老师能为了我一个外地生做到这样，我的感激之情真的无以言表。有这样的好老师，我怎会不认真听课呢？那时每次上化学课，我都紧张而激动，怀着对知识、对进步的渴望，怀着对老师的感激之情，听得全神贯注。高老曾在班上说气话，说她自己是“后妈”。我心里很不好受。她对待教学如此认真，对我们如此上心，比亲妈还要亲，哪里是“后妈”啊？每天晚上我去办公室问题的时候，她们都关心地问：“吃饭了没？饿不饿？”还经常拿些东西给我吃。每次小测验无论我考得怎样，她们从来不会责备我，总是微笑着鼓励我。就这样，在这两位化学老师的帮助与鼓励下，在短短不到一个月的时间里，我的化学成绩从六十多分提高到七十多分、八十多分、九十多分，最后中考只扣了0.5分。我创造了奇迹啊！现在，即使我身处异国他乡，每每想起七初，想起那段奋斗的时光，想起那些亲爱的老师们，想起那个充满温暖的化学办公室，都会无比怀念。那些宝贵的记忆始终都是我前进的动力。那时，即使无比艰难，也没有人放弃过我，我更没有放弃自己。

后来某次回母校，看到化学办公室外的墙上我亲爱的老师们的合照以及下面的那行字：“教学的艺术不仅在于传授本领，还在于激励，唤醒和鼓舞。”我真的感触颇深。也许当时学的知识已经淡忘，但那段振奋人心的时光、老师们的关爱与鼓励，却从未曾忘怀。

几年过去了，这张照片一直留存在我的手机里。

记得刚刚来到这个学校时，腼腆的我不善于表达，班上同学很热情地主动和我说话，给我提供帮助。那时，真的感觉同学老师像天使一样，我能来到这里真的太幸运了。

我对七初的依恋太深，以至于毕业后无时无刻不在盼望着回家。高二那年元旦我即使膝盖受伤了，拄着双拐都要回去参加七初的元旦晚会。我是那么想念母校的一草一木，那么想念亲爱的老师和同学们。每年的元旦晚会，七初都会做好准备，欢迎归家的毕业生。这样的人情味，这样的人文关怀，是我在其他学校从未感受过的。而“审是迁善，模范群伦”的校训，也早已刻在心上，成为我人生的座右铭。

最后，我想用我所学的西班牙语表达对七初的深情。对七初说：Te quiero.（我爱你。）对我的老师和同学们说：Os quiero.（我爱你们。）

银　杏

□2019届10班　刘雅玥

一

银杏是银杏科银杏属的落叶大乔木。

10班教室旁边这几棵高大的亚热带落叶被子植物，春时青，夏时盛，秋时金，冬时枯，四季轮回枯而青，青而金，伴着10班不断成长。从刚入校时一个不甚熟悉，凭成绩凑成一堆的小集体，到如今心往一处想、力往一处使，就算有小矛盾也不足以减少一丝温馨气氛的大家庭，这几棵银杏树见证了2019届10班的泪水与欢笑、失败和成就，以及成长与蜕变。

而作为这个家庭中一个小小成员的我，也从一个爱哭的、好面子的扭捏小姑娘，变成了一个大大咧咧、能独当一面的文娱委员。失利时不气馁，得胜时不骄傲。我不再是一个人抱着高深的题目愁眉苦脸，而是和大家一起努力面对困难。

这些，是银杏和10班，一起带给我的。

二

银杏是成都七中初中学校一道亮丽的风景线。

我所在的社团，是“历史·蓉城印象”，就在银杏大道的末尾。从窗外望去，便可以看到美丽的银杏大道。历史·蓉城印象社在全校无数个优秀的社团中，或许很不起眼，如同一片小小的银杏叶藏匿于茂密的树冠之中。但不论是社员们还是指导老师，都在为了蓉城印象，竭尽自己所能。认真做事的蓉城印象，也是一道风景线。

我作为社长，也曾是初一刚刚加入社团的莽撞少女。当将一个社团担在肩上的时候，我渐渐褪去了浮躁，将社团的事放在心中，将责任放在心中。我不再把自己的事安排得一团糟，而是学会了井井有条地处理身边的一切，不论是自己，还是社团。

这些，是银杏和历史·蓉城印象社，一起带给我的。

三

银杏是成都七中所有校区的校徽的设计元素。

刚入学拿到校服的那天，我便迫不及待地换上了。因为我感到自豪，为胸前那个银杏状的校徽而自豪，为我是一名七初人而自豪。尽管七初的十年对于整个七中悠久的历史来说还太短暂，但七初的实力，却是每一位努力踏过艰苦卓绝成功路的七初人都能证明的；七初的荣耀，也是由每一位不屈不挠的七初人共同奋斗所取得的。

每一位七初人都为七初而自豪，七初也会为每一位努力奋斗的七初人而自豪。我在七初为自己改变，为七初改变，望有一天，我能够让七初为我自豪。

这些，是银杏和七初，一起带给我的。

遇见，那些年

□2017届10班　冯采荻

七初，现在给人的印象无疑是“高端、大气、上档次”，无论是高科技产品的大力引入，还是校园基础建设的开展，都逐渐向高校名校水平看齐。

虽然我也在充满着科幻未来风格的教室学习过奋斗过，可那些光鲜亮丽的，高端大气的七初，都不是我心目中七初的样子。我的七初，是橘红砖瓦雪白墙，是弯弯折折却不失简约的建筑构成明快的节奏，是自在奔跑与歌唱的无忧无虑，是漆黑夜里吹着微微细雨阔步走出校门的豪迈，是午后阳光透过窗帘洒在睡脸的温暖，是夏日蓝紫的花朵里蕴藏的一份无人倾诉的梦想。

而我们，多少七初人，都从这里起航。

一谈起七初，我的脑海中会出现那么多那么多的细节，有星期五午餐抢着去添第二个鸡腿的记忆，有啃食着面包揩着油自习的时刻，有与竞赛班同学们争论一道数学题的快乐，有拿着五彩的跳绳奋力跳起去勾下石榴的活泼，也有坐在池塘边晃荡着双腿撩动一池金鱼藻的惬意与顽皮。我数不清有多少美好的小细节让我着迷。那些支离破碎的温暖记忆，汇聚起来照亮前路，也构成了我的七初，我的年少时光。

从此我知道了“审是迁善，模范群伦”的意义，从此我知道了何为超人的意志，从此我终于能够登上舞台，展示最好的自己。我终于从这里长大，从这里出发，从这里走向更远的未来。

而我的七初呢？

也许它终会变为一个普通的名词模糊在我不甚清楚的记忆里，也许它会成为我的故乡，它会继续飞翔，继续向更高更远处进发，而我们则在它掠过的云翳里，回忆着它的风。十年，很短也很长。比起其他学校所吹嘘的悠久历史确实很短，但对于培育人才来说的确也长。也许我不能成为被铭刻在学校历史里的杰出学子，但是这一个十年，下一个十年，我们都会为它祝福，毕竟七里香的花架下，我们还有很多个十年要走，也有很多段光阴，等着我们一起见证。

有幸能在这十年里遇见七初。

谢谢你。

最后欢迎学弟学妹来七林，我们虽然没有蓝紫色的蓝花楹，但我们有紫红色的洋花紫荆！

少年当磊落，梦想正芳华

□2012届8班　梅镱潇

往事如烟，念念难相忘

转眼间，走出七初校门已有六年了。前些日子偶然看到毕业照片，当年的校园与现在相比朴素了许多，但对我们来说却格外亲切。

回想那三年在七初的日子，应当是酸甜苦辣各种滋味都品尝过，可是经过时间的淘洗，如今记起的，都成了美好的回忆。

我们是七初的第二届学生，到如今应当已经有八届数千名少年从七初的校门走出了，因此我也不去回忆那些已经被反反复复提起的细节，就讲讲只属于我自己的几件小事。

第一件事是有关上学的。我家离学校不算太远，初一的时候由家长接送，到了初二我就开始自己骑自行车上学了。从家骑车到学校的路程并不长，正常速度骑行也就花大约十五分钟。可是我出发的时间非常早，每天准时6点45分从家里收拾好东西出发，在去学校的途中买好早饭，7点刚过，我经常是校门拉开后第一个进入的学生。当时形成了习惯，无论寒暑都坚持了下来，倒不觉得这时间很早，现在回想起来，那真是一段既健康又美好的时光。在冬天的时候，天亮得很晚，出发时整个城市还在熟睡，骑车从夜幕里经过，抬起头的时候，能看到璀璨的星空。当时我有一个关系非常好的同学叫唐飞，他到学校也很早，有一段时间我们每天到校后都会一同去操场上跑步。冬天最冷的时候，地上、篮球架上全是冰霜，两个孤零零的身影在月光和寒雾中穿过，现在回想起都有些不真实。坚持早起上学是我中学期间受益最深的一个习惯，到校早不一定要立刻开始学习，反倒是可以把很多琐碎的事情处理了，还能和同学聊天、玩耍，在这个过程中慢慢地把自己的节奏调整过来，等到真正的上课铃打响时，就能够全心投入到新一天的学习当中。

第二件事是有关放学的。不知道现在的情形是怎样，我在七初上学的三年，除了做值日生或是被老师留下，几乎每天都是5点过放学。放学后的时间是完全自由的，因为作业是回家后再写，也没有什么课外辅导，因此放学后就是每天最快乐的时光。大多数时候，我会和一两个同学一同骑车回家，在路上可以谈天说地，可以分享各种见闻，每每都嫌回家的路太短，在即将分开的路口处停留半天，才依依不舍地告别。除了直接回家，我们当时还举办过“宏成杯”班级足球赛等许多自发的体育活动，经常和同学一起踢球或打球到6点过，直到天色慢慢暗下来，在家人不断的催促下才回家吃饭。那时候班里的大部分男生都很喜欢运动，有一些直到现在还保持着联系。现在想想，也是放学后的时间帮助我们建立了友谊，强健了身体，这对未来的成长也是弥足珍贵的。

第三件事是有关自我选择与自我实现的。对于一个十二三岁的少年，未来几乎是无限的，有太多可以选择的方向，有太多可以学习的技能，有太多的不确定，无论是挑战还是机遇，都是年轻赋予的资本。七初也给了当时的我选择的机会，而幸运的是，我做出了最适合自己的选择，而这些选择，在某种程度上也影响了我未来的发展和成长。举几个例子，第一是足球。我们当时是学校里最热爱足球的一帮小孩，成天拿着球往操场跑，无论寒暑。运动是缓解学习压力最有效的良药，同时保持一个健康的身体也是高强度学习最重要的保障。我们自己成立了“七初足协”，我作为第一任“主席”组织过很多次比赛，有班内的联赛，甚至有跨年级的比赛。快毕业那年，有一个国际学校的学生来七初踢过一场友谊赛，我还有幸作为唯一一个初三学生参加。记得当时从教室偷偷溜出去在卫生间换球鞋，但踢完比赛回来的时候全班都已经知道了。第二是英语。在刚进校时，有些人已经有了很出色的英语底子，但我那时英语水平还非常一般。幸运的是我遇上了周老师和陈老师这两位很好的英语老师，他们鼓励我通过平时和假期的时间阅读《书虫》等大量的课外读物，因此我也在这段时间打下了非常可贵的基础。第三是写作。初中的时候最流行的是网络玄幻小说，我们当时也相当痴迷，平时会自己进行一些创作，在初三的时候甚至许多同学一起完成了一部以班主任为主角的小说。当时每个人带回家手写，延续上一个人所写的情节，最后还成了一本“洋洋著作”，一直被我们引以为荣。

后来，这些初中时无意间留下的种子，都在不同时间开花结果。高中时我继续踢球，高一时就获得了班级联赛冠军，到了大学时担任了所在院系的足球队队长，足球也让我的身体素质一直保持在较好水平；英语和语文在高中时一直都是我的强项，高考时也帮助我获得了不少的优势，直到现在，英语能力和写作能力也是我在日常生活、学习中所需要的重要技能。

其实在七初，我所经历的还远不止这些。我长期担任数学、物理课代表，也在校运会中获得过四次冠军，打破过一次校纪录，在初三时因为成绩优异被七中林荫的重点班录取，也顺利进入了这所梦想的高中。

天地正广，千里试锋芒

离开七初，却难忘七初给予我的教诲。“审是迁善，模范群伦”的校训一直是我为人处世的训诫；“博学、审问、慎思、明辨、笃行”则是我在学习、生活中时刻需要注意的智慧箴言。进入高中后，面对更大的竞争压力和学业难度，我也能够游刃有余地完成，并且在课余培养自己的兴趣，强健自己的体魄。高考对于初中时的我也许只是一个非常遥远的大门，那扇门后是梦想和荣光，但大门上的铁锁沉重而冰冷，通向那扇门的道路遥远而艰辛，遍布荆棘和迷雾。可是现在看来，无论是初中还是高中，都是温柔而亲切的回忆。

经历了在成都十二年的求学岁月，那个在七初的操场上踏着冰霜晨跑的少年，就这么跑进了清华园，继续在千里之外求索和逐梦。

我想，无论是对于当时在七初的我，还是现在的我，等待去做的梦有很多，等待去实现的梦更多。我对于七初，是一个平凡的学子，是她建校后迎来的第二批孩子之一。我能为她做的事情很少，只能带着她给我的教诲继续在人生路上缓缓前行，尽我所能为她做一些贡献。七初对于我，则是一座走向优秀的殿堂，她带给我的不仅是知识上的成长，更是习惯、品德上的陶冶，也帮助我认识了许多影响我少年乃至青年时期的朋友。在这里，有我的授业恩师们——初一、初二时的班主任胡霞老师，初三的班主任杜明元老师，还有三年的数学老师李晓虎老师。当然，每一位教过我的老师我都不会忘记，在这里一并表达我的感激和尊重。

对于七初的未来，我也希望这所年轻的学校能够越办越好。如今每次回到母校，都能看到新的变化，装修得越来越典雅大气，各种设施越来越完善，还建立了很多我们当时无法想象的学生活动基地，这也使得在这里求学的学弟学妹们有了远超我们当时的硬件条件；另一方面，越来越多优秀的老师来到七初，共同为这里本就顶尖的教学质量添砖加瓦，为七初的学子提供了更好的师资条件。所以我觉得，现在能进入这所学校的同学是幸运的，因为他们拥有大多数同龄人，还有以前的我们无法拥有的优质资源；但更是需要努力的，因为他们需要代表七初去将这种优秀继续传承下去。

最后，我想用一句当年的我在刚进入七初时所说的话来作为结尾，这句话虽然带着稚气，但更多的是一种舍我其谁的豪情，希望与同学们共勉：“七初的历史，就是由我们来创造的。”

梦想开始的地方

□2015届4班　张玉沁

一

不久前才与同学相约回了一趟七初，七初似乎一点儿也没变，但还是有些陌生感，一个人回来会没来由地觉得尴尬而局促，总是要成群结伴三三两两，好像这样七初就还属于我们。看到刘晓维老师，心更是踏实起来。

在校的时候，我看见那些光彩照人的学长学姐回来探望老师总是很羡慕，羡慕他们成熟的气质，羡慕他们和老师轻松地调侃。但当我成为老师们口中的“上一届”，站在教室门口探头探脑的学姐时，我才惊觉，可能一届一届回来的学长学姐，都是羡慕在教室里听课的学生们的。

羡慕那样单纯的日子。

二

上了高中，尤其是高考前的那段日子，我总觉得自己像是童话里被赶出城堡的公主，落魄狼狈。初中时总对未来怀着没有根据的希望，高中时被自己的省排名狂泼凉水；初中时总觉得自己是优异的尖子生，高中时被可以一秒做出自己望而却步的难题的大神打回原形。

七初是曾经梦幻温暖的城堡，而生活强迫我离开它，一路风风雨雨，披荆斩棘。

强烈的落差让我时常回想、怀念初中的日子：早上赶在早读前到教室，“修修补补”昨晚遗留的作业；语文课和同桌比一比谁抄笔记抄得快，听周老当众“羞辱”抄得慢的同学；数学课小小地走走神，又一下被刘老突然拔高的音量拉回课堂；最喜欢英语课在讲台上舞动的思思；物理课的一大特色是周老总也念不对的几个词；化学课张老的严肃正经中常常产生笑点……

在七初总爱不切实际地做梦，初生牛犊不怕虎，不知天高地厚，觉得自己的人生必定是花团锦簇、轰轰烈烈。

语文成绩考到全班第一就幻想下一次是年级第一，英语稍微进步点就幻想能在英语比赛中拿奖，中考前感觉自己非七中林荫不上，中考完甚至产生自己能上650分的错觉……现在想来真是盲目自信。

哪怕听过“天外有天，人外有人”，从七初走出，我还是带着点锐气与锋芒。后来，我的锐气被高中接二连三的跌宕曲折磨平，但幸好我的锋芒还在。这锋芒是七初予我的，是对生活的乐观积极，是由内而外的荣誉感，是即使遇见挫折也坚守自我的骄傲。

三

重新走在七初的校园，我仿佛看见了曾经那个稚嫩的自己。

其实爱做梦也没什么不好啊。

哪怕这梦在后来看来傻得有些可笑，但这里是开始的地方。一开始的我们不知道往后道路的艰辛，怀揣希望，这就像书中那一个个踏上征途的勇士，如果没有一开始那种不知天高地厚的梦想，也不会有之后披荆斩棘的勇气。

四

有些老师需要提醒才能认出我们了，有些老师教我们时就总是分不清谁和谁，有些老师仍旧搭着我的肩笑嘻嘻的……

真的已经过去很久了。

但我无须闭眼，仍能想起语文课抄笔记的阵仗，周老总爱在作业本上批一个“改”；给我一块黑板，我能模仿思思用粉笔刮过去，让它发出尖锐的摩擦声……

我现在早已经不会沉浸在自己的美梦中了，但我对未来仍抱有希望，在七初时我总是“为赋新词强说愁”，现在却学会了苦中作乐。我相信，虽然生活不一定轰轰烈烈、花团锦簇，但我们的心可以一往无前。

这一届一届的学子啊，都有着自己和七初的故事，也许平凡普通，也许精彩绝伦，这篇文章只是其中不起眼的几页，但却是我的整个年少轻狂。

那就是年少啊！好像什么都是烦恼，可什么烦恼都能留到明天，今天的作业明天来赶，今天无意间做的梦明天去实现。我们带着这样不自知的无忧无虑一路走啊走，居然就长大了，成为当时遥不可及的成熟模样。

七初，这个梦开始的地方，终于成了守望我的城墙，任生命远长，而我也只有在那午夜梦回里，重来一场，离别感伤。

爱的电波

□2020届6班　许铭杨家长　陈继洪

作为一名家长，怕什么？

反正，我挺怕老师的来电。一看见是老师的电话，就浮想联翩——儿子和同学打架了？今天课堂没听讲？学习退步了？总之，孩子“犯事”的心虚感在看见来电的一刻，就会满满爆发出来，不知道宝妈们，有和我一样的感觉不？

然而，这种不良情绪体验，在我遇到七初后，奇迹般地消失了，故事还得从老师的一次来电说起……

没接到的三个电话

昨天因为太匆忙，把电话落在了单位上。一晚上都担心有谁的calling在办公室的抽屉里叮叮当当地响着。

第二天一早就直奔单位，拿出手机查看，不看不知道，一看吓一跳。儿子的数学罗老师昨晚居然打了三通电话——三通电话啊，数学老师是有什么急事吗？我开始各种“脑补”：是儿子作业完成得糟糕，急需家长配合教育？是儿子上课不认真听讲，急需家长批评教育？还是儿子……

因为担心数学罗老师正在上课，不方便接听电话，于是先给老师发了个短信，说明情况，并表示下午一定给老师回电话。

这一日就在各种“脑补”画面中度过，心绪不宁，心惊胆战，心虚焦虑。

下午，估摸着数学老师有空，把电话拨了过去，电话通了：

“老师，您好！我是杨的妈妈。”

“杨妈，有什么事吗？”老师回答道。我疑惑，难道老师已经忘了三通电话的事？

我马上解释道："老师，不好意思。昨晚把手机落在单位上了。所以昨天晚上，您打的三通电话都没接到。"

"哈哈。"老师一阵轻松的笑声，"没什么事，是因为昨天下课的时候杨来问问题，当时有事没有帮他解答。我怕他还是没有弄懂，所以打电话问问杨哪里不懂，想给他讲讲。"

哦，原来是这么一回事！心中大石落地的一瞬间，一股暖流猛然涌上心头：老师的三通电话只是为了帮助孩子解决不懂的数学问题，这样负责的态度，必将在无形中影响着孩子对知识的追求！感动的同时，不禁对七初老师肃然起敬。

"告诉孩子，他没有责任"

"叮咛叮咛"，门铃响了，杨放学回家了，开门一迎看，他满脸挂着的都是——不开心，闷闷地不理人，也没有了平日"爷爷奶奶，我回来了"的问候。"有事。"我心想。

我轻轻挪到他身边，轻轻地问："不开心？"

"没有。"闷闷的一声，眼皮耷拉着。

"妈妈很愿意当你的听众，需要我帮忙吗？"我继续问道。

"我不想说。"说完直接不理人。但是我分明看见他眼睛里的泪水。

好吧，不想说，我就等，等到你愿意说的那一刻。但是我有一种感觉，今天的事比较严重。

吃饭的时候，杨闷闷的。爷爷、奶奶和爸爸都有意避开学校的话题，拉拉杂杂地说着一些家长里短。

突然，电话铃声响了。我拿起电话一看，是班主任曹老师的电话。

"曹老师，您好！请问有什么事？"

"杨妈妈，请转告杨，今天的事情已经调查过了，杨没有责任。"

放下电话，我马上把曹老师的话转告给杨，杨睁大眼睛问："真的吗？曹老真的说我没有责任？"

"真的。曹老师说的。"说完，我一看杨，他架着的肩膀终于放松了。

我说："你现在愿意告诉我们是怎么一回事吗？"

杨终于肯说了。他说清了整个事情的经过以及自己的"乌龙"事件。原来班主任在调查班级违纪行为的时候，杨以为自己回头一看也属于违纪行为，就主动承认并接受了批评。杨说他最怕的就是班主任说的，违反纪律的同学要请家长到学校面谈，他不知如何给我们说这个事。但是，现在曹老师说了杨没有责任，也就不需要请家长到学校了。

这一晚，又归于平静。

杨平静地吃完晚餐，安静地做完作业，幸福地听爸爸给他讲故事。

这一晚的平静与幸福，都源自班主任老师的这通来电。来电虽然只有短短的几十秒，却卸下了孩子沉重的心理负担，让我们这个小家庭重回温馨的时光。老师，谢谢您的来电，谢谢！

回头想想，这些电话都来自老师们的下班时间，他们完全可以不打。第二天老师可以继续询问孩子不懂的题目，但是当天晚上老师打来了电话；第二天老师可以告诉孩子他没有责任。但是当天晚上老师打来了电话。这些来自老师休息时间的电话，是老师对孩子成长的负责，是老师对孩子心灵的呵护，是老师对家长的尊重。这就是七初的老师，细心、细致、细微地呵护着孩子的成长。

当初选择七初时，彷徨过，犹豫过。现在一年过去了，在这一年里，作为家长这个旁观者，我看见的是老师的用心和爱心；我看见的是杨开开心心地上学，高高兴兴地回家；我看见的是杨的变化——更自主，更自觉，更自律。用杨的话来说："学校生活就像万花筒，而暑假生活单调乏味。"孩子淳朴的话语，让我无比庆幸当初选择七初。把孩子交给这样一群有爱心，有耐心，温存又感人的老师，我们家长放心！

七初，我们爱你！

天道酬勤
因材施教

照片里的故事

□2019届5班　徐梓程家长　唐睿

每一个时刻，都是一个故事的结束，也是另一个故事的开始。历经多少次的热血沸腾，收获多少次的自豪满怀，都不足以填满两年前踏进七初时的欢心。时光奔跑飞逝，转眼间，孩子能与七初亲密共度的日子只剩一年，而那过去了的美好记忆和瞬间就像封存的酒酿，一经打开便会香味微醺。翻开相册，我的独家记忆便如电影般回放。

2016年《眼神》

你看，这亦师亦友的何明老师不经意流露出的些许戏谑、些许犀利多么传神。没有一定“道行”，如何掌控这群青春期躁动的少年？没有一定魅力，如何让往届学子一说起何老师就激动得“未语泪先流”？何老师的种种光辉事迹届届相传，自是不必多说。他是我们眼中的“全能老师”，集运动奇才、文艺天才、教学高才于一身。孩子很惆怅，不愿上初三，因为毕了业他就不能每天看到何老师了。

爱因斯坦说：“用专业知识教育人是不够的，通过专业教育，他可以成为一种有用的机器，但是不能成为一个和谐发展的人。要使学生对价值有所理解并产生热烈的感情，那是最基本的。他必须在美和道德的善上有鲜明的辨别力。”何老师身体力行，在孩子们成长的关键期给予清晰睿智的指引。唯有心中有深沉的爱，才会年复一年，全力以赴，不知疲倦。

2018年《生生不息》

张晓风先生结束《书和书都是亲戚》的分享活动后，与老师、同学拾阶而上。晓风先生不辞辛劳，只为让七初同学们体会到阅读的乐趣，体会到阅读的喜悦。李笑非校长、李延刚老师和同学们对晓风先生深深的敬意，从照片里扑面而来。老、中、青三代意气风发，七初学子们紧紧跟随，让人觉得安心，更感文化在传承，精神在延续。

对语文老师李延刚，我总觉得不是所有学生都能理解他的深意。他一直“处心积虑”想让学生养成阅读的习惯，每到放假就换着花样想办法让孩子们阅读，完全置假期时间于不顾，只为他们能多读书、读好书。七初这样的老师太多，他们在自己的学科中不断探索创新，这种强大的奉献精神和钻研精神，终会在潜移默化中感染孩子们。

七初这样的活动太多，在注重提升学生能力的同时，更注重提升同学们心灵的高度，让他们能接触最前沿的信息，做一个内心沉静丰盈的有志之人。

2018年《守护者》

李笑非校长说："每一次考试都是盛装出席的节日！"多么豪气的语言！看着这张中考那天的照片，老师们笑脸盈盈，让我不禁想起叶芝的诗："她伫立窗畔，身旁盛开着一人团苹果花。她光彩夺日，仿佛自身就是洒满了阳光的花瓣。"老师们身上仿佛有飘落在七初小径的金黄银杏，仿佛有操场上青春逼人的勃勃生机……他们带着整个七初的美丽去"赴庆功宴"，这是怎样的底蕴所造就的底气？

七初就是被这样一群有爱有责、勇于创新的人守护着。孩子们在里面学习知识，憧憬未来，为实现自己的梦想而努力拼搏。"生命中总会有一些人，严格地要求你，只为带你寻得大美的天地！"希望我们的孩子在低头学习的时候，也能抬头仰望，若星空难寻，亦可看天看云。

七初三年，幸哉！七初十年，美哉！

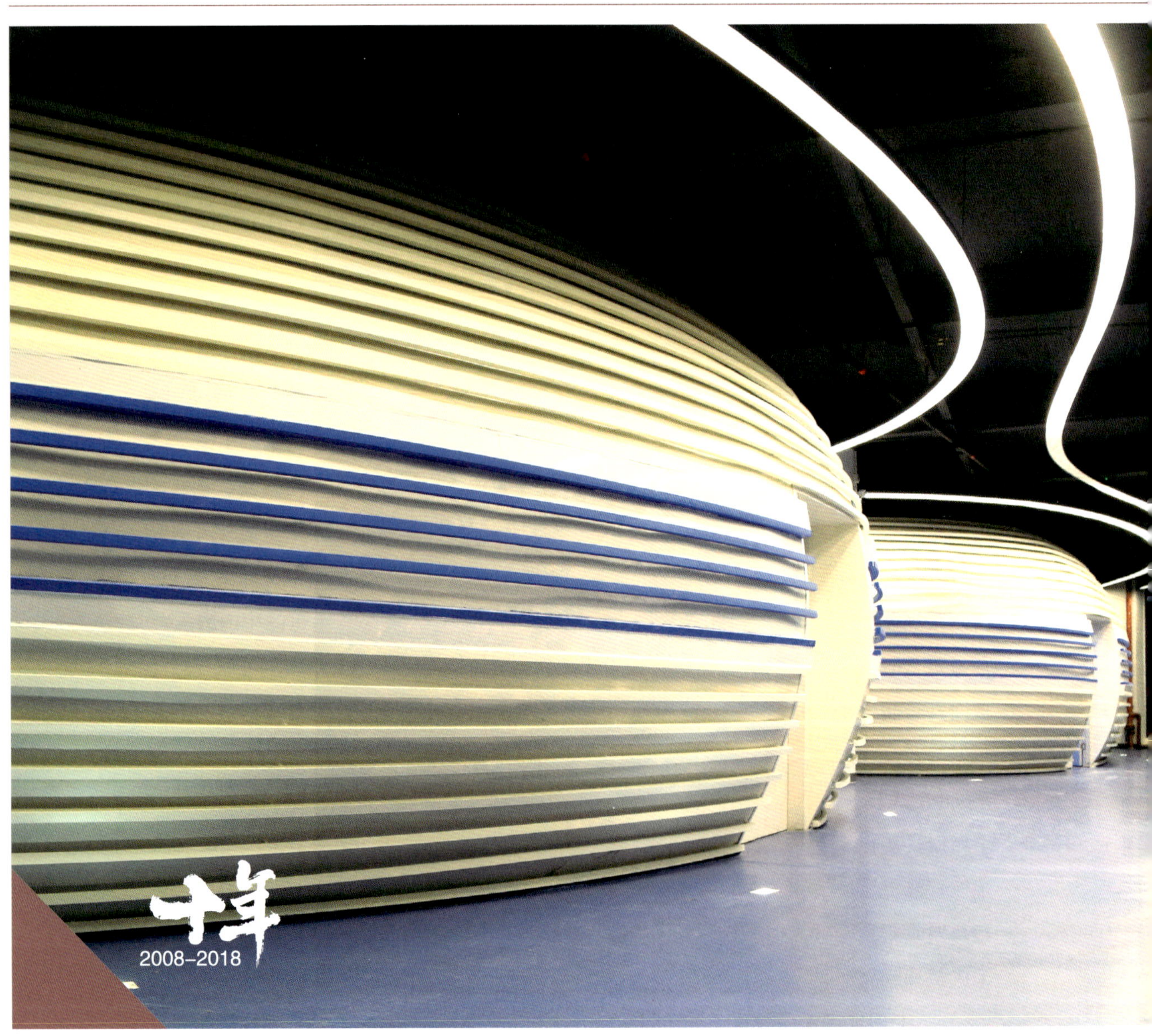
十年
2008-2018

放飞

托起梦想，希望飞翔。七初问道笃行，生命的羽翼丰满，蓝天翱翔。志存高远，远飞风筝不断线，回应母校希望殷切，对未来信心满满、百般畅想。青春有梦相伴，昨天快乐，今天也美好，明天更灿烂。一切，重新开始，从心开始。

又是银杏飘落时

□2013届7班　吕金泽

耳边的风凉凉的，车轮轱辘在北京的土地上，清华二校门前的银杏树叶在微弱的路灯下看着仿佛黄了一半，也跟着我一起在入夜的冷风中打着哆嗦。窸窸窣窣的银杏叶子闹嚷嚷地吵着，好像在催促着我快点走，快点走。

窸窸窣窣，窸窸窣窣……久远的回忆在银杏的夜谈中被拉扯出来，好几年前的秋天，在离北京一千八百公里外的地方，好像也有这么一排喧闹的银杏，在那里，有时候会讨论墨池表演有哪些节目，有时候会八卦哪班的男生女生又被班主任抓住了，有时候则会争论食堂哪天的水果好吃，大多数时候还是在盘算着下一个假期什么时候到来……

猛然意识到，从踏进七初校门的那一天开始到现在，已经八年了。

那时候的秋天，耳边的风也凉凉的，脏脏的运动鞋啪嗒啪嗒地踩在熟悉的校园里，食堂门口的银杏张扬地炫耀着她亮丽的色彩，大方地撒下一地诱人的金黄。男孩子们对着景色暗暗发誓：这学期要好好学习，女孩子们则憧憬着这美丽景色下会发生的粉色泡泡的故事，却依然不敢在放学后牵起喜欢的男孩的手……那时候的秋天，亲近、纯粹又充满神奇幻想；七初的秋色，美丽、生机勃勃又充满琅琅书声。

有什么能够代表七初给我的回忆呢？我想，什么都不行吧。脑海里电影放映般闪过的一幕幕片段都是那么不可代替：在周老开家长会前偷偷修改他的PPT；在英语课上紧张兮兮地背诵；和翁老一起畅谈假期要求看的文学作品；蹑手蹑脚地拿着作业去请教心仪的男生……一年的欢乐时光总是在例行举办的元旦晚会的烟火中落下帷幕，新的期待又会在抱一大摞七初定制作业本回家时清晰起来。白纸黑字的回忆只留在那几本黄得发旧的《家校联系本》上，老师淡红色的墨水也会在生日那天的祝福语中带着微微的阳光。当我真正沉下心去回忆、去挖掘的时候，才发现那些年的每一点每一滴都深深地印在了我的心上，虽然或深或浅，但每个脚印组成的一串乐谱，才是我三年七初生活最完整的乐章。

当我刚进七初校园时，“审是迁善，模范群伦”是我最没有办法讲清楚的话。三年的叛逆青春不够消化“审是迁善”，更谈不上“模范群伦”。犹记得那些盲目自大时、不知所措时，未见日月，盲从星辰，磕磕绊绊地在最珍爱自己的老师身边学会自省。直到今日才觉察，八字校训从来不是一个终点等待到达，而是一个伴随一生的过程，一种毫不松懈的态度，一个从未停止的追求。从“审是迁善，模范群伦”，到“自强不息，厚德载物”，空旷迷茫的道路上仿佛被种上了一排整齐有序的指引银杏，过路人每走一截便停下来审视自己、审视过去，离开校园已经如此久远，但回头一看却走在同一条路上，原来七初从未离开。

回忆里，七初的味道有甜有咸，虽墨池不在，花园亦改，园内银杏和园丁却依然如旧，空气之中依然荡漾着熟悉的氛围，故事在这里有了开始，思想在这里有了雏形。不想它变成一片伤感的树叶，凄零地讲着陈年旧事，却也不想它是一支大红的旗帜，乏味地填满赞美再升起。左思右想，它也许就是那一棵银杏，给来往的人一个安静的港湾，一片美好的遐想，一张去往远方的车票。银杏栽种了十年，勤勤恳恳，来来回回，一趟趟送走了叽叽喳喳的鸟儿，指引他们飞向蓝天，春去秋来，从不停歇。我即使将这世间最美好的词语用来赞美，也不及那无声的金黄让人信服沉醉……

一阵风过，不知哪片黄透的银杏拂过面庞，忽而间便带着我无声的祝福，融在那灿烂的星辰明月里。

朝花未遗

□2014届4班　滕飞扬

我的青春，在我的七初，不负韶光，故我无悔。我与老师吵过架，我的成绩让校长无语凝噎过，我也在学校的网络贴吧上掀起过波澜。但除了这些青春期的调皮，更多记住的是几位老师对我无微不至的关照以及对我人生的引导。

“审是迁善，模范群伦。”七初的校训是我最刻骨铭心的几个字，它时刻在告诉我，要做一个明辨是非的善人，最终一定要成为受人尊敬的能人！短短八个字，铿锵有力，因为七中人会选择“成功”！

刚来七初，我便结识了第一位姓巫的“贵人”，而且我笃定，这也是我人生中最后一次遇到这个姓氏的人，他，就是我的班主任。“洁身自好，真心做人”，是巫老教会我的。记得在一次表彰大会上，巫老作为优秀班主任发表演讲，而他却在那次演讲中狠狠地批判了学生中的不良风气，而大家都心知肚明，在这种类似于“获奖感言”的说辞中，谈这样的话题是不合适的，因此巫老在演讲后被多方要求谈话，这也是必然的结果。而巫老却毅然利用这次的演讲讲出了真心话，印证了“审是迁善”，赢得了同学们的诚挚掌声，也在我的灵魂烙下了印记。人生在世，只求真心为人，明是非，勇担当，无问西东。

我常常将自己比作一只迷路的鸟儿，而七初，给了我一个温暖的家。我是一名外地生，独在异乡，对我来说融入这个新集体是不易的。好在有初一的那次合唱比赛。那场比赛以每个班为单位，选出指挥、钢琴伴奏各一名。由于大家都没有学习过指挥，最终随机选到了我。那时我心急如焚，在脑中盘旋的只有“放弃”二字，生怕毁了这场比赛。作为一个外地生，一切都是陌生的，我不知从何开始。然而，这个七初的班集体使我热泪盈眶，老师与同学都在鼓励我，这便使我第一次在他乡有了归属感，责任感也油然而生。课余时间、午休时间我都努力与担任钢琴伴奏的同学一起练习，时不时也会缠着音乐老师传授些真功夫。最终，我与同学们共上赛场，在大家共同的努力下，取得了相当靠前的名次。这一次，我认知了“我们班”这一概念，我们班也印证了“模范群伦”这一追求。

在漫漫人生长河里，不经意地泛起无数浪花，这是我们最珍贵的记忆。非常感谢七初，让我珍藏了好多。在七初，我遇到了最好的老师、最好的朋友，现在身在异国他乡留学的我，每每想到往事，总是温澜潮生。时光果然是最无情的刀，不仅在脸上刻下伤痕，还斩断了人与过往。但是，人情总是良药，让人忘了刀伤。七初，便是施药人。

人生总是难以揣摩，但又是一眼望得到尽头。讲来无趣，若有幸回味，便是极好的。我便是那极好的，因为，我在回味。

嬗变絮语

□2013届10班　龚子铭

初入七初的我，是一个胖嘟嘟的小男生，如今的我，已经是一名服装设计师。这之间好像并没有什么必然的联系，但我知道，七初是我成长的见证者！

在七初没能经历中考，当时一直在准备托福和赛达，去美国读高中。对于那时还没满14岁的我，根本不懂什么才是好的教育，什么是所谓开心的生活。脑子整天想着能离开所谓的中国式教育就是自由，以为逃避就是最好的出路。然而现在已经20岁，读大二的我，回想起当年，会觉得有丝丝可笑，会时不时问自己，当年我在逃避什么？直到现在，才恍然大悟，那短短的两年半正是成就我今天和督促我未来的关键。

来美国六年，2015年成立了自己的服装品牌，2016年举办了自己的第一场时装秀，2017年带奖学金考进自己梦寐以求的大学——纽约帕森斯艺术学院。去完成这些目标是困难的，房间里堆着上千幅设计稿，为每个季的衣服选择上百种面料，同时面对着学校要求的数不清的论文和作品，每晚熬夜到三点。这样的生活是辛苦，但我从来没有想过放弃。因为当年在七初的经历教会了我什么是责任和担当。短短两年半的时间，七初让我从一个稚嫩、自大、浮躁的少年逐渐蜕变成一个有梦想、有毅力、自尊、自信的青年。

我时常会回忆起那些年在七初和同学老师们的开怀大笑，和同学们不知疲倦地画着黑板报，想起被一道道数学题难倒的苦恼，一遍又一遍背着古文和英语单词的枯燥，等待老师发成绩的紧张，还有跑一千米的恐惧。这一切的一切，在现在看来是多么宝贵，在如今这个浮躁的社会里，七初带给我的这些宝贵的记忆不会再有了。虽然已经毕业，但2013届10班，这个在我浮躁的青春期陪伴着我的温暖家庭，仍分担着我的烦恼，共享着我的快乐。毕业六年，我仍然和当年的朋友们有着紧密的联系，比起朋友，他们更像是家人。虽然每个人都走上了不同的道路，在不同的地方生活着，但

偶尔的一通电话，总能让我放下疲惫和苦恼。感谢七初让我拥有这些朴实而纯真的友谊。

我时常感慨，觉得自己很幸运，能在对的时间来到七初，遇到这些无法替代的老师们和朋友们。感恩七初，是七初教会我人有无限的可能性和可塑性，坚持不懈就会给自己创造出无限种可能。

青春日记本

□2015届3班　甘雨　曾苏扬　童咏琪　唐子涵　邓月岭

如果提到现在文学作品里泛滥的“青春”，首先浮现在你脑海里的会是什么？是你13岁走入七初校门，看见的早晨那透过树荫的阳光？是你14岁站在大礼堂的舞台上，拿着的有点被汗浸湿的演讲稿？是你15岁从体育馆沿着红地毯走到校门，止不住的泪水？

席慕蓉曾经这么说：“青春是一本太仓促的书，我含着泪，一读再读。”而我们的青春是一本日记本，泛着光芒，留下时光的折痕。如果要从日记本里找一个贯穿始终的关键词，我们会发现，我们在其中反复斟酌的一字一句都离不开它——七初。

时光总是很调皮，它化作记忆悄悄翻开了日记本泛黄的封面。

2012年12月31日　星期一　晴

关键词：家

上午几乎没有听课，整个学校的同学都在兴奋地窃窃私语。这是在七初跨的第一个年，从来没有想过会和才相处三个月的同学联系如此紧密。

这场我们期待了将近一个月的跨年晚会即将到来，天色渐渐暗了下来，但是舞台上的灯光却悄然亮了起来。

台上正唱着歌曲，其实听不清歌词，但是这一版的《夜空中最亮的星》却让我怎么都忘不了。舞台上的灯光幻彩，舞台下的我们眸光烁烁。还有还有，没想到平常在教室里挥斥方遒的老师居然也会参与这场狂欢，穿着最亮丽的衣服走在舞台上。

参加的不只是我们和我们的家人，还有很多已经毕业的学长学姐，有些来到现场，有些在视频里向我们打招呼。

全校狂欢的结尾令人兴奋，明明已经被我们听了无数遍的《兔子歌》却还是那么棒，连平常最腼腆的同学也跟着音乐的节奏跳了起来。我们大叫着新年好，搭着肩膀，绕着圈蹦跳，圈子越来越大，不同班级、不同年级的同学们也一起分享喜悦。烟花也跟着音乐在天空上绽放，说不清灿烂的是天空中五颜六色竞相绽放的烟花，还是我们眼中的光芒。在同学，在老师，在家人，在七初的陪伴下，度过了2012年最后一天。

如果有一天谈起七初，我想它带给我最深刻的回忆或许不是各种知识点或考试妙招，而是它以家的身份善意地接待我们每一个人，对我们说：

"七初永远欢迎你们回家。"

2015届3班　甘雨

2013年9月18日　星期三　小雨

关键词：信仰

早晨下雨了，灰色的云，压得天空低低的。未入深秋，流动的空气里依旧是闷闷的。

像每一个日子般普通，但又像是有什么不同。

十点多的时候，一声长鸣刮过安静的教室，警报声在整个校园间响起，本在台上认真讲课的老师突然不再说话直直地站好，表情肃穆；台下的同学也一言不发地站起，低下头。邱校不知在什么时候来到了教室后面，与我们一起，在这十多分钟的警报中用最严肃的姿态默哀。

七初从不会做形式英雄。邱校在默哀后，给我们讲了每一次警报的含义，给我们讲了很多英雄的故事，讲了那个跌宕的岁月中的伤痕和感动。

审是迁善，模范群伦。

每当这时候，我都会对这句话的理解更深一步。

我想，我不会忘记在七初的9月18日，令我们骄傲的七初不只追求成绩的优异，它会告诉它的孩子们，最重要的，是心中的那份赤诚；告诉他们，什么是信仰。

2015届3班　曾苏扬

2014年5月2号　星期五

关键词：立志成才

金沙故里，天府新郡，岷峨挺秀，锦水含章。巍巍学府，弦歌铿锵，风尘十载，德沃群芳。立志成才，雄谈逸辩，龙章凤姿，莘莘满芳。千年墨池，人情放旷，斗转星移，为有暗香。审是迁善，模范群伦，笃志向学，精进自强。梦僧奋起，大捷台庄，家英泼墨，陟彼高冈。横刀立马，濯缨沧浪，我问先贤，别来无恙？鹏飞北海，青云直上，七初葳蕤，日月恒光！

2015届3班　童咏琪

2014年5月8日　星期四　晴

关键词：成长　舞台

上午第三节课，在老师写板书的时候偷偷往窗外看去。

舞台已经布置好了，虽然只是一个小小的平台，但一想到几个小时后自己将站在上面为全体七初学生表演，便开始紧张起来。

为了这次的班级会演，我们一个月前便开始紧锣密鼓地准备。从策划节目到分配人员再到舞台的设计、服装的搭配，全部亲力而为。三年仅一次的机会，为的只是想要在七初留下没有遗憾的回忆。

放学后的操场、课间休息时的走廊、午休时的体育馆，汗水洒在这些地方，让记忆得以永存。

虽然这只是一场由几十个人举办的小型演出，但无疑，为此尽心尽力的我们收获的远不止一场演出这么简单。在七初的生活，教会我的不仅仅是学习，还有为人处事的方式和组织策划的能力。

记得刚刚进来的时候，校长曾经对我们说过：“你有多大能耐，七初给你多大舞台。”

对这一句在初一刚进校的我看来不明其意甚至抱有怀疑的话语，在初二将要结束的时候，我才有茅塞顿开之感。

2015届3班　唐子涵

2015年6月24日　星期三

关键词：毕业　不舍

今天怕是在七初起得最晚的一天吧，也是我这三年来最特殊的一天了。

我们将要盛装出席七初赠予我们的毕业典礼。

挽着父母的手，紧张而认真地走过长长的红地毯。像一个循环般，一人踏上红毯，便有一人悄然退场。我们走向校长或主任，从他们手中接过毕业证书，然后带着对未来的期盼和毕业的兴奋合影留念。

坐在指定的位置上，仍在叽叽喳喳地讨论着各自毕业证书上的照片：是不是把自己照胖了或者肩膀照歪了，还是突然发现自己有双大小眼。音乐是庄重磅礴的，体育馆内却洋溢着轻松的气氛。

有的人啊，今天也许就是最后一次见了，却还未意识到。

大屏幕上滚动播放着各班的PPT，好像是最后一场竞争，无论是PPT的质量还是台下的欢呼声。咱们3班仍然秉持着朴素却真实的精神直到最后一刻。许多同学红了眼眶，偷偷地撞一撞身边同伴的肩膀，想故作镇定地吐槽一句“真是煽情”，在发现对方与自己一样时又相视一笑。

我在人群中将双眼放空，眼前走马灯似的闪过一幕又一幕——与我眼前这些同学以及相伴三年的七初的点点滴滴。

天下没有不散的筵席。这是这句话第一次脱离作文的简单运用，却成为我生命中深深的烙印。

回到教室，整理了一下自己的物品，把班主任每天认真批改的《家校联系本》、科任老师严格要求的错题本，还有教材装进了箱子里。跟同伴们告别，说着“苟富贵，勿相忘”。离别的意义让我们初次见识到成长的阵痛。

哭过之后，人人都笑着。

七初，我们带走了什么，又留下了什么。七初，我们忘记了什么，又记住了什么。

将那些记忆像蚌含住沙粒一样埋在心底，在岁月的洗涤中磨成一颗珍珠，送给我们最爱的七初。

2015届3班　邓月岭

人生的日记本很厚很厚，然而千言万语，怎么都诉不尽七初的好，怎么都还不了七初的情。

对于每一个人，都会有那么一个地方，无论身处何方都让你牵挂；都会有那么一段时光，纵然深陷困境也不忘回忆。而七初对于我们这些无论是在读还是已然毕业的学生而言，就是这么一个地方，带给我们这么一段时光。

孙中山先生曾说过："学校者，文明进化之泉源也。"

学校是人三观品格形成的重要影响因素，所以我们是那么深深地、深深地感谢我的母校，不仅是因为它在成都市顶尖的成绩，也不仅是因为它强大的师资力量与先进的设备，最最重要的还是因为——

它教导我们："审是迁善。"

它要求我们："模范群伦。"

它鼓励我们："你有多大能耐，七初给你多大舞台。"

它接纳我们："无论你未来在哪，七初永远欢迎你回家。"

每一个进去的学生都以七初为荣，而每一个毕业的学生又带着七初给予我们的学业知识、做事能力、学习习惯、处事原则、做人品德，抱着让七初以我们为傲的心愿，昂首挺胸地走向未来。

日记本悄悄关上了，但是我们与七初的故事依然没有完结。还会有无数的"我们"和"他们"，将要一笔一画、认真严谨地写下未来属于自己与七初的故事。

感恩七初，光辉岁月。蓦然回首，爱已成荫。

初心依旧

——致七初

□2016届4班　欧阳可欣

初者，开端也。

没有办法忘记新生入学的第一天。空气里有早开的桂花的香气，衣着鲜艳、稚气未脱的男孩女孩在操场上整齐地站好，安静之余又压抑不住眼中的激动。那是我初中三年的开始，是我青春的第一张水粉画。

初者，刚刚也。

“一日不见，如三秋兮。”七初三年，仿佛是昨天才结束的故事，又仿佛已经过去了数十年。回忆那段时光，即使只一刻，也足以成为一种幸福，纯真而奢侈的幸福。七初三年的日子，慢得可以数清校门的桂花开了几朵又落了几朵，长得可以挽了同伴的手在300米的操场上走了一圈又一圈，多得可以把每个课堂的精彩回味四五遍，有趣得可供我品味到老。

初者，本原也。

普通时代中普通人的少年生活里，没有所谓生离死别，没有所谓跌宕起伏，没有种种《致青春》戏剧里的经典桥段。涉世未深、诸事不谙的豆蔻年华装不下机巧的心思，只堪堪装得下可爱的师生、晴朗的阳光，以及最美的校园——我的七初。

莫羡三春桃与李，桂花成实向秋荣。

英语

从七初启航，创造精彩未来！

□2015届10班　谭泽霖

作家柳青曾说："人生的道路特别漫长，但紧要处常常只有几步，特别是当人年轻的时候。"现在回想起来，七初无疑帮我将这关键的几步踏得扎实有力，给我日后的腾飞打下了坚实的基础。

七初德才兼备的老师，使我难以忘怀。

还记得刚进校时，我从故乡南充前来蓉城求学问道，奈何基础太差，才开学的几次考试均排在班级倒数的位置，而我的老师们并没有因此而放弃我，特别是我当时的数学老师赖建勇老师，在我数学基础极其差劲的时候常常在办公室手把手辅导我。因为我的悟性不高，赖老师常常不厌其烦地给我讲解，直到街灯闪烁的时候，但他从无怨言，不将每一个步骤背后的方法给我讲明白便不会放弃。就这样，我的数学成绩突飞猛进，在初二下学期还参加了学校组织的竞赛班，开始走上追求卓越之路。还有我初三的班主任唐霖勇老师，他在教学方面一丝不苟，对班纪更是要求很高。有段时间班级氛围有些松散，他迅速整顿班风，没有让懒散的氛围弥漫开去，并以此为契机让班级重整旗鼓，一鼓作气冲到了中考，最后取得了骄人的成绩。我初三的英语老师翟兴老师，他丰富多彩、妙趣横生的课堂让我记忆犹新。单词课上，翟老师将平时看似乏味的一个个单词融入实际语境之中，通过播放各类有趣的视频和英文歌曲，让我们听到并找出这个单词，并用这些视频片段和歌曲来听写，活学活用，让人十分高效地记忆单词；语法课上，翟老师将抽象的语法形象化，有趣的比喻常常让我有醍醐灌顶之感，轻松地攻破难点，让人乐此不疲。

七初家一样的氛围和海一般的情怀，让我难以割舍。

七初有这样一句话："你有多大能耐，七初给你多大舞台。"在当今应试教育的大环境下，七初仍然坚持开展丰富多彩的活动。当时，我就参加了学校组织的科技活动月活动，参与其中的机器人展示环节。这次活动让我初步了解了策划与实施活动的一些基础知识，同时和队友们完善了我们的机器人，受益匪浅。在平时生活中，七初以人为本，师生腹有诗书气自华，同窗之间相互鼓励，共同进步。三年间，我在此结识了不少优秀的同龄人，看到了不少有趣的灵魂。这里的校领导会把历史课堂搬到花园里，这里的老师会在某一个阳光溢满教室的课间为你解答疑问，这里的同学会慷慨地将自己对某道题的心得分享给你……

我对七初有着深深的眷恋与感激。是七初，让我成为一个大写的人；是七初，提高了我的能力和素养；是七初，让我学会了"审是迁善，模范群伦"的精神……这一切的一切，都值得我用一生去品味。

七初很小，小到站在音乐厅的阶梯上，就可以一眼看见围栏外喧嚣的马路；七初很大，大到一辈子也走不出她的情怀。我们从七初启航，创造属于自己的精彩未来！

另外，自古红蓝出CP（配对）！祝福学弟学妹们在高中将校服底色变为蓝色！加油！

最好的时光遇见你

□2013届3班　何炬

在我生命中，有一次最美的遇见，那就是在2013年，遇见七初。七初于我，是最亲的母校，她培养并见证了我从一名懵懂青涩的小孩成长为能稍微独当一面的少年。无数个日夜，我都曾忆起在这里的点点滴滴，它们早已印入我的心底。

这里有最好的老师们。若要说目前为止对我人生影响最大的一件事，我认为是初一数学竞赛初赛后班主任钟菊老师对我的激励。当时自己考得并不算好，是钟老亲切而又严厉的鼓励让我坚定了自己想要选择的道路，并在此之后琢磨出了自己的学习方法，为我在求学的道路上开了一个好头。类似的事例还有许多，不管我是经历了挫折而灰心丧气，抑或收获了成功而欣喜若狂，可爱可亲的老师们总是能够适时地疏导我的情绪，引领我向着更优秀的方向前进。

这里有最好的同学们。七初2013届3班，是我见过最有凝聚力的班集体。在学习

上，大家互相帮助，毫无保留；在活动中，大家齐心协力，勇争前列；在生活中，大家尽情欢乐，成为挚友。转眼间，毕业已经五年了，但我们依然会相互帮扶，情谊不减当年。我们在北京的几个同学就经常一起相约火锅，分享自己的有趣生活（我不会告诉你们我现在的一个室友就是我初中的好朋友）。而在每个假期，大家也会聚在一起，纵情欢笑。除了同班同学，年级上也有许多志同道合的朋友，他们都是我人生中宝贵的财富。

这里有最精彩的校园生活。“你有多大能耐，七初给你多大舞台。”七初完美地诠释了这一精神。学术竞赛、运动会、才艺展示、合唱比赛、厨艺比拼，不论你有何特长，都能在这里大显身手。而日常生活中的趣事也非常多，即使是在学习最为紧张的初三，生活也不会变得枯燥无味。还记得当时身为数学科代表的我总是偷偷地从办公室“顺走”新的数学作业，发给大家先做，以至于后来钟老把我们班的作业都锁起来了。

往事一幕幕，最忆七初情。即使毕业之后，七初依然是我们的家。每年的元旦晚会是所有毕业生与七初感情的纽带。这一晚大家从各个高中赶回来一边欣赏表演，一边聊天叙旧，在这个过程中我们逐渐意识到，七初早已在我们心灵深处。

这就是我心中最棒的初中——七初。十年，你培养了一批又一批的优秀学子，创造了一次又一次的辉煌。我们一直以你为荣，终有一天你也将以我们为傲。

七初三年 岂止三年

□2014届6班 沈梓与

从七初毕业多年，很多琐碎但又真实的片段仍旧能拼凑出清晰的记忆，例如每周一不能迟到的升旗仪式，中午食堂门口有序的排队，一声又一声的“审是迁善，模范群伦”，还有一个又一个穿着红白相间校服的同学……那时候懵懂稚嫩，简单纯粹，意气风发，一心向上。

毕业后很多人都会问我“七初究竟带给你什么”，我觉得是两个词：态度和习惯。

七初教导学生做学问应当先学会做人，这种独有的七中精神就是一股正能量，它传递给我们一种人生态度：“道德是一切的根本。”我们需要学会“博学之，审问之，慎思之，明辨之，笃行之”，在大的格局之下来追求自己的梦想。而“你有多大

能耐，七初给你多大舞台”，这样的态度放在每日的学习上其实就是脚踏实地，努力上进。仍记得初三的拼搏，不仅仅是学生，每一位老师也付出了巨大的心血，陪伴我们，引领我们，教导我们。现在想来，正是缘于老师和学生这种坚韧踏实的态度，七初才在十年间成为无数家长和学子眼中优秀的学府。

一路走来，七初教会我的学习习惯帮助我顺利度过了人生中很多重要的节点与考核。认真听讲，不懂就问，复习预习，阶段总结，举一反三……这些看似很平常却又很难坚持的事情，七初教我们做到了。于我而言，我能更清楚每一个阶段在学习上需要进步的地方和保持的优点，“每日三省吾身”，这样严谨踏实的学习习惯让我一步一步接近梦想。

再回首，昨日重现；再回首，泪眼蒙眬。曾经与你共有的梦，还向你诉说。

再回首，难舍旧梦；再回首，我心依旧。留下我的祝福，陪伴你光辉长路。

七初十年，正是风华正茂之时，感念每一位老师的辛苦付出，感谢七初让我不忘初心，砥砺前行。愿我敬爱的母校乘风破浪，桃李天下！

一路成长一路歌

□2013届9班 殷凯伦

我是殷凯伦，原成都七中初中学校2013届9班的学生。现就读于美国华盛顿大学（圣路易斯）（《华尔街日报》/《泰晤士高等教育》2018年美国大学排名第11名，2016年世界大学学术排名全球第23位），主修环境政策、经济与战略双专业，同时辅修市场营销。

一日之计在于晨

早上6：40的闹钟，零下15摄氏度，耳机里听着美国NPR的新闻评论又或是罗胖的《罗辑思维》，从宿舍踏着大雪走一公里到学校，一边吃着面包一边准备着9点的俄语课——这是大二时期圣路易斯的冬天。

早上6：40的闹钟，戴上红领巾，背着几公斤重的课本，于7：10踏入教室，又是第三名到教室里早读——这是五年前初中时成都的早晨。

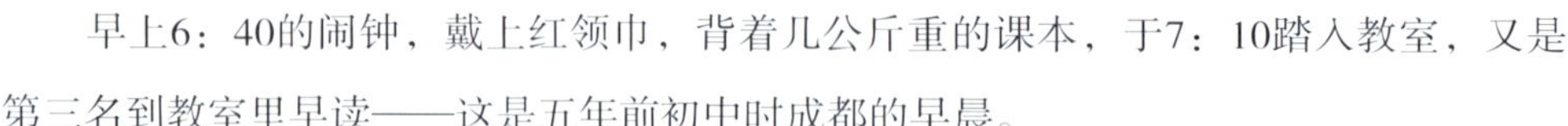

我的美国室友常常问我："Karen，你为什么到了大学没有早课也要天天6：40起床？"我微笑不语，自从上初中开始，我睡过9点钟的次数能够扳着手指数出来——是七初教会我：一日之计在于晨，时间绝对不能被浪费，自律才能带给我们自由。

从写家校联系本到养成时间规划管理能力

还记得原来在七初每天都要写家校联系本，记录每天的作业和任务，到了初三要中考的时候，还会和班上的同学一起做每日时间规划表，规划宝贵的24小时。这个

小小的习惯我一直延续到了今天，受益匪浅。在大学里，当创业、学习、学生组织工作、志愿者、应聘、比赛、运动、社交所有这些事件杂糅在一起时，繁重的任务会让人感到窒息，然而我却感到充实而快乐。因为我会将时间合理规划，精确到了每天的每个小时如何利用，我没有错过不该错过的会议与讨论，没有迟到过一节课，没有忘记过一件我需要做的事情，并让我的学术顾问、教授和主任深深感叹我的效率和前瞻性。

七初助我成为T型人才，成为我自己

在我急速成长，了解世界之时，七初用它丰富的资源为我搭建了这个充满机遇的舞台。在七初，学习是主要的，但并不是全部。

初一参加英语话剧比赛，出演《荆轲刺秦》的刺客，简单的一则文言文故事被我们用英文改编演绎，甚至刺杀道具都被我们换成了一把手枪，这难道不是所谓的创造力吗?

初二参加国学诵读比赛，我最好的朋友担任导演，编排我们班的《少年中国说》。我们努力在各方面做到极致，从对诗句的透彻理解，到表现时融入我们自己的抱负理想，再到队形排列、完美的舞台效果。这一过程不正是体现了换位思考、领导力和对细节的极致追求吗?

每年的合唱比赛，大家总是放学留下来集体练习，家长们还会找来专业指导老师、钢琴老师进行指导，这难道不是奉献精神、团队协作能力和资源整合能力的体现吗？这样的活动还包括一年一度的运动会、大队部与学生会选举等，七初的活动简直异彩纷呈。

所谓T型人才是指横向上能力学识覆盖面广，纵向上某一学科或技能水平极深的人才。如果没有七初在我成长的关键阶段为我奠定各类能力与思维方式的基础，提供这些机会与平台，让我拥有了宽广的视野，如今的我或许无法知道自己想要什么，想要成为什么，甚至不知道我为达到目标还需要什么。

选择承担责任、不逃避困难是在为成长铺路

舒适、方便、安全、可预测的、可控制的，这是一个正常人所追求的。今年2018届大四学生毕业的时候，我在社团内做了一个演讲以欢送他们顺利毕业，演讲题目是“我祝你前路几多荆棘”。演讲题目很另类，但是主旨是希望他们视挑战为机遇，因为选择解决问题、不逃避困难是在为成长铺路。在七初，我犯过的错误、所面对过的困难数不胜数：数学试卷B卷上的难题；在大队部任职登记时写错了班级眼操打分；合唱比赛担任指挥站在台中央的恐惧；跑800米成绩垫底；中考前的忐忑……班主任何老师总是会鼓励我，教我从失败与恐惧中认识我自己，总结经验再战；老师们总是教导我：正是因为这些错误，一个人才能更好地认他自己，由此成为更完整、更强大的人。

选择七初就选择了一条艰苦奋斗的成功之路

我，没有超人一等的智商，但我渴望成为卓尔不群的强者，是七初指引我走上这条艰苦奋斗的成功之路！我永远铭记七初的校训——审是迁善，模范群伦。所以，在未来的人生路上，我们七初学子定当揽全球视野，做中国脊梁！

在温暖中前行

□2014届6班　郭航宇

我是2014届6班的一名学子，转眼已经毕业四年。七初对我的影响很大，让我成长了许多，让我有了更大的舞台，可以说进入七初是我人生的第一个转折点。对我而言，七初不仅是一所优秀的学校，更像是一个温暖的家。还记得刚进七初的时候，我就如同一个懵懂无知的“傻大个”，十分贪玩，成绩也是理所应当垫底。这引起了班主任韩老师的注意，他常常请我到办公室谈心。渐渐地，我的成绩从“垫底”变为“中上”，最终在中考以605分的成绩考入了七中万达学校。七初不仅注重成绩，更注重育人。在这里，我学会了如何做事，更学会了如何做人，在我看来，这才是真正的教育。

“审是迁善，模范群伦”，希望师弟师妹们牢记七初校训，让优秀成为一种习惯！让七初为你们骄傲！

如今，我迈入了四川警察学院的大门，就读侦查学专业，抱着一腔热血，壮志满怀，希望为公安事业献出自己的一份绵薄之力。在川警，“忠诚为民，勤学成才”的校训引领着我砥砺前行。警务化管理使我们端正警务品行，铸造忠诚警魂；警务知识

的培育让我们提高警务素质，提升警务修养。在警营经过一年磨砺的同时，我也有幸取得了一些成绩。在警校我担任了国旗护卫队旗手、警务翻译队队长，同时即将被公派去加拿大哥伦比亚大学司法学院，进行为期半年的培训。这是川警第一次派学警出国培训学习，同时也是四川省公安厅第一次派学警出国学习。参与培训的学警来自中国人民公安大学、中国人民刑事警察学院、铁道警察学院、广西警察学院等警校，我骄傲，我能代表四川警察学院成为其中之一，我骄傲，七初让我成为其中一员！

即将踏上出国培训的征程，希望自己能真正做到周院长所说“代表中国警察出国学习，对党忠诚，服务人民，执法公正，纪律严明”，也希望自己能真正践行七初的校训——审是迁善，模范群伦。

七初大家庭，温暖我的心，在温暖中前行，让我的步伐更从容、更坚定。

印象·七初

□2012届3班　伍珂儒

每当回忆起初中那段时光，我总会有种怀念与感动。有时候我想，如果时光能够倒流，我应该会选择回到七初那段时光吧。

七初给我最重要的影响之一，就是让我养成勤奋刻苦的学习习惯。初中是青春期的开始，那时的我们多多少少会有些叛逆。而我能够在那一时期静心学习，很大程度要归功于七初良好的学习氛围。在课堂上我们能投入到学习中，在课下也能和老师进行交流，与同学互帮互助。我在初中时参加了数学竞赛，这不仅培养了我独立思考、潜心钻研的能力，也让我有机会和其他同学一同探讨，集思广益，我对数学的喜爱也是从那时逐渐培养起来的。毕业之后，我也一直保持着细致与勤奋的习惯，到了高中与大学，即使在竞争更激烈的环境中也能拥有自信。

除了学习，体育锻炼也是我在七初的一个独特回忆。清华大学有着“为祖国健康工作五十年”的箴言，每学期我们都要跑至少20次的3000米来锻炼身体，我能轻松地跑下来，还多亏初中时养成的锻炼习惯。记得每次数学竞赛班下课后，班主任李晓虎老师都会让我们在操场上跑上10圈锻炼耐力。我清晰地记得他对我们说过的话：“也许你们现在会觉得我让你们跑步很烦，但过了很多年后你们一定会感激我的。”现在回想起来，我不仅感激当年奋斗过的自己，尤其感激激励过我的老师。这段回忆，我颇为珍视。

我觉得七初有一个方面做得特别棒，就是不仅传授我们知识，还利用各种机会提升我们的素养，把学校的文化传统和育人理念渗透到我们的心中。在初一的时候，有一次老师给每个人都发了个气球，让我们把自己的梦想写在上面，在操场上一齐放飞。现在回想起来，当一只只写上我们梦想的气球冉冉升上空中，伴随蓝天白云一起飘扬，那个场面就像做梦一样浪漫。还有不得不提的就是每年元旦节的时候，学校一定会精心策划一场颇为盛大的迎新晚会。即使是我上高中之后，也会作为毕业生受邀来参加晚会，除了看演出，还可以看望我们的老师、朋友，在校园里走一走看一看，一切都是那么亲切，那么令人难忘！现在上了大学不能时常回七初了，总会颇为惋惜。学校的课程丰富多彩，有厨艺课、陶艺课、游泳课、选修课，等等；还有百花齐放的活动，如合唱比赛、戏剧节、英语风采大赛、科技月活动、运动会、班级才艺表演，等等。这些活动，不仅锻炼了我们的能力，还提升了我们的素养。一直到现在，我都很骄傲地告诉别人自己是七初人！

七初“审是迁善，模范群伦”的校训，相较于清华的“厚德载物，自强不息”对我的影响更深远。我在七初的三年中，不仅仅学会了如何学习，更重要的是学会了如何做一个优秀的人。我特别欣赏校训中的“审是迁善”。所谓“审是”，即审察真理、明辨是非、追求真理；所谓“迁善”，即在困惑与犯下过错时不断地完善自我，向“善”靠近。寥寥几字，却是道尽人生的真理。我认为不能只用成绩与能力去评价一个人，一个人的品质与人生态度才更为重要。

我很感激七初给予我的教育，七初于我，不单只是教会了我知识，更多的是这份成长的经历。即使是毕业之后，我与七初的这份情感与牵挂也未曾消失，我会携带着这些美好的回忆，继续前行。

后记

遇见最好的我们

“七初”，当有很多人太多次提起它的名字时，你会发现，它竟然已经深深融入了你的血脉，如影相随。这本书稿在编辑过程中得到了众多专家的指导，很多专家说在读这本文稿的时候是含着眼泪的。能打动人的无外乎真情，我们七初人都是怀着教育的初心，脚踏这片真实的土地一路走来的。我作为这所学校的校长，见证了这所学校的建设与发展，我与大家一样为这所学校倾注了汗水，收获了感动。可以说我们和学校一起成长，从优秀走向卓越……

那是在2008年的那个让四川人永远难忘的5月。月底，让“中国人挺住”的呐喊声还在耳畔回响，向灾区人民伸出援助之手的行动还在继续，刚刚从大地颤动带来的悲痛中走出来的人们开始投入到新家园的建设中。那是一个没有风的日子，当然，也没有快乐。地震的余波渐渐远去，生活在继续，人们紧张地忙碌着自己的工作。

结缘七初——在忐忑中启程

刚刚结束两节化学分推的教学，打开手机，一条短信跃入眼帘：“笑非，放学后有事给你讲。杨斌。”当时我在七中林荫做教育处主任兼高2009届年级组长和理科实验班的化学教学工作，杨斌作为七中的副校长在分管德育和年级工作。我想，没有什么特别的，地震渐渐远去，不需要再讨论地震时住校学生应如何安置的问题。无外乎就是商量年级或教育处的工作嘛！如约前往。在随意聊了一些后，杨校长郑重地对我说：“七中要与高新区办一所新的学校，学校派我去负责，我希望你能协助我，与我一起去。我给刘校长提出了，他说考虑一下。”突如其来的消息让我不知所措，短暂的停顿后，我坚定地回答道：“我不想去！”接着陈述了三个很充分又不充分的理由。

爱着自己选择的教育，一直享受着在七中做教师的美好时光，未曾想到改变，更别说离开工作生活了十七年的地方！那时听说要外派，只有紧张、恐惧，紧接着闹情绪，晚上十点坐在学校办公室发呆、哭着打电话给朋友。随后是刘国伟校长找我谈话、王志坚书记找我谈话，并再次接到杨校长期待和鼓励的短信。此时突然发现自己已经不再只属于自己，而还应该属于这个自己毅然选择并深爱的事业。面对的不再只是自己选择的问题，不再只是一个班级、一个年级、一个部门，而是建立一所学校的重任。

一个周六的早上，再次接到杨校长的电话，说去看新学校。不堵车，差不多9分钟就从七中林荫大门开到了新学校。是这里吗？我们都很疑惑。刚过三环跨线桥，下了桂溪立交右拐，天府长城楼盘对面——一个正在修建的建筑工地，主体已经完工，门口挂着“永安中学”的牌子。一种直觉让我们觉得就是这里。电话核实后，我们停下车，走了进去。

当踏进这个还不能称为大门的“大门”的那一刻起，我知道回头已不再可能。站在操场上，突然出现在我脑海里的是：9月1日，开学典礼在这里举行，隆重而盛大，我正在主持这所新学校开校的盛典……

6月3日下午，成都七中召开全体教职工大会。刘校长宣布：成都七中副校长杨斌同志派往成都七中初中部（当时学校的暂定名）任校长，成都七中校长助理、教育处主任李笑非同志派往成都七中初中部任副校长。我，别无选择！

生命就是在自己可以掌控和不可掌控中度过的。无论你是愿意，还是不愿意；无论你是快乐，还是伤悲；无论你是笑，还是哭，该来的都会到来。因为生命属于自己选择的道路，使命与责任不允许你回头。

“勇敢地面对吧！”我对自己说。

于是，把七中的工作做了周密的安排，把教育处的工作做了交代，把高三的工作安排到9月开学，把实验班化学教学的工作也移交到另一位老师手上。我，全力以赴，投入了一所新学校的创建……

新学校的创建，需要做的事很多。现在新学校就只有杨斌校长和我，以及高中派过去的语文何玲老师三人。杨校长负责学校的后期建设和整体规划，受杨校长的委托我负责教师引进、学生入学、学校制度的建立等工作，何玲老师做具体的入学咨询，七中的退休职工张佳音老师也加入了我们战斗的行列。

我们向七中提出了申请，七中给予了我们最大力度的支持，又派出英语刘家永老师和数学罗志英老师。有了家永和英英的加入，我们感到在我们这所新的学校，七中优秀的教育传统可以发扬光大，优质教育的星星之火可以燎原。

教师引进——奠定七初强大的根基

引进教师是我们的当务之急！

第一次全面负责招聘老师，我厘清了自己的思路，开始了解应聘老师的信息并落实考核办法。在这一方面，我们得到了七中本部专家和教研组长的大力支持。

首先见到的是推荐的语文老师——一个年轻帅气的小伙子。看了他的资料，我与他进行了交流，感觉到他的朝气与活力，可以想象他是一个受学生喜爱的“娃娃头”。在这个貌似不多言不多语的年轻人身上还不时展现出非凡的才气。当我们电话通知有意向引进他时，电话那头的欣喜让我感受到了这位老师对加入我们这个团队的向往。他就是我们选择的第一个语文老师——巫增金老师。

一部分语文老师和英语老师的资料是由高新区转过来的，我们决定一并考核他们。地震时七中的办公楼有些受损，教育处的办公室设在学生阅览室，考核地点就在这里。下午两点左右，我正查看应聘老师的信息，学生阅览室的门开了，一阵年轻的风吹进了三人：一个女孩穿着蓝绿色的连衣裙，头发扎个马尾，笑眯眯的；另外两个是小伙子，给我的第一印象是，个子虽然不高，却瘦而干练。他们深深印在我脑海里的就是两个字——“年轻”！我突然感到，我要面对的是一个崭新的世界，一个年轻的团队，一个需要历练的团队，也是一个充满活力和希望的团队。

经过一番严格的考核后，我们做出了选择：英语小伙子有活力，能激发学生，很适合当班主任。他就是唐杨老师。语文小伙子功力不浅，我们七中语文组的特级教师张道安老师“刁难”了他七个专业问题，他能回答出五个，张老师告诉我说：“（小伙子）功底深，很不错呀！”他就是唐霖勇老师。最后我们把那个笑眯眯、老师份儿很足的女孩也确定了下来。她就是语文胡荣老师。

还记得英语吴晓霞老师的引进过程。当她耳闻我校建立时人还在深圳，本想8月再来应聘。当我告诉她7月就结束招聘时，她匆匆赶了回来。我和七中的英语教研组长杨惠老师一起考核她。她那漂亮的口语、先进的理念和生动的课堂设计，她的活泼可爱以及对教育的真诚热爱，都让我们印象深刻。我们学校选择了晓霞老师。

我们又考核了一位地理老师。小伙子长得像“大头娃娃”。我们请七中地理教研组的任旭东组长做主考，一起听了他说课。他的课堂逻辑和思维表达十分清晰；课堂板书颇有功力，像书法一样；印象最深的还是他在黑板上一气呵成地手绘中国地图，让人赞叹不已。我看愣了。地理组长半开玩笑地说：“这位老师你们不要，我们要了！”我如获至宝地赶紧表态：“我们肯定要的。”他，就是我们的欧阳唯能老师。

有人推荐了一位30岁左右的英语男老师。先是专家考察，然后是面试。见到头发不多的他，我就开玩笑说：“聪明绝顶啊！”在他做了一个简单的英文自我介绍后，大家聊了很多，教育、工作、生活……我能感受到他的细致和对工作的投入与热爱。他就是王翔宇老师。

然后是数学老师的招聘。清楚地记得七中的数学教研组长许勇老师为我们带来了左强和张新民两位老师。这两个绵阳过来的得力干将的经验与能力让我感受到了我们学校初中数学教学的希望，让我这个一直从事高中教学，从未涉足初中教学管理的校长有了底气。同时与他们的沟通和交流，让我感觉到了他们的成熟与稳重，也感受到了他们共同创业的决心和热情。

第一次看到石敏老师的资料我便印象深刻：班主任和教学工作都做得很好，是成华区的政协委员。七中历史教研组长王开元老师考核后告诉我：“专业扎实，工作敬业，相当不错。”当看到一个沉稳、严肃的“大姐姐”模样的人走到我面前时，直觉告诉我这是一个对自己的工作尽职尽责的人，是一个能够肩负责任的人！她就是我们首届2011届的年级组长，现在已是我校的副校长。

石老师又推荐了一位生物老师。印象很深的是他紧锁的眉头，年轻的脸上却深深地刻上了一些岁月的痕迹。七中教务处史玉川主任的考核后，得出的结论是这位老师对专业的理解深入而透彻，对工作的投入专注而充满激情，更有一份对教育的纯粹感情。他就是生物吴旭光老师，后来学生亲切地称呼他“光哥”。

“请问，这是李校长办公室吗？”推门走进一个穿着咖啡色碎花连衣裙的老师，温和而知性。这是我的第一印象。当我点头称是时，有一阵惊讶之色掠过她的脸，后来她告诉我，她想象的校长应该更年长。我们聊了起来，她教物理，我教化学，共同的一些经历很快让她放松下来，我们聊参加全国赛课的体会，聊她在不同管理岗位的感受。聊天中了解到她有多岗位的中层管理经验，有甘于奉献的精神，更有对教育的热爱，她就是物理王岚老师，现在已是我校的副校长。

在川师大读研的课间，接到一通“川普”电话，信号不好：“李校长，我们胡校长没有签字！”我立刻回复道：“副校长不签找正校长签吧。”电话那头回复我：“我们的正校长姓胡……”当时对话记忆犹新。给我打电话的是信息技术老师郑刚，他凭借扎实的专业功底及对网络管理的熟悉，还有他认真负责的表现，成了我们的信息技术老师，后来我们都亲切地称他为“刚哥”。

最先见到的体育老师是强健而有一些霸气的董成功老师，其柔中带刚的武术身手展示了他的活力和功力。看着高新区送来的新大学生资料，两个小姑娘进入我的视野：一个是北京师范大学毕业的李中萍老师，健美操专业，成绩优秀；另一个是东北师范大学毕业的姜肖老师，区上负责招聘的老师向我热情推荐了她。他们告诉我，姜肖考核时表现出色，读了很多书，有思想，是个才女呢。现在看来果真如此，两个年轻的女孩就此加入七初开拓者的行列。

还记得正式开学的当天，我们苦苦寻觅的音乐和美术老师还没有着落，而马上就有音乐课了。之前考核了四五个音乐和美术老师，暂时都不能达到我们的要求。帮助我们考核的七中音乐教研组长舒承智老师说：“你们要求很高啊，要唱歌优秀，上课突出，弹琴也要不错，关键还要会跳舞，不容易啊！”终于，一份简历呈现在我的眼前，它属于一位毕业于音乐学院的音乐教育专业的小伙子。舒老师考核后告诉我，这个小伙子唱歌、弹琴、上课都不错，有培养前途呢！而且还会跳舞。下午他来到学校一展歌喉，歌声吸引了许多老师，大家赞叹不已。这个热情而投入的帅小伙儿就是蒋珂老师。但美术老师仍寻觅无果，我们便又向七中提出申请，请曾畅畅老师代课。刘校长雪中送炭同意畅畅老师先暂时代课三个月，没想到这一代课就是十年。十年的历练已让畅畅老师成了我们七初的优秀骨干。

建校前有机会和家校通公司的文靖老师一起工作，她聪明能干，计算机操作娴熟，而且特别喜欢学校，就这样她成了我们学校的第一位教辅老师。

…………

2008年、2009年、2010年，连续三年我们大量考核引进老师。考核的过程对老师而言无疑是“压力山大”的。从个人材料的审核，到学校电话通知笔试、说课、上课、面谈，再到区上的考核，他们过五关斩六将，终于成为七初教师队伍的一员。随后几年也有老师陆续进入，也有少数老师离开。当时每一个老师的引进我都亲自参与，至今历历在目，和每一位老师的初见都让我难以忘怀，囿于篇幅，恕我无法穷尽

所有。但每一个老师都和七初有一个值得回忆和珍藏的故事。

在七初的时间无论长短，十年、九年、八年……或是一年、两年、三年……老师们都在七初的岗位上全力拼搏和付出。致敬所有在七初战斗和曾在七初战斗过的老师们，七初从来不是一个人在战斗，不是少数人做了很多，也不是每个人都只做了一点点，而是每个人都做了很多。因为所有人的努力，因为我们这个优秀的七初团队的齐心协力，才让成都七中初中学校一路走到辉煌的今天！

开校典礼——许孩子一个美好的未来

开学对于一所学校来讲是一件再普通、再常规不过的工作了，然而对于我们这所新学校来讲，意义却不一样。开学是一所新学校启航的日子，更是一个新希望的开始。我们确定了七初的校训：“审是迁善，模范群伦。”

在杨斌校长的带领下，我们整体策划开校典礼，讨论开校典礼的议程，热烈而细致。从请成都七中毕业生陈鲲根据成都七中老校歌编配、录制七初校歌，到落实场景布置，再到写升空气球的标语，训练学生，杨校长都亲力亲为；从每一个环节的细化落实，到音乐的选择和站位的安排，再到来宾的接待和典礼的流程，我都一一核对；其余每一个人都分工明确，或管理报到签名，或组织学生，或后勤保障。我们想得很细，力求给成都七中初中学校的首届学生一个完美的开始！开校典礼的前一天我们走得很晚。我反复修改并熟悉主持稿，凌晨三点才回家，凌晨五点我们许多人又不约而同来到了学校。

开校典礼的盛况直到现在我还记忆犹新：那一天秋高气爽，晴空万里，阳光灿烂，会场气氛热烈而隆重。永远记得那高高飘扬的国旗和校旗，那校歌激昂的旋律第一次在七初上空回响。永远记得那整齐的学生队伍和孩子们铿锵的誓言，更记得当那一曲《长大后我就成了你》响起时，怀揣教育理想的二十八个教职员工缓缓走上主席台，步伐整齐而坚定。我们庄严宣誓："我将竭尽所能，为培养审是迁善、模范群伦的七初学生，恪尽职守，兢兢业业！"

有一种感动是藏在心底的，不需要言语，它彻底融入你的身体，无声浸润我们的记忆。当你细细体会时，那是热血奔涌，是温馨恬静，是苦尽甘来的幸福甜蜜。每每回想起我们学校创建时的那些人、那些事，总感到有情在怀，有爱在心。

十年，短暂而漫长的十年……

我们在七初启程！我们在七初创造！

春天播种，秋天收获。当我们准备为学校十年校庆出这本书的时候，得到了学校老师、同学，还有家长朋友们的积极响应，大家纷纷投稿。记述了七初的过往，抒写了满怀的感动。这是一本关于行走思想的书籍，也是一本关于爱的文集，书中有学校的教育理念和行动框架，也有"我"与七初的故事，还有表达对七初的一往情深。成书过程中学校行政同志和语文组部分老师付出了艰辛的努力，还得到教育部中学校长培训中心代蕊华主任和成都七中王志坚老校长的倾心指导，一并致谢！在此还要特别感谢四川教育出版社团队的精巧构思和一路陪伴！

这是一本七初人写给自己的书，所以书中难免有情感同一和界定疏漏之处，恳请见谅。

谨以此书献给关心七初和热爱七初的人。

成都七中初中学校校长

成都七中初中
Chengdu No.7 Middle School

新生入学　成长启航

夏末秋初开学季，新生入学教育和少年军校国防教育如约而至。短短几天，开启七初学子迈向未来的大门，见证家长和老师神圣而庄严的交接仪式，初识“审是迁善，模范群伦”的七初精神。

毕业典礼 青春不散场

毕业，是对一段人生经历的告别，更是一段新征程的开启。回首三年过往，珍惜彼此情谊。未来三年，三十年，感恩曾经遇见的你我，归来仍是少年。

CHENGDU
NO.7
MIDDLE
SCHOOL

2008 — 2008
2009 — 2009
2010 — 2010
2011 — 2011
2012 — 2012
2013 — 2013
2014 — 2014
2015 — 2015
2016 — 2016
2017 — 2017
2018 — 2018

审是迁善 模范群伦